KB187275

모두를 위한 지구

Poverty·Inequality·Empowerment·Food·Energy

인류 생존을 위한 가이드

모두를 위한 지구

상드린 딕손−드클레브·오웬 가프니
자야티 고시·요르겐 랜더스
요한 록스트룀·페르 에스펜 스토크네스 지음
추선영·김미정 옮김

COOPERATIVE
착한책가게

차례

《모두를 위한 지구》에 쏟아진 찬사

끝없는 성장의 시대에서 균형 잡힌 번영의 시대로 이행해야 할 때이다. 많은 것을 생각하게 하는 이 책은 번영의 시대로 이행하기 위해 5가지 중요한 전환이 필요하다고 제안한다. 각 전환은 대중 토론과 행동을 요구하는 긴급한 쟁점을 제기한다. 인류의 가능한 미래를 탐구하는 이 책을 읽고 우리 시대의 가장 중요한 토론에 참여할 것을 권한다.

－케이트 레이워스Kate Raworth | 《도넛 경제학 *Donut Economics*》 저자

가슴 벅찰 만큼 엄청난 공동작업으로 탄생한 책이다. 이 책은 우리가 마음과 역량을 한데 모으면 모두를 위한 세계를 만드는 데 필요한, 훨씬 더 좋은 해결책을 도출할 수 있음을 분명히 보여준다. 하나의 지구에서 모두가 불행해지기보다는 모두가 번영하는 편이 낫지 않을까?

－마티스 웨커네이걸Mathis Wackernagel | 글로벌 풋프린트 네트워크 설립자,
《생태발자국 *Ecological Footprint*》 공동 저자

1972년 출판된 《성장의 한계 *The Limits to Growth*》에 주의를 기울였다면 우리는 오늘날과 같은 곤경에 빠지지 않았을 것이다. 이 책이 제시하는 모델링을 통해 분명하게 확인할 수 있는 것은 무엇일까. 어쩌면 이번 10년

가운데 남아 있는 날들이 오늘날 우리가 처한 곤경을 적어도 부분적으로나마 바로잡기 위해 최선의 희망을 걸어볼 수 있는 마지막 날들일 수 있다는 사실이다.

– 빌 맥키번Bill McKibben | 《자연의 종말 *The End of Nature*》 저자

이 책은 인간의 미래를 다루는 시스템 과학 시나리오 가운데 가장 최근에, 가장 긴급한 문제를, 가장 신중하게 연구한 시나리오를 담고 있다. 전 세계 어느 곳에 있든 붕괴를 막기 위해 노력하는 사람이라면 꼭 읽어보아야 할 책이다. 세계의 정책 입안자들이 이 책의 제언을 채택할지의 여부, 그리고 그에 따라 우리 인간이 향후 21세기 어느 시점에 전 세계적인 생태적, 경제적, 사회적 붕괴를 피할 수 있을지의 여부는 우리 모두에게 달려 있다.

– 리처드 하인버그Richard Heinberg | 탈탄소연구소 선임 연구원,
《권력 : 인간 생존의 한계와 전망 *Power: Limits and Prospects for Human Survival*》 저자

특별한 시기에 특별한 책이 출판되었다. 이 책은 현재와 미래 지도자들의 필독서이다. 유한한 지구에서 국적과 무관하게 모든 사람의 웰빙을 보장할 방법에 대한 획기적인 비전이 생생하게 실려 있다. 우리가 힘을 모아 5가지 전환을 실행한다면 진정으로 공정한 세계를 만들 수 있다. 이 5가지 전환은 다음 10년 동안 지속가능 발전목표의 실현 속도를 높이기 위한 로드맵이다. 이 책이 소중한 인류를 구하려는 마음과 영혼들이 모여 새로운 운동으로 나아가는 데 영감을 주길 바란다.

– 반기문 | 제8대 유엔 사무총장, 디엘더스The Elders 부의장

이 책은 미래의 인류가 살기 좋은 지구에서 삶을 지속할 수 있을지 여부는 사회경제적 불평등을 큰 폭으로 줄이고 부와 권력을 보다 공정하게 분배할 수 있는가에 달려 있다고 결론 내린다. '모두를 위한 지구' 사회를 향한 우리의 긴 여정에서 꼭 읽어야 할 책이다.

— 토마 피케티Thomas Piketty | 《21세기 자본 Capital in the Twenty-First Century》
《평등의 간략한 역사 A Brief History of Equality》 저자

전 세계 모든 의회가 이 책에서 탐구한 방안을 논의해야 한다. 경제를 바꿔서 이윤보다 사람을 앞세우게 해야 한다. 기후위기는 이미 전 지구의 가난하고 취약한 지역사회를 강타하여 손실과 피해를 유발하고 있다. 부유한 사람들과 오염을 유발한 사람들이 그 비용을 지불하게 만들어야 한다. 지금도 이미 늦었다. 한시바삐 모두에게 공평하고 공정한 세계를 만들어야 한다.

— 바네사 나카테Vanessa Nakate | 기후운동가,
아프리카 기반의 라이즈업 운동Rise Up Movement 설립자

이 책은 인류가 역사상 가장 중대한 10년을 맞이한 시기에 우리 앞에 나타났다. 우리가 지금 하는 일에 따라 우리가 보호해야 할 미래가 결정될 것이다. 우리가 생존할 수 있으려면 우리에게 닥친 위기들이 모두 서로 연결되어 있다는 사실을 이해해야만 한다. 이 책은 이러한 위기의 본질을 설명하고 그를 통해 이윤과 성장 대신 인류와 지구의 웰빙을 최우선에 두고 나아가는 길을 제시한다.

— 쿠미 나이두Kumi Naidoo | 정의, 평화, 존엄을 위해 궐기한
아프리카인Africans Rising for Justice, Peace, and Dignity 국제 홍보대사

현재의 경제 모델을 옹호하는 인간의 행동은 지구를 점점 더 파괴하고 빈곤, 불평등, 배제를 초래하며 건강의 위협에 효과적으로 대응하지 못하고 갈등을 일으킨다. 이 책은 사람과 지구를 공동 번영의 중심에 두고 이번 세기를 항해하기 위한 행동을 촉구한다. 이것은 결코 무시할 수 없는 로드맵이다.

— 셰런 버로우Sharan Burrow | 국제노동조합총연맹ITUC 사무총장

우리 사회는 줄곧 성장에 중독되어 있었다. 이 책은 우리가 이렇게 오래된 사회적 중독을 극복하고 웰빙을 제공하는 지속 가능한 미래로 나아갈 수 있는 경로를 계획한다. 지금 우리에게는 이러한 계획이 그 어느 때보다 절실하게 필요하다.

— 로버트 코스탄자Robert Costanza | 유니버시티 칼리지 런던 글로벌 번영 연구소 생태경제학 교수

요리사가 많으면 요리를 망친다는 말이 있지만, 결국 중요한 것은 주방장이다. 실제로 이 책의 여러 저자는 매우 만족스러울 뿐 아니라 고칼로리의 음식을 제공함으로써 행동에 필요한 에너지를 제공한다. '부족한 노력, 놓친 시기' 시나리오와 '거대한 도약' 시나리오는 독자들이 현재 우리가 직면한 실존적 현실에 맞서는 데 도움이 될 것이다. 또한 이 책에서 변화를 위해 제안한 레시피는 미래를 가치 있게 여기고 모두를 위한 더 나은 미래를 추구하기 위해 소매를 걷어 붙이고 나설 준비가 되어 있는 사람들을 안내하는 데 도움이 될 것이다.

— 존 엘킹턴John Elkington | 볼란스Volans의 설립자 겸 최고 꽃가루매개자Chief Pollinator,
《그린 스완: 회복과 재생을 촉진하는 새로운 경제 Green Swan: The Coming Boom In
Regenerative Capitalism》 저자

1972년 출판된 《성장의 한계》는 위험 요인들을 다뤘다. 그러나 지난 50년 동안 우리는 이 위험 요인들을 완화하기 위한 체계적인 행동에 나서지 않았다. 이 책은 그냥 흘려보낸 지난 세월을 만회하기 위한 계획이다. 우리는 5가지 중요한 전환을 긴급하게 달성해야 한다. 우리에게 주어진 시간은 최대 10년에 불과하다. 세계는 시스템을 변화시킬 지도자가 필요하다. 그리고 이 5가지 전환 로드맵을 시작하지 않는 사람은 세계가 원하는 지도자가 될 수 없다. 5가지 전환을 지금 당장 할 일 목록에 추가해야 한다.

— 엠마뉘엘 파베르Emmanuel Faber | 어스4올 21세기 전환경제위원회 위원

세계가 직면한 여러 위기를 검토하고 실천적인 해결책을 제시하는 것은 매우 야심찬 일이다. 망가진 시스템을 통해 이익을 누리는 사람들은 이 책이 제시하는 해결책을 받아들이기 어려울 수 있다. 그러나 지구에는 한계가 있다. 따라서 아무런 행동을 취하지 않으면 엄청난 비용을 치러야 할 것이라는 사실에는 변함이 없다. 지금 행동하지 않으면 통제할 수 없는 붕괴에 직면할 것이다. 지도자들은 필요한 모든 것을 행동에 옮길 수는 없다고 주장할지 모른다. 그러나 이 책을 읽고도 아무 일도 하지 않는다면 그야말로 부끄러운 일이 아닐 수 없다.

— 니모 바세이Nnimmo Bassey | 《대륙을 요리하다: 아프리카에서 일어나는 파괴적 추출과 기후위기 To Cook the Continent: Destructive Extraction and the Climate Crisis in Africa》 저자

시의적절하고 멋진 책이다. 이 책은 경제를 전환하고 빈곤을 퇴치하는 동시에 지구를 보호할 수 있는 구체적인 로드맵을 소개한다. 풀뿌리 집단과 국가 지도자 모두에게 영감을 줄 것이다. 과연 우리는 귀 기울여 듣고 변

화를 실현할 수 있을까?

— 실라 파텔Sheela Patel | 뭄바이 지역자원센터 촉진협회 설립자 겸 이사

이 책은 지구와 사람들이 직면한 과제를 해결하는 데 필요한 전환을 실현할 방법을 보여준다. 전환적 변화를 추구하는 운동에 동참하고 온 힘을 다해 노력하려는 모든 사람들의 필독서이다.

— 케이트 피킷Kate Pickett | 요크대학교 유행병학 교수

《성장의 한계》가 출판되고 50년이 지난 지금, 이 책은 지구에서 살아가는 모두를 위해 번영하는 미래를 이룰 수 있다고 말하고 그 방법을 보여준다. 정책 입안자와 지도자가 반드시 읽어야만 하는 필독서이다. 지구가 명실상부 모두를 위한 것임을 이해하는 데 결정적인 10년이 되기를 바란다.

— 야네즈 포토크닉Janez Potočnik | 유럽연합 환경위원회 전 집행위원(2009-2014), 슬로베니아 유럽 담당 전임 장관, 국제자원패널IRP 공동의장

살아 숨 쉬는 지구는 한계가 있다. 이 책은 지구에서 살아가는 모두를 위한 실행 가능하고 성취 가능한 미래에 대해 안내한다. 이처럼 특별하고 역사에 오래도록 남을 획기적인 안내서를 추천하지 않을 수 없다. 읽고 추천하고 토론해야 한다.

— 데이비드 코튼David Korten | 《기업이 세상을 지배할 때 When Corporations Rule the World》, 《탈기업 세계: 자본주의 이후의 삶 The Post-Corporate World: Life After Capitalism》, 《이야기를 바꾸고 미래를 바꾸다: 살아있는 지구를 위한 살아있는 경제 Change the Story, Change the Future: A Living Economy for a Living Earth》 저자

《성장의 한계》 보고서 초판을 항상 가까운 곳에 보관해왔다. 이제는 이 책을 그렇게 할 것이다. 훌륭한 조상이 되기를 열망하는 모든 이들에게 꼭 필요한 안내서이다.

- 로먼 크르즈나릭Roman Krznaric | 《훌륭한 조상: 근시안적 세상에서 장기적으로 생각하는 방법 The Good Ancestor: How to Think Long Term in a Short-Term World》 저자

사상 처음으로 우리는 유토피아도 아니고 붕괴도 아닌 미래에 대한 담론을 갖게 되었다. 어떤 정치적 입장을 가지고 있든 관계없이 지지할 수 있는 담론이다. 우리가 열망하는, 모두가 살기 좋은 미래를 그리고 있다. 무엇보다 중요한 것은 이것이 실현할 수 있는 미래라는 점이다.

- 카를로타 페레즈Carlota Perez | 《기술혁명과 금융자본 Technological Revolutions and Financial Capital》 저자

인류의 건강은 점점 더 위협받고 있다. 불공정하고 지속 가능하지 않은 소비 행태 때문에 발생한 다양한 환경 변화가 원인이다. 이 책에 묘사된 경제 전환은 모두를 위한 보건의료를 달성하고 세계의 모든 사회가 지구한계를 벗어나지 않으면서 번영할 수 있는 기회를 알려준다. 미래를 걱정하는 사람이라면 꼭 읽어야 할 책이다.

- 앤디 헤인스Andy Haines | 런던위생 및 열대의학대학원 환경변화 및 공공보건의료 교수

우리에게는 근본적인 문화적, 영적 혁명이 필요하고 이를 위해 활용할 수 있는 다양한 우주론이 존재한다. 그러나 그동안 우리는 기묘할 만큼 침묵을 지켜왔다. 그렇기에 이 책의 저자들이 제안한 '거대한 도약' 시나리오의 5가지 가닥(빈곤, 불평등, 젠더, 식량, 에너지)은 우리가 우리 자신 및 지구와 화해하는 데 필요한 근본적인 전환을 위해 매우 중요하다.

미래를 염려하는 《성장의 한계》가 출판되고 50년이 지난 지금 새로운 보
고서가 로마클럽에 제출되었다. 이 보고서는 기후 재앙을 피하고 모두를
위한 더 나은 사회를 이룬다는 뜻에서 출발해 지금 여기에서 사회경제적
전환을 실현하는 데 필요한 가장 강력하고 실천적인 청사진을 제공한다.

이 책은 불평등과 빈곤에 맞서 싸우는 일이 기후변화를 멈추고 지구를 보호
하기 위한 전제 조건임을 분명하게 밝힌다. 이 책은 세계의 모든 정부가 경
제 시스템을 개선해야 한다고 촉구한다. 반드시 읽어야 하는 필독서이다.

인류와 자연이 균형을 이루고 웰빙이 우리 경제 시스템의 핵심에 자리하
는 미래 비전을 제공할 뿐 아니라 거기에 도달하기 위해 취해야 할 행동에
대한 내용을 제공하는 책이다. 정책 입안자들이라면 반드시 읽어야 한다.

지금이 아니면 생태계 붕괴를 피할 수 있는 기회는 없다. 인류 역사에서 지금
이 순간은 인류가 인간의 번영과 생태계 번성이라는 목적을 재발견할 심대한
기회이기도 하다. 이 책은 우리가 어디서 어떻게 시작해야 할지 알려준다.

사회에 좋은 방향으로 좋은 투자를 하기란 쉬운 일이 아니다. 이 책은 새롭고도 강력한 생각의 틀을 보여주고 있기에 모든 임팩트 투자자가 반드시 읽어야 한다.

– 더그 헤스케Doug Heske | 뉴데이 임팩트 투자 설립자

이 책은 우리 시대가 직면한 과제에 대해 신뢰할 만한 해답을 주는 견실한 사고를 바탕으로 작성되었다. 그리하여 번성하는 자연 시스템과 재생농업 모델이 뒷받침하는 포용적이고 깨끗하며 현대적인 경제로 향하는 과학적으로 검증된 경로를 보여준다. 모든 정책 입안자가 채택해야 하는 경로다.

– 찰스 앤더슨Charles Anderson | 유엔환경계획 금융 이니셔티브 전 이사, CO_2eco 회장

확고한 낙관주의 대 꿈쩍 않는 비관주의. 장기 비전 대 단기 대처. 집단지성 대 개인주의. 인간의 웰빙 대 강박적 소비. 우리의 미래를 가치 있게 여기는 태도 대 무가치한 것으로 치부하는 태도. 살기 좋은 지구 대 불안정한 지구. 번영하는 공동의 미래를 위해 우리가 무엇을 선택해야 하는지는 매우 분명하다. 망가진 사회경제 모델의 불균형을 바로잡기 위해 시급히 행동에 나서야 한다는 점도 매우 분명하다. 그러나 분명하지 않은 것도 많다. 우리에게 필요한 시스템 변화가 무엇인지 명확히 규정하는 방법, 그 변화에 동반되는 복잡성을 관리하는 방법, 모든 이해 관계자를 건설적으로 참여시키는 방법, 다양한 참가자의 움직임을 효과 있게 결합하는 방법, 전환 전략의 우선순위를 정하는 방법, 영향을 측정하는 방법, 위험을 예측하고 완화하는 방법 등이 바로 그것이다. 그리고 바로 그 지점에서 이 책이 우리에게 다가와 도움을 준다. 우리 시대의 저명한 사상가,

과학자, 경제학자들이 긍정적인 변화를 목표로 열과 성을 다해 집필한 이 책은 우리 세대가 직면한 과제, 즉 공정한 세계와 건강한 지구라는 과제를 탐색할 수 있도록 돕기 위해 다시 초점을 맞춘 렌즈들의 모음집이다. 또한 이 책은 탐색과 심층 연구를 지원하고 영감을 불러일으키는 지도와도 같다. 우리의 미래를 가치 있게 여기는 정책 입안자는 물론이고 기업 지도자, 책임감 있는 투자자, 전 세계의 여느 시민들이 반드시 읽어야 할 필독서이다. 이 책은 공동선을 위한 사회 변화와 정치 변화에 영향을 미칠 수 있는 행동과 운동을 촉구한다. 이 책은《성장의 한계》라는 유산에서 영감을 얻었지만 그것을 넘어서 우리 모두가 갈망하는 미래로 도약할 수 있는 방법을 안내한다. 이것은 놓쳐서는 안 될 우리 시대의 이야기이다.

— 테레사 리베라Teresa Ribera | 스페인 생태전환부 부총리

우리 시대가 직면한 가장 큰 과제를 예리하게 다룬 책이다. 바로 불평등과 빈곤을 퇴치하는 동시에 기후변화와 환경파괴에서 지구를 구하는 일이다. 이 책은 우리 경제를 변화시키는 일이 시급하다고 촉구한다. 내가 우리 지도자들에게 촉구하는 바이기도 하다. 모두가 반드시 읽어야 할 책이다.

— 이시이 나오코Ishii Naoko | 도쿄대학교 교수 겸 부총장. 지구환경기금 전 CEO

인류가 더 나은 미래를 공유하는 데 크게 공헌할 시의적절하고 중요한 책이다.

— 저우 징펑Jinfeng Zhou | 중국 생물다양성 보존 및 녹색개발재단 사무총장

머리말

전 세계 수많은 사람들이 기후 혼돈, 환경의 질 악화, 고질적인 불평등의 결과로 심한 고통을 받고 있다. 아주 오랫동안 다자간 체제와 시민사회는 이러한 여러 위기들을 각각 고유한 해결책을 지니면서 서로 경쟁하기도 하는 별개의 위기로 정의하고 묘사해왔다. 그러나 사실 여러 위기들은 메타위기metacrisis라고 이해할 수 있는 것의 서로 다른 측면일 뿐이다.

이 책《모두를 위한 지구》는 우리가 함께 이러한 위기에 대처하는 방법을 보여준다. 이 책이 중요한 이유이다. 이 책은 확고하면서도 절박한 낙관주의를 바탕으로 우리가 취할 수 있는 경로를 제시한다. 하지만 현실을 그럴싸하게 포장하지도, 미래에 대해 유토피아적 비전을 제시하지도 않는다. 이 책은 서로 연결되어 있는 과제들에 대해 5가지 특별한 전환을 실현함으로써 증가하고 있는 사회적 긴장과 인간의 고통, 심각한 환경 파괴를 피할 수 있다는 가능성을 보여준다.

이러한 과제들이 사회적, 경제적 현실에서뿐 아니라 각 과제들의 보다 더 근본적인 측면에서도 서로 연결되어 있다는 사실을 이해한다면, 이 과제들을 해결하기 위해 나서는 과정에 큰 도움이 될 것이다. 기후위기, 자연 위기, 불평등 위기, 식량 위기는 모두 하나의 근원에 뿌리내린 채 자라났다. 바로 지켜야 할 원칙을 무시하는 생각에 바탕을 둔 추출주의이다. 이러한 추출주의는 지구 자체를, 즉 지구의 토양을 고갈시킬 뿐 아니라 우리 인간의 영혼도 고갈시킨다.

꼭 필요하고도 바람직한 작업을 수행하여 우리 지구와 사회를 재생하고 경제 시스템을 전환하여 긍정적인 변화를 우리의 두 눈으로 직접 확인할 수 있으려면, 우리 각자의 내면에 자리 잡고 있는 느낌도 되살려 내야만 한다.

인간의 행복과 지구의 안녕을 우선시하는 경제로 전환하기 위해서는 용기가 필요하다. 그리고 이러한 용기를 불러 모으기 위해서는 낙관적인 사고방식을 키워야 한다. 경제란 우리 인간이 설계한 시스템에 불과하기 때문이다. 그러나 지금까지 전 지구적 경제는 우리의 내면 세계와 인간이 가장 소중하게 여기는 것을 계속해서 무시해왔다. 이러한 경제는 협력에 보상하지 않고 경쟁에 보상한다. 또한 자연과 균형을 이룰 때가 아니라 환경을 파괴할 때 보상한다. 게다가 미래 세대를 위한 장기적인 평화와 번영의 증진이 아니라 단기적인 성과에 보상한다.

이러한 현실을 되돌리기 위해서는 우리 자신은 물론 서로를 위한 연민과 연대를 통해, 보이지는 않지만 우리 각자가 지니고 있는 우리 내면의 세계 역시 재생해야 한다. 메타위기는 우리 밖에 존재하는 외적인 것일 뿐 아니라 내적인 것이기도 하기 때문이다.

유엔 기후변화협약 사무총장을 맡고 나서 열린 첫 기자회견에서 기후변화에 대한 전 지구적 합의를 이끌어낼 수 있다고 생각하는지 질문을 받았다. 그때 나는 무심코 이렇게 대답했다, "제가 살아 있는 동안에는 아닐 것 같네요!" 내 대답은 정확히 현재를 지배하고 있는 분위기를 반영한 것이었다. 그러나 그 말을 하자마자 나는 우리가 전 지구적 합의를 성사시키기 위해서는 내 태도부터 바꿔야 함을 깨달았다. 일단 나라는 사람부터 가능성을 비추는 등대가 되어야 할 터였다. 그때부터 나는 나부터 시작해서 사람들의 태도를 바꾸는 일에 열과 성을 다했다. 이 여정은 길고 험난했지만 결국에는 수많은 사람들이 동참하게 되었다. 그리고 몇 년 지나지 않아 파리 기후변화협약이라는 결과로 돌아왔다.

놀랍게도 대규모 시스템 변화는 개인적인 것에서부터 시작된다. 그것은 우리 각자로부터, 우리가 우선시하는 것으로부터, 우리가 옹호하고자 하는 것으로부터, 세상에 우리를 어떤 모습으로 드러낼지를 결정하는 것에서부터 시작된다. 바로 우리가 인류의 다음 장을 써나가는 저자인 것이다.

따라서 이 책을 읽을 독자 여러분께 (특히 지역사회, 회사 또는 도시의 지도자라면 더더욱) 이렇게 훌륭한 텍스트를 탐독하기에 앞서 잠시 돌아서서 자신과 마주하는 시간을 가질 것을 권한다. 이 책은 우리에게 '거대한 도약'이라는 특별한 로드맵을 제시한다. 이렇게 특별한 여정에 기여하기 위해 여러분이 해야만 하고 또 할 수 있는 일이 무엇인지 진지하게 생각해보기를 권한다.

크리스티아나 피게레스

유엔 기후변화협약 전 사무총장, 파리협약 설계에 참여, 지구적 낙관주의(Global Optimism) 공동 설립자,
기후 팟캐스트 격노+낙관주의(Outrage+Optimism) 공동 진행자

***

내 인생에서 매우 강렬한 인상을 남긴 최고의 순간을 꼽으라면, 강가에 앉아 흐르는 물과 바람에 흔들리는 나무를 바라보던 순간을 꼽을 것이다. 그 순간, 우리가 자연과 진정으로 연결되었다는 사실을 느낄 수 있었기 때문이다. 자연은 우리가 숨 쉬는 공기이자 우리가 먹는 음식이다. 우리의 건강과 행복은 자연과 연결되어 있다. 자연의 아름다움을 보면서 우리는 행복을 느끼고 평온함을 얻는다.

반면에 파괴된 자연을 보면 우리는 분노를 느낀다. 파괴된 자연을 보면 나는 화가 치민다. 나는 매일 학교를 방문해 아이들을 만나서 교정에 나무 심는 일을 도와주고 있다. 그런데 심지어 그 순간에도 세계 곳곳에서는 거대한 기계가 숲의 나무를 모조리 베어 내어 수출함으로써 '부'를 추출한다. 손가락을 튕기는 것보다도 빠른 속도로 말이다. 그뿐이 아니다. 강은 유독성 화학물질과 플라스틱으로 오염되고 있다. 그 탓에 강둑에 앉아 즐거움을 느낄 수도, 깨끗한 식수를 마실 수도 없게 되었다.

인류는 지구 환경을 파괴하고 있다. 인류가 이런 식으로 지구와 관계를 맺은 결과 나타난 위기는 빠른 속도로 악화되고 있다. 빈곤과 불평등은 국가 안에서는 물론 국가들 사이에서도 견딜 수 없을 정도로 커다란 격차를 발생시키고 있다. 오늘날 아프리카의 뿔Horn of Africa 지역의 경우 수백만 명의 사람들이 기후로 인한 기아에 직면하고 있다. 상황은 충격적이다. 나의 조국 케냐가 가뭄에 시달리고 그 때문에 사람들의 삶과 생계가 황폐해지는 모습을 똑똑히 지켜보았을 뿐 아니라 미래에 대한 희망을 잃어버린 와지르Wajir의 공동체들을 찾아가 이야기를 나눠보기도 했다.

농촌 지역인 와지르에서 살아가는 많은 사람들은 가축을 잃고 큰 고통을 겪으면서도 기후위기가 얼마나 큰 규모로 닥치고 있는지 아직 모른다. 그들은 자신들이 겪고 있는 위기가 세계 시스템이 끔찍하게 망가진 탓에 일어나고 있다는 것도, 또 국경을 넘어 전 세계적으로 일어나고 있다는 것도 알지 못한다.

그와 동시에 세계를 이끄는 우리 지도자들은 기후위기의 고통과 그것이 사람들에게 미치는 파괴적인 영향에 대해 알고는 있어도 그것을 제대로 이해하거나 진심으로 체감하지는 못하는 것 같다. 나아가 우리가 만든 시스템이 대부분의 사람들을 위해 작동하고 있지 않다는 사실도 모르는 것 같다.

나에게 매우 큰 영감을 준 사람 가운데 한 명인 왕가리 마타이 교수는 이렇게 말했다. "이해하는 사람, 절실히 체감하는 사람은 지쳐서는 안 된다. 이런 사람들은 버텨내야만 한다. 이 부담은 아는 자의 몫이다. 그리고 바로 우리가 혼란을 느끼고 행동에 나서게 된 그 사람들이다."

나는 그동안 세계 지도자들에게 마음을 열고 아픔과 고통을 느껴보라고 요청해왔다. 진실에 귀 기울이며 연민을 가지고 행동에 나설 것을 요청해왔다. 행동하려는 의지는 반드시 인간의 깊은 내면에서 우러나야만 한다고 생각하기 때문이다. 우리 인간에게는 깊은 관심을 가지면 행동에 나설 수 있는 힘이 있다.

우리가 마음을 열면 전환을 위한 행동의 씨앗이 싹을 틔우고 무럭 무럭 자라날 것이다. 우리는 '거대한 도약'을 통하여 지금 우리 앞에 닥친 상호 연관된 위기들에서 벗어날 수 있다. 그리고 안정적인 기후, 깨끗한 공기와 물, 모두를 위한 식량 안보를 누리는 미래로 나아갈 수 있다. 그러려면 사고방식을 바꿔야 한다. 그리고 무엇이 중요하고 무엇이 가능한지에 대한 이야기를 새롭게 시작해야 한다. 그래서 이 책이 전하는 이야기는 매우 중요하다. 이 책은 사람들의 행복을 해결책의 중심에 두고 있기 때문이다.

빈곤을 종식하는 동시에 불평등 문제를 해결하면 우리 사회는 기후위기와 그 영향에 대처할 수 있을 것이다. 바로 이것이 왕가리 마타이 교수가 큰 포부를 가지고 나무 심기 사업을 시작할 때 내세운 주장이다. 산림 파괴를 막으려고 왕가리 마타이 교수가 추진하는 나무 심기 사업의 핵심에는 여성에 대한 권한 부여가 자리 잡고 있다. 즉, 여성에게 연료와 식량, 보금자리 그리고 자녀를 교육할 소득을 얻기 위한 수단을 제공하는 것이다.

《모두를 위한 지구》는 이렇게 서로 연결된 행동과 생각에 동참하라는 요청이다. 이 책은 우리가 이뤄내야만 하는 변화의 규모가 얼마나 큰지를 상기시키고, 우리가 구축해온 시스템을 바꿔낼 수 있다는 사실을 확인시켜 준다. 또한 이 책에는 행복과 존엄, 협력과 연대를 행동의 뿌리로 삼는 방법에 대한 새로운 생각들이 가득하다.

나는 시민의회라는 아이디어에 무척이나 끌린다. 변화를 요구하는 시민들의 목소리를 세계의 지도자들에게 전달할 수 있는 강력한 수단이라고 생각하기 때문이다. 그러니 수많은 시민의회가 꽃 피우기를 바란다. 나는 왕가리 마타이 교수가 전해준 유산과 나만의 작업을 통해 아무리 풀기 어려운 과제에 직면해 있는 사람이라도 자신의 미래를 이끌어가는 주체로 당당히 설 수 있다는 사실을 터득했다. 우리의 지도자들 역시 마음을 가진 존재이다. 지도자들부터 마음을 열고 우리 모두 하나가 되어 이 책에서 말하는 미래를 맞이하도록 노력할 수 있기를 기원해본다.

아름다운 나무 아래나 강변에 앉아 이 책을 읽어보기를 바란다.

엘리자베스 와투티

기후활동가, 녹색세대 이니셔티브(Green Generation Initiative) 설립자

1장

모두를 위한 지구

건강한 지구, 공정한 세계로 나아가기 위한 5가지 특별한 전환

《모두를 위한 지구》는 우리 미래에 관한 책이다. 정확히 말하자면 이번 세기를 살아가는 인류 공동의 미래에 관한 것이다. 문명은 유례 없는 순간에 접어들었다. 이 책을 쓰고 있는 지금도 우리는 전염병, 산불, 전쟁에 휩싸여 있다. 이런 사실 앞에서 인류가 전에 없던 진보를 이루었음에도 불구하고 우리 사회는 충격에 지극히 취약한 상태에 놓여 있음을 똑똑히 확인할 수 있다. 우리는 지금 당면한 혼란은 물론이고 우리 스스로 불러일으킨 전 지구적 비상사태의 한복판에서 있는 형편이다. 이 책은 앞으로 다가올 수십 년 안에 자유롭고, 영감을 자극하며, 놀랍도록 복잡하고, 변화무쌍한 우리 문명이 5가지 특별한 전환을 이룰 수 있을지 여부에 인류의 장기적인 가능성이 달려 있다고 논하려 한다.

무엇이 문제인지 모르는 사람은 없다. 모두가 안다, 수십억 명의 사람들이 겪고 있는 극심한 빈곤을 종식시켜야만 한다는 것을. 모두가 안다, 불평등 위기에서 벗어나야만 한다는 것을. 모두가 안다, 에너지 혁명을 이루어야 한다는 것을. 모두가 안다, 산업화된 식단이 우리를 죽음으로 몰아가고 있고, 우리의 농업 방식이 자연을 쑥대밭으로 만들며 여섯 번째 대멸종으로 향하는 속도를 높이고 있다는 사실을. 모두가 안다, 인구를 끝없이 늘릴 수 없다는 사실을. 모두가 안다, 유한한 푸른 지구에서 우리의 물질발자국을 무한히 늘릴 수 없다는 사실을.

'우리'가, 그러니까 모든 사람과 모든 국가가 하나가 되어 이번 세기를 헤쳐 나갈 수 있을까? 용기와 신념을 가지고 인류가 함께 새로운 단계로 도약할 수 있을까? 분열, 신식민주의적 금융 착취, 뿌리 깊은 불평등, 극심한 국가 간 불신을 극복하며 오래 지속할 비상사태에 대처해나갈 수 있을까? **여러 세기가 아니라 수십 년 안에 시스템 전환을 이룰 수 있을까?**

물론 모두 충분히 실현 가능하다. 이 책을 통해 그 점을 확인하고자 한다. 전환의 과정에서 지구가 희생되는 일은 없을 것이다. 오히려 우리의 미래를 위한 투자가 될 것이다. 이 책은 시스템 역학 모델system dynamic model의 지원을 받은 전문가 평가를 토대로 우리가 직면한 여러 비상사태에서 벗어날 수 있는 가능성이 가장 높은 경로를 탐색한다. 동시에 인도적, 사회적, 환경적, 경제적 측면에서 모두에게 가장 이익이 되는 경로도 탐색할 것이다.

《모두를 위한 지구》는 우리의 미래에 대한 가치 평가와 깊은 관련이 있다. 대부분의 사람들은 각자의 미래를 가치 있게 여긴다. 그렇다면 문명, 80억 명의 인구, 서로 얽혀 있는 사회의 그물망 속에서 살아가는 우리의 집합적 미래에 대해서는 어떻게 생각할까? 사실 우리가 인류의 집합적 미래를 가치 있게 여긴다는 사실을 입증할 만한 증거는 매우 부족하다. 오히려 코로나-19 감염병 대유행 사례에 비추어 보면 그렇지 못하다는 사실을 확인할 수 있을 뿐이다. 일부 국가는 막대한 부를 누리고 있음에도 충분히 피할 수 있다고 알려진 위협에서 문명을 보호하기 위한 기본적인 안전장치조차 도입하지 못하고 있는 형편이다. 적절히 대비하기 위해서는 투자가 필요하지만, 사실 지금까지 이루어진 투자는 전 지구가 겪어 온 고통에 비하면 새 발의 피에 불과하다.

만성적인 실패를 확인할 수 있는 사례는 또 있다. 바로 세상의 관심을 끌어내기 위해 등교를 거부하고 거리 행진에 나서고 있는 세계 곳곳의 많은 아이들이다. 학교 파업에 동참하는 아이들이 전달하려는 메시지는 단순하다. 바로 "우리 집이 불타고 있다(Our house is on fire)"는 것이다. 아이들은 권력을 가진 사람들이 미래를 위험에 빠뜨렸고 그 결과 자신들은 불안정한 지구에서 살아갈 수밖에 없게 되었다고 외친다. "기후변화가 아니라 체제 변화가 필요하다(Systems Change, Not Climate Change)", "과학계의 목소리에 귀 기울여라(Listen to the Science)" 같은 문구가 담긴 플래카드를 손에 들고 거리 행진에 나선 아이들은 지금 당장 사회를 공평하고 공정하게 전환하라고 요구한다.

아이들의 간절한 외침은 몇 가지 불편한 문제를 드러낸다. 우리가 감염병 대유행이나 기후붕괴를 예방하기 위해 취한 행동이 충격적일 정도로 부적절한 이유는 무엇일까? 산업사회를 이끄는 경제 시스템은 변화가 불가능한 방향으로 나아가고 있는 걸까? 지구에서 살아가는 80억 또는 100억 명의 사람들이 모두 지구 한계를 벗어나지 않으면서 번영을 누리는 것이 실제로 가능할까? 사회붕괴는 피할 수 없는 걸까? 우리는 지구에서 살아가는 우리의 집합적 미래를 가치 있게 여기고 그것을 위해 투자할 방법을 찾을 수 있을까?

이 책은 마지막 질문을 정면으로 다룬다. 이 책은 2020년 출범한 '모두를 위한 지구' 이니셔티브Earth for All initiative가 수행한 연구 결과를 소개한다. 감염병이 대유행하며 사회를 휩쓸자 세계의 과학자, 경제학자, 학제 간 전문가들이 머리를 맞대기 시작했다. 이들은 서로 연결되어 있는 현재의 위기들과 미래의 폭풍우를 무사히 헤쳐 나가기 위해서는 보다 공정하고 회복력 있는 경제 시스템을 구축해야 한다는 데 공감하고 거기에 필요한 것이 무엇인지 분석하기 시작했다. 논쟁이 거듭되었고 의견이 일치하지 않을 때도 많았다. 그럴 때에는 더욱 뜨거운 논쟁을 벌이기도 했다. 모든 사회에서 빈곤과 신식민주의를 종식하고 불평등 문제를 해결해야 한다는 데 진심으로 동의한다고 해도 유럽, 북미 출신 학자와 저술가의 관점과 아시아, 아프리카 출신 학자와 저술가의 관점은 사뭇 다르게 나타나기도 했다. 예를 들어, 식량 시스템 전환이 필수라는 사실에는 모두가 동의한다고 해도 유기농업, 실험실 배양육, 전환이 진행되는 과정에서 인간이 만들어낸 화학물질의 기능 등 어느 사안에 얼마만큼 중점을 두어야 하는지를 탐색하는 일은 까다로운 작업이 아닐 수 없었다.

우리의 분석은 서로 깊이 연관된 두 가지 시스템에 초점을 맞춘다.

바로 인간과 지구다. 더 분명히 말하자면 전 지구적 경제와 지구의 생명 유지 시스템이다. 우리의 분석은 과학의 한 갈래인 시스템 사고 방식systems thinking*을 토대로 삼고 있다. 지난 50년 사이 폭발적으로 성장한 시스템 사고방식은 복잡성, 되먹임 고리, 기하급수적 영향을 이해하는 데 도움이 되는 도구를 갖추고 있다. 시스템 사고방식을 연구하는 학자들은 언제나 지렛점을 찾는다. 지렛점은 한 가지 사항에서 나타난 작은 변화가 전체 시스템에 커다란 변화를 일으키는 지점이다.

세계의 저명한 경제사상가들로 구성된 전환경제위원회Transformational Economics Commission와, 우리가 '어스4올Earth4All'이라고 부르는 시스템 역학 모델이 이 분석의 지적 구심점이 되었다. 이 두 구심점 덕분에 우리는 탐구를 통해 경제에 관한 과감한 제안을 할 수 있었다. 어스4올 모델에서 일련의 되먹임 고리를 활용해 전환경제위원회가 제시한 경제적 사고들을 시험해볼 수 있었다. 그렇게 해서 전환경제위원회의 제안들이 인간과 지구에 충분한 규모의 영향을 미칠 수 있는지 여부를 검토할 수 있었고, 전환경제위원회는 어스4올 모델을 통해 도출한 결과를 비판적으로 검토하면서 문제를 제기할 수 있었다.

이 과정을 거치며 우리는 가능한 대안적 미래 세계에 대해 연구할 수 있었다. 우리는 인간 행동, 미래의 기술발전, 경제성장, 식량 생산에 대한 폭넓은 가정을 토대로 하여 이번 세기에 일어날 수 있는 일들과 그 모든 것이 생물권과 기후에 미칠 영향에 대해 탐구할 수 있

---

* 대상을 시스템의 관점에서 파악하는 사고방식. 이 관점에서는 전체 시스템을 구성하는 하위 시스템, 그리고 이 시스템들의 상호 연관성을 이해하고 외부 환경과의 피드백도 고려한다-옮긴이

었다. 그 결과 우리는 부자와 빈자 사이의 격차가 확대되거나 축소되는 경우, 온실가스 배출이 증가하거나 감소하는 경우, 인구가 급증하거나 급감하는 경우, 물질 소비가 확대되거나 억제되는 경우에 무슨일이 일어날지에 대해 또는 공공 인프라와 기술혁신에 대한 투자를 통해 재앙을 막을 수 있을지에 대해 살펴볼 수 있었다. 어스4올 모델은 다양한 미래 시나리오를 분석하는 동안 우리 생각을 일관되게 유지하는 데 도움이 되었다. 즉, 우리 시나리오들이 내적 일관성을 갖추고 우리가 세운 가정을 실제로 따르도록 보장하는 데 기여했다.

어스4올 모델에는 두 가지 참신한 요소가 있다. 바로 사회긴장지수Social Tension Index와 평균웰빙지수Average Wellbeing Index이다. 이 요소들 덕분에 특정 정책(예:소득 재분배 관련 정책)이 이미 쌓여 있는 사회적 긴장을 높이거나 낮출 가능성에 대해 추정할 수 있었다. 우리는 사회적 긴장이 지나치게 높아지면 사회가 악순환에 빠질 수 있다고 생각한다. 즉, 신뢰가 무너지면서 정치적 불안정 증가, 경제 침체, 웰빙well-being*의 감소로 이어질 수 있다. 그러면 정부는 장기적이고 실존적인 과제(예:감염병 대유행, 기후변화 또는 생태붕괴)의 해결은 고사하고 단기적인 충격을 완화하는 일조차 애를 먹게 될 것이다.

어스4올 모델은 전 지구적 범위를 포괄한다. 그렇기 때문에 장기적인 추세를 전체적으로 탐구하는 데 유용하다. 그러나 그럴 경우 중요한 지역적 차이를 드러내지 못하는 단점이 있다. 예를 들어 전 지구적 추세가 강한 경제성장으로 나타나는 경우 특정 지역의 경제 침

---

* 물질적, 신체적, 정신적 삶의 질 나아가 사회관계적, 환경적 삶의 질이 기본적인 수준을 넘어선 상태를 뜻하는데, 우리말로 '좋은 삶'과 가까운 말로 볼 수 있다-옮긴이

체는 드러나지 않을 수 있다. 이 점을 감안하여 세계 10개 지역[1]을 추가 추적하는 모델을 개발했다. 덕분에 우리의 시나리오가 사하라 이남 아프리카와 남아시아의 저소득 국가와 유럽이나 미국 같은 고소득 국가들에서 각각 어떻게 작동하는지 이해하게 되었다. 물론 어떤 모델이든 복잡성이 더해지면 또 다른 불확실성이 생겨나기 마련이다. 따라서 우리는 결과를 신중하게 해석했다.

붕괴할 것인가, 돌파할 것인가?

이 책에서는 우리가 제법 상세하게 묘사할 수 있는 모든 시나리오 가운데 두 가지 시나리오를 선택했다. 하나는 우리가 '부족한 노력, 놓친 시기Too Little Too Late'라고 부르는 시나리오이고 다른 하나는 우리가 '거대한 도약Giant Leap'이라고 부르는 시나리오다. '부족한 노력, 놓친 시기' 시나리오는 다음과 같은 질문을 던진다. 만일 (생물권을 포함한) 세계에 커다란 영향을 미치는 경제 시스템이 지난 50년 동안 진행되어온 방식 그대로 계속 운영된다면 어떻게 될까? 현재의 빈곤 감소, 빠른 속도의 기술혁신, 에너지 전환 추세만으로 사회붕괴 또는 지구 시스템이 받는 충격을 피하기에 충분할까? 한편 '거대한 도약' 시나리오는 다음과 같은 질문을 던진다. 만일 더욱 회복력 있는 문명을 구축하기 위해 특별한 노력을 기울인 결과 경제 시스템이 전환된다면 어떻게 될까? '거대한 도약' 시나리오는 빈곤을 종식하고 신뢰를 창출하며 전 지구적 차원에서 안정적인 경제 시스템을 구축해 다수의 사람들에게 더 높은 웰빙을 제공하기 위해 취할 수 있는 행동이 무엇인지 탐구한다. 우리가 제시하는 이 두 가지 시나리오는 전문가 평가와 기존 학술 문헌을 토대로 구축되었고 어스4올 모델을 통해 내적 일관성을 유지했다. 이 두 가지 시나리오를 종합한 결과 우리는 다음과 같은 결론에 도달하게 되었다.

첫째, 현재의 정치와 경제의 경로가 유지될 경우 고의적인 불평등이 계속해서 커질 뿐만 아니라 저소득 국가의 경제발전이 둔화되어 빈곤이 지속될 것으로 예상된다. 국가 안의 불평등이 지속된 결과 21세기 중반이 되도록 사회적 긴장이 계속 이어질 가능성이 높다.

둘째, 이러한 요인들은 기후와 생태 비상사태에 부적절하게 대응하도록 부추길 가능성이 높다. 지구의 평균 온도가 지금보다 2℃ 이상 상승할 가능성이 높다. 2℃는 파리협약에서 명시한 한계이자 과학계에서 정한 한계선으로, 평균 온도가 2℃를 넘어 상승하는 것은 지극히 현명하지 못한 일로 여겨진다.[2] 평균 온도가 2℃를 넘어 상승하면 많은 인구가 점점 더 지독한 폭염, (작물 재배 실패의 원인인) 큰 가뭄, 폭우, 해수면 상승에 시달리게 될 것이기 때문이다. 그러면 이번 세기에 사회적 긴장이 높아지면서 전 세계에 파장을 미칠 것이고 그 결과 세계는 지역마다 사회적 불안정이라는 위험에 맞닥뜨릴 것이다. 지구 시스템의 상당 부분이 티핑포인트*를 갑작스레 넘어서 돌이킬 수 없게 될 가능성이 지금보다 훨씬 높아질 것이고 사회적 긴장과 갈등이 더욱 악화될 것이다. 기후와 생태의 티핑포인트를 넘어선 결과 나타날 영향은 짧게는 수세기에서 길게는 수천 년 동안 지속될 가

---

* 어떤 상태가 급변하여 이전 상태로 되돌아갈 수 없게 되는 단절 지점-옮긴이

능성이 높다.

셋째, 위험을 크게 줄이기 위해서는 5가지 특별한 전환이 필요하다.

1. 빈곤 종식
2. 심한 **불평등** 해결
3. 여성에 대한 **권한 부여**
4. 인간과 생태계를 위해 건강한 **식량** 시스템 조성
5. 청정에너지로 전환

이 5가지 특별한 전환은 다수의 사람들을 위해 작동할 정책 로드맵으로 설계된 것이지 도달할 수 없는 유토피아를 건설하려는 시도가 아니다. 오히려 이 전환들은 이례적인 압력에 시달리고 있는 문명이 회복력을 되찾는 데 필수적인 기초이다. 나아가 세계는 이 전환들을 이루기에 충분한 지식과 자금, 기술을 보유하고 있다. 사실 이 전환들은 그리 새로운 것이 아니다. 여러 보고서에서 이 전환들의 원동력이 되는 다양한 행동을 개별적으로 묘사해왔기 때문이다. 이 책이 다른 점이 있다면, 어스4올 모델을 통해 이 전환들을 하나의 역학 시스템에 연결하려고 시도했다는 점일 것이다. 그럼으로써 우리는 이 전환들이 **한데 모일** 경우, 파괴적 경로에 들어서 있는 세계 경제가 그 경로에서 빠져나와 회복력 있는 경로로 진입할 수 있는 충분한 경제적 추진력momentum을 얻을 수 있는지 평가해보고자 했다.

이것이 안전하고 공정한 미래를 여는 정밀한 청사진이라고 주장하려는 것은 아니다. **다만** 지금부터 이 5가지 영역에 **대규모 투자를 집**

중할 필요가 있다고 주장하는 것이다. 이유는 다음과 같다. 기후 비상사태를 '공정하게' 해결하려면 한 세대 안에 전 지구적 에너지 시스템을 재구성해야 한다. 에너지 시스템은 모든 경제의 기초이기 때문이다. 사실 태양광 패널, 풍력 터빈, 배터리, 전기자동차 같은 공학 기술 대부분은 이미 우리 곁에 존재하고 있을 뿐 아니라 기하급수적으로 확산되고 있다. 그러나 해결책은 공정해야 할 뿐 아니라 전 세계 중산층이 수용할 수 있어야 하고 비용 면에서 감당할 수 있어야 한다. 그렇지 않으면 거센 저항에 부딪히게 될 것이다. 만일 이미 진행 중에 있는 에너지 전환이 뿌리 깊은 불평등을 영속시킨다면 그러한 전환은 사회를 불안정하게 만드는 효과를 불러올 것이다. 따라서 '모두를 위한 지구' 전환은 시스템 접근법을 토대로 어떻게 성공할 수 있을지 보여준다.

여기에서 네 번째 결론이 도출된다. 보다 회복력 있는 문명을 구축하는 데 필요한 추가적인 투자는 규모가 크지 않을 가능성이 높다. 지속 가능한 에너지 안보와 식량 안보를 확보하는 데 필요한 투자는 전 세계 연 소득의 2~4퍼센트 수준일 것으로 보이기 때문이다.[3] 그러나 시장 원리에만 맡겨서는 이러한 투자가 진행될 가능성이 매우 낮다. 따라서 이 5가지 특별한 전환을 이루기 위해서는 시장 방식과 장기적인 사고방식 모두를 재구성해야 한다. 오직 시민의 지지를 받는 정부만이 이러한 일을 수행할 수 있다. 따라서 정부가 훨씬 더 적극적으로 행동할 필요가 있다는 분명한 결론이 도출된다. 이 5가지 전환이 구현되기 시작한 첫 10년 동안 가장 많은 투자가 이루어질 것이고 그 이후부터는 투자 규모가 줄어들 것이다.

다섯 번째 결론은 소득 재분배는 타협할 수 있는 사안이 아니라는 것이다. 장기적인 경제적 불평등이 단기적인 경제위기와 결합되면 경제적 불안과 불신, 정치적 역기능이 따르게 마련이다. (바로 이것이 오늘날 대부분의 대규모 경제가 작동하는 방식이다.) 그리고 그러한 불안과 불신, 역기능은 민주주의 사회를 위협하는 분열을 부추기고 사회적 긴장을 고조시키는 심각한 위험 요인이 된다. 오늘날의 지배적인 경제 모델은 소득 불평등 증가로 이어지기 때문에 특별한 개입을 통해 불평등 문제를 해결해야 한다. 그렇지 않으면 전 세계가 직면한 실존적 위협에 대응할 수 없을 것이다.

우리는 최고 부유층 10퍼센트가 국민소득의 40퍼센트 이상을 가져가지 못하도록 제한하는 일련의 정책을 제안한다. 이 수치는 실현이 불가능할 것으로 보이는 유토피아적 제안에서 말하는 완전한 소득 평등과는 거리가 멀다. 우리가 보기에 이 수치는 민주주의 사회가 기능을 유지할 수 있게 하는 최소한의 수치이다. 심한 불평등으로 인해 신뢰가 훼손되면 민주주의 사회가 온실가스 배출 감축, 숲과 담수 보호, 지구의 평균 온도를 과학자들이 비교적 안전한 수준이라고 평가한 $1.5℃$ 이내 상승으로 안정화 같은 집합적이고 장기적인 결정을 내리기 더 어려워질 것이기 때문이다. 그러면 세계는 더 지독한 폭염을 경험하게 될 것이고 작물 재배 실패 사례가 늘어나면서 식량 가격에 충격을 줄 것이다. 그렇게 되면 불평등이 악화되고 신뢰는 더욱 훼손되며 정부 통제력은 한계에 다다르게 될 것이다.

여섯 번째, 이 특별한 전환은 2050년 이전에 달성될 수 있다. 한 세대를 넘기지 않을 수 있다는 말이다. 그러려면 지금부터 행동에 나서야 한다. 지금부터 10년 동안 온 힘을 기울여 지구를 안정화시키는 행동에 나선다면 우리의 미래는 그렇게 하지 않았을 때보다 훨씬 더 평화로울 것이고 훨씬 더 번영할 것이며 훨씬 더 안전할 것이다. 시급하게 행동에 나서지 않는다면 사회적 긴장이 높아질 것으로 예상할 수 있는데, 그러면 미래에 문명이 직면할 과제를 해결하기가 더욱 어려워질 것이다.

일곱 번째, 이 전환들로 단절이 일어날 것이다. 그것을 피할 수는 없다. 이 전환들은 현재 진행되고 있는 단절 추세, 즉 기하급수적으로 확산되는 기술적 돌파구와 상호작용할 것이다. 급격히 확산되는 기술은 인공지능, 로봇 공학, 연결성, 생명공학에서 혁명을 일으켜 경제, 건강, 웰빙 차원에서 혜택을 가져다줄 것이 틀림없다. 하지만 그것은 개인정보 보호, 보안, 노동의 미래에 엄청난 영향을 미칠 것이다. 따라서 사회안전망을 구축하여 전환이 일어나는 동안 사회의 모든 구성원을 보호해야 한다. 이런 이유로 '보편적 기본 배당금 universal basic dividend, UBD' 분배를 위한 시민기금을 구성하자고 제안하는 바이다. 보편적 기본 배당금은 불평등을 해결하고 불가피한 경제적 단절에서 사람들을 보호하기 위한 혁신적 정책의 핵심이다. 기존에 제안되었던 '사용료와 배당금 fee and dividend' 정책과 마찬가지로 시민기금은 두 가지 부분으로 나뉜다. 민간부문은 사회의 모든 구성원이 관리해야 할 것으로 여겨지는 자원을 추출하고 사용할 때에는 그 사용료를 지불해야 한다. 여기에는 화석연료, 토지, 담수, 대양, 광물, 대기, 심지어 데이터와 지식도 포함된다. 각국의 시민기금으로 사용료가 모이면 그 시민기금은 보편적 기본 배당금을 통해 이 세입을 그 국가의 모든 시민에게 공평하게 분배한다.

　마지막 결론은 다음과 같다. 앞에서 했던 경고들에도 불구하고 우리는 집합적인 미래에 대해 **낙관적인** 태도를 취할 수 있다. 그런 태도는 바람직할 뿐 아니라 꼭 필요한 것으로, 우리의 분석에 따르면 충분히 가질 만한 태도이다. '모두를 위한 지구' 비전, 즉 지구 한계를 벗어나지 않으면서 인간이 웰빙을 누릴 수 있도록 지원하는 방향으로 창은 여전히 열려 있다. 우리가 힘을 모아 부의 재분배를 위해 노력하면 국가 안에서 그리고 국가 사이에서 신뢰를 형성할 수 있다. 그러면 기후붕괴나 미래의 감염병 대유행 같은 실존적 문제가 지닌 위험을 줄이기 위해 장기적인 결정을 내릴 수 있는 여지가 생길 것이다. 이 5가지 특별한 전환을 이룬 뒤에는 경제가 빠른 속도로 발전하여 2050년 이전에 절대 빈곤을 종식할 수 있을 것이다. 또 현재 사용하는 화석연료와 낭비적인 식량 공급망에서 빠른 속도로 벗어나면 모든 사회가 장기적인 에너지와 식량 안보를 보장할 가능성이 생길 것이다. 경제가 전환되면 오늘날 인구가 과밀한 도시에서 끔찍한 대기오염에 시달리고 있는 수많은 사람들이 깨끗한 공기를 마실 수 있게 될 것이다. 아울러 급격히 확산되는 기술과 시스템 효율성에 힘입어 청정에너지 혁명이 이루어지면 저소득 국가는 부유한 국가들이 저질렀던 역사적 실수를 되풀이하지 않으면서 물질적 욕구를 충족할 수 있게 될 것이다. 이러한 전환을 통해 우리의 미래를 가치 있게 만들 수 있게 될 것이다.

　우리의 분석에 따르면 다음 10년 동안 역사상 가장 빠른 속도의 경제 전환이 이루어져야만 한다. 그리고 이 전환의 규모는 실로 엄청날 것이다.

경제 전환은 양차 세계대전이 끝난 뒤 유럽을 재건하기 위해 경제 투자를 시행했던 마셜플랜보다 규모가 더 크다.

이 전환은 1950년대와 1960년대에 아시아와 아프리카에서 농업의 산업화를 추진하여 기근 종식에 기여했던 녹색혁명보다 규모가 더 크다.

이 전환은 20세기 중반 독립국가 탄생에 기여한 반식민주의 운동보다 규모가 더 크다.

이 전환은 미국의 배제된 집단들이 보다 평등한 권리를 쟁취한 1960년대 민권운동보다 규모가 더 크다.

이 전환은 1960년대 미국 GDP의 2퍼센트를 소모한 달 착륙 비용보다 규모가 더 크다.

이 전환은 지난 30년 동안 8억 명을 빈곤에서 벗어나게 만든 중국의 경제 기적보다 규모가 더 크다.

경제 전환의 규모는 이 모든 것을 합친 것과 같다. 정말 어마어마하지 않은가? 이 책을 집필한 우리의 과제는 이러한 일이 실현될 수 있다는 사실을 독자 여러분에게 납득시키는 것이다.

이 경제 전환을 실현하기 위해서는 지금까지 본 적 없던 광범위한 연합을 구성해야 한다. 그러기 위해서는 과거 지배자였던 서구가 쥐어온 경제권력을 앞으로 수십 년 사이에 이 책에서 '거의 대부분의 세계Most of the World'라고 부르는 곳으로 넘겨야 한다. 세계 모든 지역에서 함께할 다수를 참여시켜야 한다. 정치적 좌파와 우파, 중도주의자와 녹색주의자, 민족주의자와 세계주의자, 관리자와 노동자, 기업과 단체, 유권자와 정치인, 교사와 학생, 혁명가와 전통주의자, 노인과 청소년 등 모두를 아울러야 한다. 또한 이를 위해서는 세계 경제 시스템을 재구성해야 한다. 특히 경제성장에 대해 다시 고찰해야 한다. 그럼으로써 성장이 필요한 경제는 성장할 수 있도록 지원하고 과소비하고 있는 경제는 새로운 운영 시스템을 개발하도록 지원할 수 있을 것이다.

또한 물질 소비에 대해서도 재고해야 한다. 특별한 전환을 이루지 않을 경우 2060년이 되면 물질 소비가 지금의 두 배가 될 것이기 때문이다.

세계 금융 시스템을 바꿔서 재앙을 불러오는 금융에서 장기적인 번영에 투자하는 금융으로 재설계해야 한다. 가장 우선적으로는 전 세계 돈의 흐름을 재편해야 한다. 즉, 국제통화기금IMF과 세계은행 같은 기관을 개선하여 상위 10퍼센트의 사람뿐만이 아니라 빈곤에 시달리는 사람들도 혜택을 얻을 수 있도록 지원해야 한다.

이러한 일들을 실현하기 위해서는 뛰어난 수완을 발휘하여 보다 효율적인 방식으로 정책을 추진하는 국가, 즉 지평선 너머를 내다보면서 시민의 안전을 우선으로 삼는 적극적이고 유능한 국가가 필요하다. 그런 국가의 정부는 혁신, 시장 재설계와 부의 재분배를 적극적으로 뒷받침해야만 한다.[4] 그러자면 각국 정부가 각성해야 한다. 국가의 첫 번째 임무는 무엇보다도 시민이 피해를 입지 않도록 보호하는 것이다. 나아가 이토록 불안정한 세기에 국가는 시스템에 입각해서 사고하고 전 지구적으로 행동하며 수익이 나기 전에 투자를 선도함으로써 미래 세대의 웰빙을 증진해야 할 것이다.

미래 시나리오의 간단한 이력

이 책은 수십 년간 이루어진 경제와 지구 시스템 연구를 바탕으로 집필된 것이다. 50년 전으로 돌아가 보자. 당시에는 인구 성장, 오염, 지구의 상태에 대한 사람들의 관심이 나날이 높아지고 있었다. 그보다 10년 남짓 앞서 출판된 레이첼 카슨의 《침묵의 봄*Silent Spring*》 (에코리브르, 2011)은 인간이 살아가는 지구의 생활 조건을 인간 스스로 파괴할 수 있다는 사실에 대해 사람들이 심각하게 걱정하기 시작한 계기가 되었다. 이러한 상황을 인지한 유엔은 처음으로 지구정상회의Earth Summit를 개최했다. 바로 스톡홀름에서 개최된 유엔 인간환경회의였다. 매사추세츠 공과대학MIT의 젊은 연구자들이 함께 출판한 《성장의 한계》(갈라파고스, 2021)[5]는 스톡홀름 회의에 앞서 출판되어 세간의 주목을 끌었다.

《성장의 한계》 저자들은 생태적 한계를 넘어섬으로써 사회붕괴가 일어날 가능성에 대해 경고했다. 심지어 그들은 그 가능성을 높게 보았다. 인류가 한정된 자연자원이나 환경 비용을 고려하지 않은 채 경제성장과 기하급수적으로 확대되는 소비를 계속해서 추구한다면 21세기의 첫 50년이 지나기 전에 인간 사회는 지구의 물리적 한계를 넘어서게 될 터였다. 인구가 증가하는 상황에서 활용할 수 있는 식량과 에너지는 급격하게 줄어들 것이었다. 그러면 생활수준이 낮아져 궁극적으로는 인구가 가파르게 감소할 것이라고 경고했다. 뜻밖에도 《성장의 한계》는 지금까지 전 세계적으로 수천만 부가 팔린 베스트셀러가 되었다.

《성장의 한계》의 분석은 당시로서는 새로운 컴퓨터 모델을 바탕으로 한 것이었다. 바로 월드3^{World3} 모델이다. 오늘날의 기준으로 볼 때 1970년대 초반의 컴퓨터 성능은 매우 제한적이었다. 그럼에도 MIT 연구팀은 이 분야의 첫 컴퓨터 모델을 개발하여 유한한 지구에서 발전해 나가는 인간 사회의 복잡한 역학을 전 지구적 수준에서 포착하려고 시도했다.

연구팀은 월드3 모델을 이용하여 대규모 수준에서 인구 증가, 출산과 사망, 산업 생산, 식량, 오염에 관련된 미래 시나리오를 탐구했다. 월드3 모델은 복잡성을 포착했다. 예를 들면, 식량 생산이 무한하게 확대될 수 없는 조건에서 인구 증가가 활용 가능한 식량에 미치는 영향 등이다. 그 이후 여러 다른 컴퓨터 모델이 개발되어 지구적 과제를 탐구하는 데 활용되었지만, 이 책에서 제시하는 결과는 월드3 모델에서 사용한 것과 동일한 기법을 활용하여 도출한 것이다. 특히 이 책의 토대를 이루는 핵심 모델인 어스4올 모델은 《성장의 한계》를 집필한 저자 4명 가운데 한 사람인 요르겐 랜더스가 설계한 것이다.

《성장의 한계》에서 탐구한 시나리오 가운데 일부 시나리오에서는 붕괴라는 결론이 도출되었다. 오염 증가, 식량 생산 감소, 인구의 급격한 감소 때문이었다. 그러나 모든 시나리오가 그러한 결론으로 이어진 것은 아니었다. 《성장의 한계》 연구팀은 '안정화된 세계'라는 결론을 도출하는 시나리오로 이어지는 몇 가지 가정들도 확인했다. 이 시나리오에서는 인간 복지가 증가해 높은 상태를 유지하는 것으로 나타났다. 또한 핵심적인 행동들에 나섬으로써 붕괴를 피할 수 있다는 사실도 확인되었다. 언론과 논평가들은 전통적인 궤적을 따라 성장할 경우 붕괴의 위협에 노출된다는 점을 조명하지 않았고, 《성장의 한계》가 제시한 시나리오를 대체로 무시했다. 의사결정자들 역시 마찬가지였다. 현상 유지 경로를 따라갈 경우 장기적으로 나타나게 될 영향에 대해 경고했음에도 불구하고 현실 안주를 선택한 의사결정자들은 신자유주의 경제 이론을 따르면서 어떤 비용을 치르더라도 아랑곳하지 않고 무조건 성장을 추구했다.

그렇게 50년이 지난 지금 《성장의 한계》가 제시한 시나리오는 우리에게 어떤 의미가 있을까? 그 시나리오는 오늘날의 현실에도 여전히 잘 들어맞을까?

지난 반세기를 돌아보면서 말할 수 있는 것은, 전 지구적 차원의 평가를 수행하기 위해 개발된 모델 중에서 월드3가 가장 널리 잘 알려진 모델일 뿐 아니라 매우 정확한 모델에 속한다는 사실이다. 2012년 호주의 물리학자 그레이엄 터너는 1970년부터 2000년 사이의 실제 데이터를 수집하여 《성장의 한계》에서 제시한 여러 시나리오 가운데 현상 유지Business-as-Usual, BAU 시나리오와 비교했다. 그 결과 《성장의 한계》 연구팀이 제시한 시나리오가 현실에 근접해 있다는 사실을 확인했다. 2014년 터너가 다시 한 번 실제 데이터를 수집하여 비교했지만 결과는 같았다.[6]

2021년 네덜란드 연구자 가야 헤링턴Gaya Herrington이 《성장의 한계》가 제시한 시나리오가 여전히 현실에 근접해 있는지 다시 한 번 확인에 나섰다. '모두를 위한 지구' 전환경제위원회 위원인 헤링턴은 지난 40년 동안 수집한 데이터와 마지막 버전의 월드3 모델이 도출했던 4가지 시나리오를 비교했다.[7] 이 4가지 시나리오 가운데 하나는 세계가 경로 변경에 나서지 않고 현상 유지 경로를 따라 경제와 정치를 수행해나간다는 시나리오다(그림 1.1의 BAU). 두 번째는 BAU 시나리오를 갱신한 시나리오로, 활용할 수 있는 자연자원(예:화석연료)의 양을 BAU 시나리오보다 두 배 늘렸다(BAU2). 세 번째 시나리오는 포괄적인 기술혁신이 대규모로 이루어짐으로써 지구 한계에 접근하면서 맞닥뜨리는 일부 문제(예:식량 부족)를 해결한다고 가정한다(CT). 네 번째 시나리오는 우선순위를 변경함으로써 세계를 안정화할 수 있는 경로를 탐구한다(SW). 즉, 물질 소비 증가에 투자하는 대신 보건의료와 교육에 투자하고 오염을 줄이며 자원을 보다 효율적으로 이용하는 일을 앞세우는 시나리오다.

헤링턴의 연구는 《성장의 한계》가 단 하나의 예측을 도출하려는 의도가 아니라 장기적인 미래에 인류가 지나게 될 가능성이 있는 서로 다른 여러 경로를 탐구하려는 의도로 기획된 것이라는 사실을 일깨운다. 그녀는 첫 3가지 시나리오가 실제 데이터에 가장 근접한 것을 확인했다. 이러한 결과를 통해 두 가지 사실을 확인할 수 있다. 첫째, 그녀의 언급대로 "3가지 시나리오가 실증 데이터에 근접했다는 사실은 월드3 모델이 정확하다는 증거다." 둘째, 모델과 현실이 근접한다면 경보를 발령해야 한다. 첫 두 시나리오는 21세기 안에 붕괴가 일어날 것이라고 경고한다. BAU는 세계의 물질 소비가 지구의 한계를 넘어서는 상황을 보여주었다. 가용자원이 두 배로 늘어난 BAU2에서는 자원을 비효율적으로 남용하는 기간만 더 길어졌을 뿐, 결국에는 과도한 인구로 인해 가장 큰 붕괴로 이어지고 말았다.

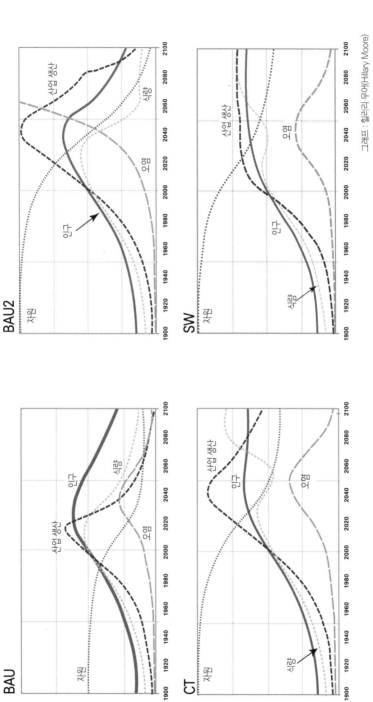

BAU

BAU2

CT

SW

산업 생산
인구
식량
오염
자원

그림 1.1 《성장의 한계》의 4가지 시나리오: BAU, BAU2, CT, SW.

기술혁신에 의존하는 세 번째 시나리오(CT)는 자원과 산업 생산이 크게 감소하지만 붕괴로 이어지지는 않았다. 사회의 대규모 전환을 가정한 네 번째 시나리오(SW)만이 인간 복지가 광범위하게 증가하고 인구가 안정화되는 결론으로 이어졌다.

좋든 싫든 《성장의 한계》 보고서는 문명과 자본주의, 자원의 공정한 사용, 우리의 집합적 미래에 대한 국제적 논쟁을 불러일으켰고, 논쟁은 수년간 지속되었다. 로널드 레이건 미국 대통령이 다음과 같이 언급하며 이 보고서를 깎아 내리려 했던 일화는 유명하다. "성장을 가로막는 대단한 한계는 없다. 인간의 지성과 상상력, 호기심에는 한계가 없기 때문이다."

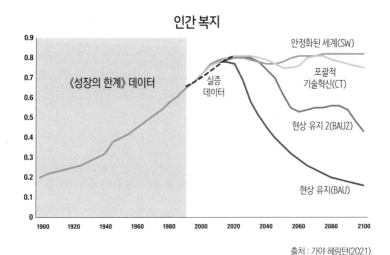

출처 : 가야 헤링턴(2021).

그림 1.2 《성장의 한계》 4가지 시나리오 중 인간 복지 데이터와 2020년까지의 유엔 인간개발지수(UN Human Development Index) 데이터 비교.

인간의 상상력이 무한하다는 레이건의 말은 맞을지도 모른다. 하지만 그렇다고 해서 우리가 물리적인 한계가 있는 지구에서 살아가고 있고, 바로 그 지구가 엄청난 변화를 겪고 있다는 사실이 없어지는 것은 아니다. 이제 시작할 때다. 레이건이 언급했던 지성, 상상력, 호기심을 발휘하여 공정한 사회를 다시 상상하고 구축해야 한다. 그러면 시민은 하나뿐인 지구의 한계 안에서 번영과 꿈을 추구할 자유를 누리게 될 것이다.

《성장의 한계》에서 지구 한계까지

1972년 《성장의 한계》가 출판된 이후 하나의 과학적 결론 앞에서 지난 50년간의 다른 모든 과학적 통찰들이 무색해지는 일이 벌어졌다. 바로 지구가 새로운 지질학적 시대인 인류세Anthropocene로 접어들었다는 결론이었다.[8] 이것은 문명과 지구 시스템을 이해하는 패러다임이 완전히 바뀌었음을 의미하는 것으로, 지구가 태양의 주위를 돌고 있다는 코페르니쿠스의 결론이나 다윈의 자연선택 이론만큼이나 심대한 것이다.

지질학자들은 지질학적 시간을 여러 기간(쥐라기, 백악기, 석탄기 등)으로 세분화함으로써 지구의 진화 과정에서 이루어진 주요 변천을 나타내왔다. 그러던 중 노벨상 수상자인 파울 크뤼천은 2000년 열린 국제 지구권-생물권 계획International Geosphere-Biosphere Programme 위원회 회의에서 지구가 새로운 지질시대인 인류세로 접어들었다고 제안했다.[9] 이후 인류세라는 개념은 연구 공동체 안에서 빠르게 퍼져

나갔다. 인류세에 대해 인지하게 된 과학자들은 오늘날 지구 시스템 안에서 이루어지는 변화의 주요 원동력이 바로 우리, 호모 사피엔스라는 단일 생물종에게 있다는 사실을 인정한다. 최근 몇십 년 사이 우리 지구에서 일어난 일이 45억 년이라는 지구의 역사에서 절대적으로 독특한 것이라는 데에는 의심의 여지가 없다.

인류세로 접어들기 이전의 지질시대인 홀로세는 인간 문명의 발전에 크게 기여했다. 홀로세는 마지막 빙하기가 끝나갈 무렵인 1만 1,700년 전에 시작되었다. 이 시대의 기후는 몇 차례 굴곡을 겪은 뒤 크게 안정화되었다. 이렇게 온화하고 비교적 안정적인 기후 덕분에 농업이 (그리고 잉여생산이) 가능하게 되었다. 이 기후는 지금까지 1만 년 정도 지속되었고 앞으로 5만 년 정도 더 지속될 것으로 예상되고 있었다.[10] 하지만 이제는 그렇게 예상하기 어렵게 되었다. 대략 1950년대 이후 산업사회가 성장하면서 지구가 홀로세의 한계 조건에서 벗어났기 때문이다. 우리는 미지의 영역에 들어서 있다. 폭발적인 성장과 그것이 지구의 생명 유지 시스템에 미치는 직접적인 영향이 대가속 그래프에 매우 잘 표현되어 있다(그림 1.3).[11]

인류세에 대한 과학계의 이해가 높아질수록 연구자들은 지구의 잠재적 티핑포인트에 대해 우려하게 되었다. 매우 거대한 기후변화나 생태 변화가 갑작스럽거나 돌이킬 수 없는 방식으로, 또는 둘 모두의 방식으로 일어날 수 있다는 우려였다. 이에 따라 연구자들은 지구 시스템 상태를 홀로세의 상태로 유지할 수 있는 조건을 탐구하기 시작했다. 이 사실은 강조할 만한 가치가 있다. 지금까지 알려진 지식에 따르면 홀로세는 대규모 문명을 지원할 수 있는 유일한 상태이기 때

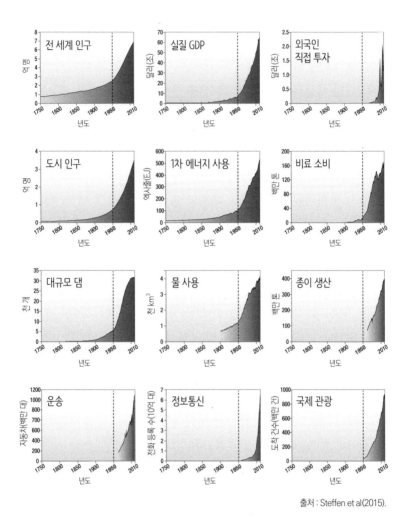

출처 : Steffen et al(2015).

그림 1.3 산업혁명(점선 왼쪽 부분)은 1750년에 시작되었다. 그러나 산업혁명이 지구 시스템에 영향을 미쳐 불안정하게 만드는 현상(점선 오른쪽 부분)은 1950년이 되어서야 비로소 분명해지기 시작했다. 이러한 패턴은 대가속(Great Acceleration)이라고 알려졌다. 대가속으로 인해 인류세는 홀로세와 확연히 구분되게 되었다.

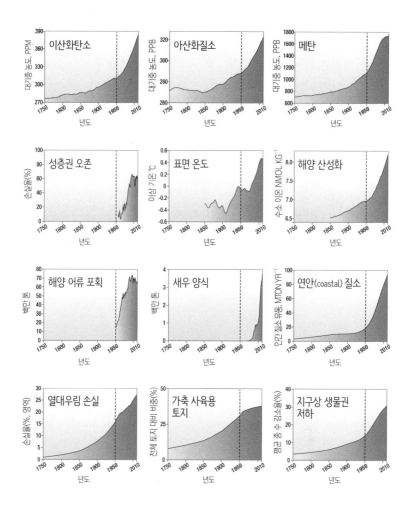

문이다. 2009년 한 연구팀은 지구가 홀로세의 안정적인 상태를 유
지하려면 넘어서는 안 되는 9가지 지구 한계를 확인할 수 있는 새로
운 틀을 발표했다. 2015년 과학자들은 인간 행동 탓에 기후 한계, 생
물다양성 한계, 숲 한계, (주로 질소와 인을 포함하는 비료의 사용으로 인한)
생물지구화학 순환 한계가 무너졌다고 결론을 내렸다. 2022년 과학

자들은 다섯 번째 항목도 한계를 넘어섰다고 발표했다. 바로 플라스틱을 비롯한 화학적 오염이다(그림 1.4 참고).[12] 이 책을 집필하고 있는

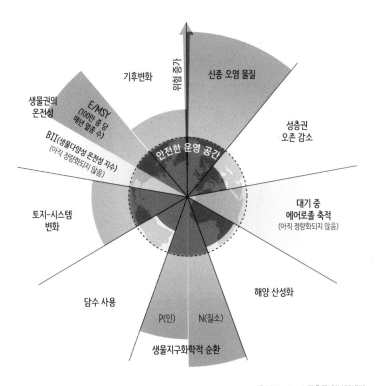

그림 1.4 지구의 상태를 결정짓는 9가지 한계를 묘사하는 지구 한계 식별표. 중심에 자리 잡은 영역은 '인류에게 안전한 운영 공간(safe operating space)'을 나타낸다. 이 영역에서는 지구가 홀로세와 유사한 조건을 벗어나지 않고 양호한 상태를 누릴 수 있다. 그 바깥 영역은 지구 시스템 작동과 관련하여 불확실성이 심화되는 공간이다. 예를 들어 갑작스럽거나 돌이킬 수 없는 방식으로 티핑포인트를 넘어설 위험은 지구가 중심에 자리 잡은 영역에서 멀어질수록 높아진다. 2015년 지구 한계 연구팀은 이미 4개 항목에서 한계를 넘어섰다고 평가했다. 2022년에는 또 다른 연구팀이 사상 처음으로 (플라스틱과 그 밖의 화학적 오염물질을 비롯한) 신종 오염 물질(novel entities) 항목의 한계를 평가했다. 연구팀은 이 항목도 이미 한계를 넘어섰다고 제안했다.

2022년 5월에도 전문가들은 여섯 번째 항목이 한계를 넘어섰는지에 대해서 탐구하고 있다. 바로 담수freshwater의 새로운 범주로 제안된 녹색 물green water이다. 녹색 물은 식물의 뿌리 주변 토양이 함유하고 있는 수분을 뜻한다.[13]

오늘날 티핑포인트의 위험은 심각한 수준이다. 2019년 과학자들은 중대한 위험이 도사리고 있는 것으로 알려진 티핑 '영역들' 가운데 많은 수가 활성화되고 있다고 발표했다. 아마존 열대우림은 전례없는 속도로 탄소를 내뿜고 있다. 남극대륙 서부 빙상의 상당 부분이 불안정하다는 신호가 감지되고 있다. 시베리아와 캐나다 북부의 영구동토층이 녹고 있다. 산호초는 죽어가고 있다. 북극해 여름 얼음의 규모는 해마다 계속해서 작아지고 있다.[14] 티핑포인트는 이번 세기 후반부의 어느 때에 나타날 미래의 위험이 아니다. 최근에 지구가 이미 몇 가지 티핑포인트를 더 넘어섰을 가능성을 배제할 수 없는 형편이기 때문이다.

이러한 이유로 우리는 현재의 상황을 지구 비상사태라고 명확히 정의할 수 있다. 빙산과 충돌하기 60초 전의 타이타닉 호를 떠올려 보자. 빙산과의 충돌을 피하기 위해 배를 돌리는 데 필요한 시간이 60초 남짓이라면 명백한 비상사태라고 할 수 있을 것이다. 충돌을 피할 수 있는 시간이 충분하든 아니든 뭐라도 해야 하는 아슬아슬한 상황이다. 따라서 당연히 경보를 발령해야 한다. 우리가 지구에 건설한 문명이 위험한 티핑포인트에서 벗어나 안전한 영역으로 나아가기 위해 주어진 시간은 기껏해야 한 세대 정도이다. 그러니 지금 당장 특별한 전환을 시작해야만 한다.

지구 한계 식별표는 위험에 대한 새로운 사고를 촉발하는 데 기여했다. 이 식별표를 계기로 많은 연구자 집단이 경제성장 그리고 관련 정책에 담긴 의미를 탐구하기 시작했다. 영국의 경제학자이자 '모두를 위한 지구' 전환경제위원회 위원인 케이트 레이워스Kate Raworth는 지구 한계 식별표에 12가지 **사회적 기초** 항목을 추가했다. 물, 식량, 보건의료, 주택, 에너지, 교육에 대한 접근성 같은 필수 요소에 대한 최저 기준을 추가한 것이다. 그림 1.5에 수록된 도넛 모양의 그림에

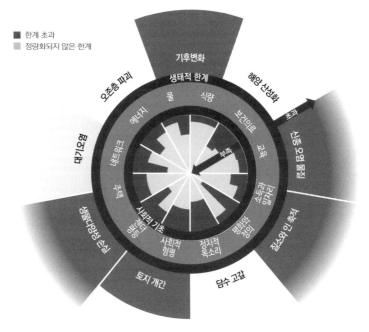

출처: 케이트 레이워스(2017)를 적용

그림 1.5 사회 한계 및 지구 한계 '도넛'. 우리는 5가지 지구 한계를 넘어섰다. 그리고 세계의 수많은 사람들이 사회 한계의 바깥에서 생활하고 있다. 우리의 목표는 인류가 안전한 운영 공간, 즉 생태적 한계와 사회적 기초 사이의 공간으로 되돌아가게 만드는 것이다.

서는 지구 한계와 사회 한계를 설정하고, 그 사이를 인간 경제를 안전하게 운영할 수 있는 공간으로 정의하고 있다. '도넛 안 삶의 공간living in the doughnut'이라고 부르는 이 영역은 인간의 활동이 지구의 생태적 한계 위로 넘어가지 않는 동시에 사회적 기초 아래로 내려가지 않는 영역을 의미한다.[15] 도넛 안 삶의 공간에서는 웰빙에 집중하는 경제가 번성할 수 있다. 그러나 오늘날 전 세계의 아주 많은 사람들이 사회적 기준에 미치지 못하는 수준에서 생활하고 있다. 즉, 3장과 4장에서 탐구할 사회적 티핑포인트를 넘어설 위험이 다분한 상황이다.

'모두를 위한 지구' 이니셔티브

'모두를 위한 지구'의 과학적 출발점이 성장의 한계, 지구 한계, 도넛이라면 세계가 문명을 위해 동의해야 하는 비전에 가장 가까운 것은 2015년 유엔이 발표한 17가지 지속가능 발전목표SDGs이다. 그리고 모든 국가가 2030년까지 빈곤 종식부터 모두를 위한 에너지에 이르는 이 17가지 지속가능 발전목표를 충족하기 위해 노력한다는 데 동의했다.

그러나 매우 굵직한 몇 가지 질문에 대해서는 아직 답할 수 없는 상태이다. 예를 들면 지속가능 발전목표는 달성할 수 있는 목표인가, 지속가능 발전목표를 달성하려면 어떤 조치를 취해야 하는가, 2030년 이후 안정적인 지구에서 모두가 장기적인 번영을 누릴 수 있는 경로는 무엇인가와 같은 질문이다.

'모두를 위한 지구' 이니셔티브는 과학자, 경제학자, 사상적 지도자의 관계망을 형성하여 이러한 질문들을 살펴보고, 지속가능 발전 목표의 충족은 물론이고 거기에서 한 발 더 나아가 인류를 위한 안전한 운영 공간 조성, 웰빙경제 실현, 도넛 안에서 삶의 향유로 나아갈 수 있는 가장 타당한 경로를 탐구할 목적으로 수립되었다. 이러한 탐구를 통해 무엇을 우선시해야 하는지, 얼마나 많은 투자를 해야 하는지, 우리의 사회와 경제가 이번 세기를 성공적으로 보낼 가능성을 높이기 위해 받아들여야만 하는 근본적인 변화는 무엇인지에 대한 유용한 지침을 확보할 수 있기를 바란다. 이러한 의미에서 우리는 이 책 《모두를 위한 지구》가 유한한 지구에 깃든 문명을 위한 21세기 생존 지침이 되기를 바란다.

그러나 우리가 모든 해답을 가진 것도 아니고, 어느 누구도 미래를 예측할 수 없다는 사실을 인정해야만 한다. 다행히도 이와 동일한 과제와 씨름하는 다른 관계망과 연구자 집단이 존재하고 있었다. 그들이 수행한 작업을 살펴본 결과 우리는 그 작업들이 대체로 전환이 시급하게 필요하다는 결론으로 수렴된다는 사실을 확인할 수 있었다. 덕분에 우리가 올바른 경로에 서 있다는 확신을 가질 수 있었다. 하지만 전문가들 사이에서 의견이 일치하지 않는(그리고 앞으로도 계속 그럴 것으로 보이는) 지점이 있고, 그로부터 긴장이 지속되어 우리가 앞으로 나아가는 데 걸림돌이 될 수 있다는 점도 부각할 것이다.

우리가 개발한 어스4올 모델은 여러 시나리오를 탐구하고 설명하는 데 도움이 되었다. 그 중에서 매우 중요한 2가지 시나리오에 대한 자세한 내용을 2장에서 만나볼 수 있을 것이다. 2가지 시나리오 모두 가능성 있는 미래를 묘사한다. '부족한 노력, 놓친 시기' 시나리오는 사회가 과거와 같은 방식, 즉 점진적 정책 개선을 통해 미래의 과제에 대응한다고 가정한다. '거대한 도약' 시나리오는 인류가 함께 맞이한 상호 연관된 위기들을 사회가 인식하고 5가지 핵심 영역에서 특별한 행동을 취함으로써 즉시 경로를 변경하기 시작한다고 가정한다.

우리가 이번 세기를 대상으로 수행한 예측 분석의 결과는 '거대한 도약' 시나리오가 제안하는 5가지 특별한 전환을 이루려면 핵심 정책 목표를 달성해야 한다는 점을 강력하게 시사한다.

- **빈곤** 저소득 국가는 새롭고 빠른 경제성장 모델을 채택하여 가장 취약한 사람들의 웰빙을 보장해야 한다. 출발점은 국제 금융 시스템을 개혁하여 저소득 국가에 대한 투자를 혁신하고 위험을 제거하는 것이다. **핵심 정책 목표**: 저소득 국가의 1인당 GDP가 연간 15,000달러를 넘을 때까지 저소득 국가의 GDP 성장률을 연간 최소 5퍼센트 이상으로 보장.[16]
- **불평등** 충격적인 수준의 소득불평등을 해결해야만 한다. 이 목표를 달성하려면 누진세와 부유세를 도입하고, 노동자들에게 권한을 부여하며, 시민기금을 통해 배당금을 지급해야 한다. **핵심 정책 목표**: 최고 부유한 사람 10퍼센트가 국민소득의 40퍼센트 이상을 가져가지 못하도록 제한.
- **여성에 대한 권한 부여** 여성에게 권한을 부여하고 모두를 위한 교육과 보건의료에 투자하여 젠더 권력 불균형을 전환해야 한다. **핵심 정책 목표**: 젠더 평등Gender equity을 달성하여 2050년까지 전 세계

인구를 90억 명 이하로 안정화하는 데 기여.

- **식량** 농업, 식단, 식량 접근, 식량 낭비를 전환하려면 2050년까지 (막대한 양의 탄소를 토양, 뿌리, 나무 몸체에 저장하여) 재생적이고 자연 친화적인 식량 시스템을 구축해야만 한다. 인센티브를 활용하여 로컬푸드 생산을 장려해야 하고 비료와 그 밖의 화학물질의 과도한 사용을 대폭 줄여야 한다. **핵심 정책 목표: 농업용 토지를 확대하지 않으면서 토양과 생태계를 보호하여 건강에 좋은 식단을 모두에게 제공하고, 식량 낭비를 획기적으로 감축.**

- **에너지** 에너지 시스템을 전환하여 효율성을 높이고, 풍력과 태양광을 이용한 전력 생산의 속도를 높이며, 매 10년마다 온실가스 배출을 절반으로 줄이고, 에너지를 사용하지 못하는 사람들에게 청정에너지를 제공해야만 한다. 그럼으로써 에너지 안보도 보장할 수 있을 것이다. **핵심 정책 목표: 매 10년마다 온실가스 배출을 약 절반으로 줄여서 2050년까지 순배출 제로를 달성.**

우리는 이 5가지 주요 해결책을 '특별한 전환'이라고 부른다. 왜냐하면 이 해결책들은 과거의 추세와 의미 있는 방식으로 단절하고 진정한 시스템 변화를 이끌 수 있는 잠재력을 지니고 있기 때문이다. 어쩌면 이 5가지 전환은 인류세 시대에 제대로 기능하는 민주주의 국가를 위한 새로운 사회계약의 기초를 형성할 수 있을지도 모른다.

3~7장을 통해 이 특별한 전환들에 관한 내용과 그것을 달성할 수 있는 방법에 대해 자세히 설명할 것이다. 곧 살펴보겠지만, 이 전환들은 서로 깊고 체계적으로 연결되어 있다. 예를 들어 에너지는 식량

그림 1.6 5가지 전환은 서로 맞물려 있다. 따라서 5가지 전환이 동시에 일어날 때 전체 시스템의 전환을 이끌어낼 수 있다.

에 영향을 미치고 식량과 에너지는 더 큰 경제 시스템에 영향을 미칠 것이다. 빈곤 종식은 부의 재분배로 이어지는데, 그 결과 신뢰가 창출되고 웰빙의 증진 속도가 빨라질 것이다. 여성에게 권한을 부여하면 경제적 기회가 창출되고 가족 규모가 작아지며 불평등이 줄어들고 모든 사회에서 더 건강한 관계가 촉진될 것이다. 로마클럽 공동 의장이자 어스4올 전환경제위원회 위원인 맘펠라 람펠레Mamphela Ramphele 박사는 다음과 같이 일깨운다. "인간은 독립적인 동시에 연결된 존재다. 바로 그것이 인간 존재의 본질이다."[17]

복잡성이 심화되어 있는 세계에서 이 전환들을 구현하는 일은 엄청난 과제임에 틀림없다. 그러나 우리는 흰개미 군집이나 하늘을 휩쓸듯 나는 찌르레기 무리, 일기예보부터 전 세계 경제까지 겉으로는 이해할 수 없는 것처럼 보이는 복잡성도 몇 가지 단순한 규칙이나 관계에서 시작될 수 있다는 사실을 알고 있다.

그림 1.7에는 각각의 전환에서 아주 강력하게 작용하는 세 가지 사회경제적 지렛대가 정리되어 있다. 피라미드 바닥에는 오늘날의 경제 패러다임 안에서 구현할 수 있는 기본적인 정책 변화라고 여겨지는 것을 써 넣었다. 그 위에는 인류세에 적합한 새로운 경제 패러다임을 규정하는 조금 더 과감한 정책을 넣었다. 피라미드의 꼭대기에는 '웰빙경제'라고도 부르는 새로운 경제 패러다임으로의 전환을 이끌 수 있는 지렛대를 써 넣었다. 바로 여기에서 이 책이 품고 있는 몇 가지 굵직한 사고를 확인할 수 있다. 바로 전환의 속도를 높여 이번 세기 중반까지 충분히 공평하고 공정하며 안전한 세계로 향해 나아가기 위해서는 어스4올 모델에 포함되어 있는 이러한 과감한 지렛대들에 시급히 그리고 강하게 힘을 가해야 한다는 사실이다.

독자 여러분이 직접 어스4올 모델을 이용하여 다른 시나리오와 해결책을 탐구해볼 수도 있다. 우리는 독자 여러분이 직접 탐구에 나설 것을 장려한다. 어스4올 모델은 온라인으로 이용할 수 있는 단순한 도구로, 부록에 수록되어 있는 설명을 참고하여 활용하면 된다.

특별한 전환이 필요할 것으로 생각되는 여러 쟁점이 명시적으로 언급되지 않았다는 사실을 알아차린 독자도 있을 것이다. 예를 들면 거버넌스는? 분명 검토가 필요한 쟁점이다. 보건의료는? 또는 자동화와 인공지능 같이 기하급수적으로 확대되는 기술은? 이 영역들에

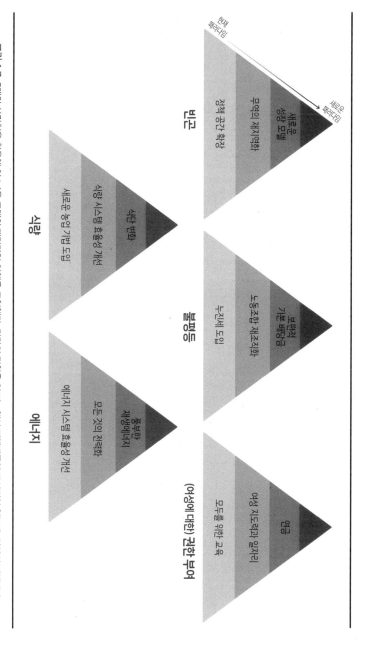

그림 1.7 5개의 삼각형을 활용해 여섯 모델의 패러다임 이행을 표현했다. 각각의 전환을 이끄는 핵심 지렛대들이 표시되어 있는데, 각각의 지렛대가 미치는 영향의 규모는 서로 다르다. 각 삼각형의 바닥에는 현재의 패러다임 안에서 구현할 수 있는 경제적 해결책을 수록했다. 각 삼각형의 꼭대기에는 진정 거대한 도약이라고 할 만한 체계를 수록했다. 이 지렛대들이 우리를 새로운 패러다임으로 이끌 것이다.

서 일어나는 일은 당연히 지구에서 살아가는 인류의 미래를 바꾸는데 기여할 것이다. 그리고 이러한 여러 쟁점은 우리 시나리오에 공통된 맥락으로 들어 있다. 상세한 정보는 전환경제위원회에서 발간한 "심층 연구Deep Dive" 논문에서 확인할 수 있다.

물질 소비와 관련된 전환이 다뤄지지 않았다는 사실을 알아차린 독자도 있을 것이다. 직접 다루지는 않았지만 물질 소비 역시 모든 전환 속에 공통된 맥락으로 들어 있다. 특히 물질 소비와 관련된 전환은 반드시 다뤄야만 하는 문제이다. 왜냐하면 물질 소비의 규모가 실로 엄청나기 때문이다. 1970년대 이후 자연자원 추출은 3배가 되었고, 암울하게도 2020년 지구는 문턱을 넘어섰다. 콘크리트, 철강, 플라스틱, 그 밖에 인간이 생산한 모든 물질의 무게가 지구에 살아있는 모든 바이오매스biomass*의 무게를 넘어선 것이다.[18] 오늘날 지구에는 거의 80억 명의 사람이 살고 있다. 그리고 매년 한 사람당 530킬로그램의 시멘트와 240킬로그램의 철강이 생산된다.[19] 콘크리트는 깨끗한 물 다음으로 지구에서 가장 많이 소비되는 생산물이다. 따라서 철강, 철, 시멘트 생산이 전체 이산화탄소 배출의 약 14퍼센트를 차지한다는 사실은 놀랍지 않다.

물질 수요가 증가하고 있다. 그러나 수요가 반드시 증가해야 할 필요는 없다. 우리가 건설할 미래가 어떤 것이든 관계없이 물질의 필요성은 사라지지 않겠지만, 우리가 안정적인 지구 위에서 살아갈 미래를 가치 있게 여긴다면 더 적은 물질로 더 많은 것을 해내야 한다. 궁

---

* 어떤 지역 내에 존재하는 생물의 총량-옮긴이

극적으로 정부는 인센티브를 활용하여 순환경제로 급속히 전환하는 일을 장려해야 한다. 건축법을 조금만 바꿔도 철강과 시멘트 수요를 약 25퍼센트 줄일 수 있다. 철강과 알루미늄은 이미 지구에서 매우 많이 재활용되는 물질이다. 그러나 새로운 철과 알루미늄을 사용해야만 하는 상황이라면 생산 시스템을 바꾸는 방법을 생각해볼 수 있다. 예를 들어 석탄 대신 수소를 사용하여 철강을 생산하면, 믿을 수 없겠지만 온실가스 배출을 97퍼센트 줄일 수 있다.[20]

그러나 소비 의제와 관련해서는 공정성을 둘러싸고 중요한 쟁점이 존재한다. 소비가 전 세계에 걸쳐 균등하게 이루어지는 것이 아니기 때문이다. 자원들의 70퍼센트 이상을 가장 부유한 20개 국가가 사용한다. 그리고 지금까지 전 세계적으로 온실가스 배출 증가 속도가 가장 빠른 집단은 사회에서 가장 부유한 1퍼센트의 사람들이다. 과소비는 **시스템**으로 접근하여 풀어야 할 과제이다. 경제가 사회적 응집성을 훼손하고 인간과 지구의 건강을 해치면서까지 소비를 최대한으로 끌어올리기 때문이다. 이 지점에서 우리는 소비 문제를 정면으로 다룬다. 각각의 전환은 우리가 남긴 불공정하고 불필요한 물질 발자국을 감소시키는 것을 목표로 삼는다. 소비 문제 가운데 일부는 누진세를 통해 다루어지고 있고 또 어떤 곳에서는 시민기금을 활용하여 지속 불가능한 소비를 줄이는 동시에 보다 공정하게 부를 재분배하는 일에 나서고 있다. 사회에서 가장 부유한 사람들의 물질 소비를 근본적으로 줄임으로써 그리고 사람들에게 진정으로 필요한 것을 보다 현명한 방식으로 제공함으로써 '거의 대부분의 세계'에 자원을 더욱 공정하게 분배할 여지를 넓힐 수 있을 것이다.

국가의 GDP와 소비는 맞물려 있다. 지난 두 세대, 즉 제2차 세계 대전 이후 GDP는 경제의 상태를 가늠하는 방법으로 선호되는 지표가 되었다. 그러나 GDP가 건강이나 웰빙을 측정하는 것은 아니다. GDP는 단순히 경제의 총 활동 수준을 달러를 기준으로 매년 측정할 뿐이다. 즉, 매년 생산된 재화와 서비스의 총 생산량에 생산 단위당 가격을 곱한 수치일 뿐이다. 노동생산성이 낮은 가난한 경제에서는 일단 생산량을 늘리면 웰빙이 더 높아진다. 그러나 특정한 소득 수준을 넘어서고 나면 GDP 성장이 곧 웰빙의 증진이라는 공식은 더 이상 성립하지 않는다. 많은 연구를 통해 GDP가 증가함에 따라 웰빙이 안정기에 접어든다는 사실이 확인되었다. 물론 사람들은 더 많은 재화와 서비스를 구매할 수 있다. 그러나 그 대신 질 나쁜 식생활에 따른 동맥경화에 시달리게 되고, SUV 차량이 도로를 점령해 꽉 막힌 도시에서 생활해야 하며, 대기오염 탓에 숨 쉬기 불편한 공기를 마셔야 한다. 이 단계에 접어들었을 때 합리적인 정부라면 성장에 초점을 맞춘 정책에서 벗어나 다수의 웰빙을 증진할 방법을 찾아 나설 것이다.

일반적으로 정치 지도자들은 성장에 대해 불가지론적인 태도를 지녀야 한다. 성장하는 것이 무엇인지에 따라 상황이 달라지기 때문이다. 예컨대 저소득 국가는 경제를 성장시킬 필요가 있다. 특히 저소득 국가의 경제성장은 지속 가능한 방식으로 이루어질 수 있기 때문이다. 만일 우리가 에너지와 식량 문제를 해결하는 데 성공한다면 그것은 경제성장으로 이어질 것이며 이러한 유형의 성장은 결국 더 높은 웰빙으로 나아갈 것이다. 따라서 정치 지도자들과 유권자들은 지난달의 GDP 성장 수치에만 근시안적으로 매달리는 대신 다음과 같은 질문을 던져야 한다. 경제가 다수의 생활을 개선하는 방향으로 최적화되어 있는가? 시스템의 공정성이 합당한 수준이라고 인식되는가? 경제성장은 **책임감 있게 이루어지고 있는가?** 이러한 질문들에 "그렇다"고 답할 수 있는 국가는 많지 않다. 그리고 사람들은 이런 사실을 알고 있다.

사람들은 경제 시스템 변화를 지지한다

우리가 제안하는 것을 실현하려면 한 세대 안에 전례 없는 경제적 이행이 이루어져야 한다. 정확하게는 10년 안에 이루어져야 한다. 그렇다면 시민들은 변화에 나설 준비가 되어 있는가? 보다 광범위한 사회 시스템 변화를 원하는 분위기가 신문 1면을 장식하는 거리의 시위자들에 국한되지 않고 시민들 사이에 널리 퍼져 있는가? 시민들은 미래에 우리가 직면하게 될 위험의 규모에 대해 인식하고 있는가? 사람들은 행동에 나서기를 원하는가? 사람들은 모두의 웰빙을 진정 가치 있게 여기는 새로운 경제 시스템을 받아들일 준비가 되어 있는가? 다시 말해 진정 공정한 미래를 받아들일 준비가 되어 있는가?

이러한 질문에 대한 답을 찾기 위해 (G20 국가를 대상으로[21]) 국제 설문조사를 실시했다(9장 참고). 그 결과 대중은 온실가스 배출 제로를 달성한 자연 친화석인 미래와 모두를 위해 공정한 미래를 달성하는 데 필요한 경제 시스템 변화를 추진하는 정치인에게 압도적인 지지를 보낸다는 사실이 확인되었다. 이 설문조사 결과를 통해 대중은 '모두를 위한 지구'가 추구하는 목표에 발맞추는 정책을 보다 빠르게 구현하는 지도자에게 지지를 보낼 것임을 확인할 수 있다.

변화를 이끌 추진력이 형성되고 있다. 21세기가 진행될수록 전 세계 사람들은 경제위기, 감염병 대유행, 전쟁, 홍수, 화재, 폭염에 더 자주 시달리게 될 것이다. 그러나 경제 안보를 달성할 수 있는 실행 가능한 방법을 알고 있는 사람은 거의 없다. 심지어 세계에서 가장 부유한 사회에서 생활하는 사람들조차 대부분 경제적으로 뒤처지거나 불안정하다고 느끼거나 혹은 그렇게 되지 않을까 전전긍긍하는 형편이다. 반면 가장 가난한 국가에서 생활하는 사람들은 부유한 국가들이 요새를 구축하고는 '진입 금지'라는 푯말을 세우고 그곳으로 들어가는 다리를 들어 올리는 모습을 속수무책으로 지켜보고 있는 실정이다. 2008년 발생한 금융위기는 은행의 이익은 소수의 개인들에게 흘러 들어가고 손실로 인한 비용은 사회가 떠맡게 된다는 점을 여실히 보여주었다. 전통적인 성장 모델은 효율성과 긴축을 앞세우는 종래의 경제와 함께 무너져 내린 것으로 보인다. 이래서는 일관성 있는 해결책을 찾을 수 없다.

그래서 우리는 이 책을 통해 참신하고 신뢰할 수 있으며 일관성 있는 이야기를 제공하고자 한다. 바로 다음 50년 동안 전 지구적 사회 경제 시스템을 전환하는 방법에 대한 이야기다. 과학 지식을 바탕으로 한 이 방법은 계량적 시스템 역학 모델링을 통해 설명되었고 전환 경제위원회에서 활동하는 전 세계 학제 간 전문가들이 이 방법을 검토하여 그 약점을 확인하고 논의했다. 이 책은 모든 해결책을 망라하여 제시하지 않는다. 그보다는 적어도 우리가 생각하기에 가장 빠른 기간 안에 가장 큰 효과를 볼 수 있는 몇 가지 해결책을 제시한다. 이 해결책들이 토론을 촉발하기를 바란다. 그리고 더 나은 해결책이 있다면 언제든 환영할 것이다!

우리는 낙관적인 미래를 염원하는 마음으로 이 책에 미래에 대한 지침을 담았다. 그러나 이러한 미래에 도달할 가능성이 얼마나 높은지는 알기 어렵다. 그것은 친애하는 독자들이 앞으로 어떻게 행동하느냐에 달려 있기 때문이다.

2장

두 가지 시나리오 탐구

'부족한 노력, 놓친 시기' 또는 '거대한 도약'

시나리오들은 미래에 대한 이야기로서 지금의 우리가 더 나은 결정을 내릴 수 있게 돕는다. 각각의 시나리오는 다가오는 수십 년이나 그보다 더 먼 미래에 나타날 법한 발전 경로를 묘사하지만, 그것이 예측은 아니다. 예컨대 일기예보는 나타날 가능성이 가장 높은 날씨를 예측하지만 시나리오는 가능성이 가장 높은 미래를 예측하지 않는다. 오히려 시나리오는 '만일 이러하다면what-if?'이라는 중요한 가상 질문에 답을 제공한다.

예를 들면 다음과 같은 질문이다. "만일 세계가 높은 수준의 불평등과 지구를 망치는 수준의 물질 남용을 지속한다면?" 또는 "정부가 경로를 변경한다면?" 또는 "새로운 재생 가능 기술이 저렴해지는 속도가 더 빨라진다면?"

미래에 대한 불확실성이 큰 상황에서는 시나리오가 유용하다. 그러나 시나리오가 정말 유용하려면 각각의 시나리오마다 내적 일관성을 갖춰야 한다. 그리고 시간의 흐름에 따라 얻은 데이터와 관찰에서 도출된 일련의 타당한 가정에서 비롯된 시나리오여야 한다. 예를 들어 우리는 일반적으로 더 높은 교육을 받은 사람일수록 더 높은 소득을 올리고 가족 규모는 더 작다는 사실을 알고 있다. 만약 사회 변화와 관련된 유용한 시나리오라면 이런 사실을 반영해야 한다. 연구자들이 일군의 시나리오를 개발하는 경우도 많다. 그러면 가능한 여러 미래들을 반영하고 각각의 매력을 비교하여 평가할 수 있다. 이러한 방식으로 시나리오들은 사람들이 불확실한 미래에 대한 계획을 수립할 수 있도록 도울 뿐 아니라 미래를 창조하고 그 모습을 형성하는 데 효과적으로 기여할 수 있다.

우리는 어스4올 모델을 이용하여 2100년까지 전 지구의 발전에 대해 내적 일관성을 갖춘 시나리오를 만들었다. 이 모델의 가정은 1980년에서 2020년 사이에 수집된 실제 데이터를 토대로 도출된 것이다. 한편 이 모델은 인구 증가, 교육, 경제성장, 온실가스 배출, 이 모델에 포함된 그 밖의 모든 변수에 대해 1980년에서 2020년 사이에 10개 지역에서 관찰된 역사 발전 양상을 재현하기 위해 설계되었다. 이 모델은 실제 세계를 극도로 단순화해 묘사한다. 그럼에도 이 모델이 지난 40년 동안 전 지구와 각 지역의 주요 추세를 상당히 정확하게 추적했다는 사실을 확인할 수 있다.[22] 덕분에 우리는 이 모델을 내적 일관성을 갖춘 상태에서 가능성 있는 미래 시나리오를 묘사하는 도구로 사용할 수 있다는 확신을 가지게 되었다. 이 모델은

1980년에서 시작해 2020년까지의 역사적 추세를 재현한다. 그런 다음 서로 다른 정책 가정에 따른 미래를 추적함으로써 이 10개 지역이 2100년까지 어떻게 전개해나가게 될지를 탐구한다. 이 전개의 방향은 사람들이 집합적으로 어떤 결정을 내릴 것인지에 따라 달라질 것이다.

어스4올 모델의 역할은 가능성 있는 미래의 모습을 일관성 있게 보여주는 것이다. 또 그럼으로써 다양한 대안적 결정이 불러올 수 있는 결과를 평가하는 데 기여하고, 어떤 시스템 변화가 가장 큰 영향을 미칠 것인지 반대로 어떤 시스템 변화가 가장 적은 영향을 미칠 것인지 확인하는 것이다. 또한 이 모델은 이러한 변화를 이루는 데 들어갈 비용의 규모와 특정 시기에 특정 웰빙 수준에 도달하려면 어떤 수준의 투자가 필요한지에 대해서도 가늠할 수 있도록 도와준다.

많은 시나리오를 탐구했지만 이 책에서는 두 가지 시나리오만을 소개한다. '부족한 노력, 놓친 시기' 시나리오는 우리가 걷고 있는 현재의 궤적을 반영한다. 즉, 각 사회가 '지속가능성'과 관련된 성과를 내세우지만 실제로는 갈피를 잡지 못한 채 어물어물 나아가고 있는 상황이다. 이 시나리오에서 대부분의 국가는 빈곤 종식 및 기후 안정과 관련하여 임시방편으로 대처하면서 점진적으로 나아간다. 그러나 정말 해결해야 하는 중요한 문제인 불평등에 대해서는 아무런 조치를 취하지 않는다. 이번 세기 말을 기준으로 생각해볼 때 이렇게 '미적거리는muddling through' 방식은 충분히 안전한 경로를 생성하게 될까? 아니면 사회 안에 또는 여러 사회에 걸쳐 깊은 단층선을 발생시켜 민주주의 국가를 혼란에 빠뜨리고 불안정을 고조시키게 될까?

'부족한 노력, 놓친 시기' 시나리오에서는 두 번째 상황이 나타날 가능성이 더 높다. 이 시나리오에서 사회적 신뢰는 하락한다. 부유한 10퍼센트와 하위 50퍼센트 사람들 사이가 계속해서 벌어지고 각 사회와 국가들이 자원을 두고 경쟁하면서 서로 등을 돌리게 될 것이기 때문이다. 자연에 가해지는 엄청난 압력을 제한할 목적으로 이루어지는 집합적 행동은 거의 찾아볼 수 없다. 숲, 강, 토양, 기후 같은 지구의 생명 유지 시스템은 계속해서 악화되고 일부 시스템은 티핑포인트에 더 가까워지거나 돌이킬 수 없는 방식으로 넘어서고 말 것이다. 빈곤한 사람들, 선주민, 야생생물에게 이러한 경로는 '지옥으로 향하는 계단'이나 다름없다.

두 번째 '거대한 도약' 시나리오는 5가지 특별한 정책 전환을 강력하고 즉각적으로 구현했을 때의 효과를 설명한다. 이번 세기 말을 기준으로 생각할 때 그 경로는 지엽적인 문제를 땜질하는 방식이 아니라 경제, 에너지 시스템, 식량 시스템을 근본적으로 재구성하는 방식을 통해 실현될 것이다. 이러한 전환은 중요한 개선이자 재설정이다. 시스템이 붕괴하기 전에 문명을 인도하는 규칙을 근본적으로 다시 설정하는 일이다. 경제와 기후에 작용하는 관성 때문에 오늘 취한 어떤 행동의 주요 영향이 나타나기까지 경제의 경우 몇 년, 기후의 경우 수십 년 또는 몇 세기가 소요될 수 있다. 우리는 인류가 현재의 궤적에서 벗어나 2050년까지 지속 가능한 세계로 나아가는 새로운 경로로 접어들기 위해서는 다름 아닌 '거대한 도약' 시나리오가 필요하다고 생각한다. 이 시나리오는 인류세 시대에 걸맞은 새로운 경제 유형을 상세하게 소개한다. 어떤 경제일까? 바로 빈곤을 종식하고 사회적, 환경적 웰빙을 촉진하는 경제이자 사람과 지구의 번영을 기준으로 진보를 측정하는 경제이다.

'거대한 도약' 시나리오에는 시장을 재구성하고 사회를 위한 장기적인 비전을 추진하겠다는 정부의 적극적인 의지가 필요하다. 기본적으로 우리는 이러한 일은 개인들이나 시장의 힘만으로는 달성할 수 없다고 생각한다. 우리 경제의 전환은 집합적인 행동이 필요한 문제다. 그렇다면 특히 민주주의 국가에서 정부가 보다 적극적으로 나설 수 있는 조건을 형성하는 방법은 무엇일까? 가장 기본적인 조건은 신뢰이다. 어스4올 모델에서 중요한 두 가지 특징은 평균웰빙지수Average Wellbeing Index와 사회긴장지수Social Tension Index이다. 평균웰빙지수는 시간의 흐름에 따른 사람들의 삶의 질 추이를 수치로 제공한다. (박스글 "웰빙이란 무엇인가?" 참고.) 사회긴장지수는 특정 지역의 통치가능성governability을 나타내는데, 사회의 웰빙, 신뢰, 평등이 하락할 경우 그 수치가 높아진다.

전환경제위원회 위원인 리처드 윌킨슨Richard Wilkinson과 케이트 피킷Kate Pickett이 지적한 대로, 심한 불평등과 불안정한 사회가 서로 연결되어 있다는 사실은 널리 알려져 있다.[23] 심각한 경제적 불평등이 점점 더 커지는 상황에 놓인 사회의 경우 불평등을 제어하지 못한다면 가장 부유한 사람들이 통치 제도에 지나치게 영향력을 행사하게 된다. 그러면 거버넌스 체계에 대한 신뢰가 훼손되고 부패의 문이 열리게 된다. 또한 불평등은 사회의 웰빙 하락을 불러온다. 사회의 응집력이 감소되고 지위 경쟁이 치열해지기 때문이다.[24]

웰빙이란 무엇인가?

웰빙경제와 어스4올 모델의 평균웰빙지수

점점 더 많은 경제학자, 정책 입안자, 기업인, 그 밖의 변화 주도자들이 경제를 조직하고 사회 진보를 측정하는 새로운 모델 개발에 매진해왔다. 경제에 대한 새로운 사고의 영향으로 돌봄경제, 공유경제, 순환경제 같은 개념이 생겨났다. 이러한 사고는 생태경제학, 페미니즘 경제학, 도넛 경제학뿐 아니라 지구를 보호하는 동시에 번영을 창조하고 유지할 방법에 대한 그 밖의 새로운 관점을 아우른다. 이 용어들이 표현만 다를 뿐 동일한 개념을 나타내는 것이라고 생각해서는 안 된다. 오히려 현재의 직선적이고 신자유주의적이며 어떤 대가를 치르더라도 아랑곳하지 않고 무조건 성장을 추구하는 경제 접근법에 대한 대안의 서로 다른 측면을 강조하는 개념들로 봐야 한다.

'모두를 위한 지구' 프로젝트가 구상하는 전환된 경제는 이러한 모델들을 모두 채택할 뿐 아니라 웰빙경제라고 알려진 포괄적인 모델과 보조를 맞춘다. 웰빙경제 얼라이언스Wellbeing Economy Alliance, WEALL에 따르면 웰빙경제 모델은 "인간과 지구가 경제에 봉사하는 것이 아니라 경제가 인간과 지구에 봉사하는 체계이다. 웰빙경제는 '돈을 굴리는' 것을 넘어 사람들에게 좋은 삶을 제공하는 경제이다."[25] 웰빙경제 얼라이언스는 인간 웰빙에 필요한 핵심 욕구를 다음과 같이 묘사한다.

- **존엄** : 편안하고 건강하며 안전하고 행복한 삶을 누리기 위해 누구에게나 충분한 존엄이 보장되어야 한다.

- **자연** : 모든 생명을 위해 안전한 자연세계를 복원해야 한다.
- **연결** : 구성원들이 소속감을 느끼고 제도가 공동선에 봉사한다고 느낄 수 있어야 한다.
- **공정** : 모든 측면에서 정의는 경제 시스템의 핵심이다. 가장 부유한 사람들과 가장 가난한 사람들 사이의 격차를 크게 줄여야 한다.
- **참여** : 시민은 지역사회와 지역에 뿌리 내린 경제에 적극적으로 관여해야 한다.

웰빙을 경제의 궁극적인 목표로 설정한다는 것은 인간의 욕구와 역량에 부응하는 동시에 지구가 생물물리학적으로 유한하다는 현실을 인정한다는 의미이다. 이것은 '모두를 위한 지구' 프로젝트가 추구하는 목표와 정확하게 일치한다. 그리고 이러한 목표는 어스4올 모델에서 진보를 측정하는 주요 척도로서 활용되고, 매년 웰빙을 시뮬레이션하는 평균웰빙지수에 반영된다.

평균웰빙지수는 GDP의 대안 지표이다. 널리 활용되는 경제발전 지표인 GDP는 그동안 인간 웰빙을 나타내는 지표로 잘못 활용되어 왔다. 연구자들은 1인당 GDP가 특정 문턱을 넘어서면 그 이후에 추가로 증가하는 GDP는 삶에 대한 만족도의 추가 증가와 관련이 없다는 사실을 밝혀냈다. '모두를 위한 지구' 이니셔티브에서 최근 수행한 연구 결과에 따르면 1인당 연간 GDP가 약 15,000달러라는 문턱을 넘어서면 그 뒤로는 1인당 GDP가 증가하더라도 인간의 욕구와 열망 충족은 크게 증가하지 않았다.[26] 그 이유는 GDP 성장이 일반적으로 환경에 부정적인 부작용을 증가시킨다는 데서 찾을 수 있다.

지배적인 지표로 사용되고 있는 GDP는 사회의 전반적인 건강을 가늠하는 것이 아니라 경제활동 수준만을 가늠하기 위한 지표로 활용되어 왔다. 지난 수십 년 동안 GDP 성장 하나만을 이례적인 목표로 추구하면서 끔찍한 결과가 나타나자 사람들은 웰빙을 강조하는 경제지표에 관심을 가지기 시작했다. 이런 지표들은 근본적으로 다원적일 뿐 아니라 지역의 환경, 가치 체계, 전통을 고려한다. 더불어 인간 웰빙에는 단지 소득과 소비를 극대화하는 것보다 더 너른 개념이 필요하다는 사실을 한결같은 목소리로 인정한다.

GDP를 회계지표로서 사용하지 않게 만드는 것이 목표가 아니라 GDP를 넘어 웰빙을 사회 진보를 측정할 핵심 지침으로 사용하도록 만드는 것이 목표이다. 사회 진보를 측정할 수 있는 지표에는 서로 의존하는 인간 웰빙과 지구의 건강이 포함되어야만 한다. 인간의 욕구는 보편적이다. 그러나 인간의 욕구를 만족시키는 방식은 문화적 환경에 따라 달라진다.[27]

따라서 웰빙경제 얼라이언스의 원칙을 바탕으로 구축된 어스4올 웰빙지수는 모델이 선정한 변수를 통해 웰빙을 수량화한다.

- **존엄** : 노동자 가처분 소득(세후)
- **자연** : 기후변화(전 지구 평균 표면 온도, 단위
- **연결** : 1인당 정부 서비스 지출, 즉 공동선에 기여하는 제도
- **공정** : 사업자 세후 소득과 노동자 세후 소득 비율
- **참여** : 사람들 사이에 관찰된 진보(이미 개선되고 있는 웰빙)와 노동 참여

어스4올 모델은 위에서 언급한 변수를 토대로 매년 전 세계 10개 지역에 대한 평균웰빙지수를 측정한다. 평균적인 인간의 웰빙을 반영하는 이 지수가 하락하면 사람들은 고통에 시달리고 분노에 빠지게 된다.

그리고 시간이 흐름에 따라 사회긴장지수의 증가, 정치적 불안정 위험의 증가, 심지어 혁명 위험의 증가로 이어진다.

또 시간이 흐름에 따라 사회긴장지수도 높아진다. 사회긴장지수가 장기간에 걸쳐 상승하는 경우 사회에 깊은 균열이 생기고 '우리 대 그들'을 나누어 적대하는 건전하지 못한 움직임이 나타날 것으로 예상된다. 그리고 이러한 움직임은 정치인들에 의해 손쉽게 이용될 수 있다. 사회긴장지수가 매우 높은 수준으로 올라가면 사회가 붕괴할 가능성도 배제할 수 없게 된다. 우리는 사회붕괴라는 용어를 사회가 악순환에 빠져들었다는 의미로 사용한다. 즉, 사회적 긴장이 높아져 신뢰가 하락하고 이는 다시 정치적 불안정을 불러온다. 그러면 경제가 침체되고 웰빙은 한층 더 하락한다. 정부는 신뢰를 회복하기 위해 분투하지만 장기적이고 일관성 있는 결정을 내리는 일조차 점점 더 어려워질 것이다.

우리가 제시하는 두 가지 시나리오는 모두 경제를 전체적으로 바라보는 거시경제 수준에서 도출된 것이다. 그런데 이러한 거시적 수준의 시스템 변화가 실제로 살아가는 사람들이 미시적인 수준에서 매일 겪는 일상에서는 어떤 의미를 가질까? 이 두 가지 시나리오를 구체화하기 위해 우리는 2020년 8월 초의 어느 같은 날 태어난 네 명의 소녀를 가상으로 설정하여 각각의 소녀들이 살아갈 삶의 궤적을 상상해보았다. 슈Shu는 중국 창사에서, 사미하Samiha는 방글라데시 다카에서, 아요톨라Ayotola는 나이지리아 라고스에서, 칼라Carla는 미국에서 태어났다. 이 네 명의 가상 인물들은 '부족한 노력, 놓친 시기' 시나리오가 제시하는 세계에서 생활하는 사람들의 삶의 모습과 '거대한 도약' 시나리오가 제시하는 세계에서 생활하는 사람들의 삶의 모습을 부각하기 위한 아바타일 뿐이다. 우리는 각각의 지역, 각각의 시나리오, 각각의 기회를 더 잘 비교하기 위해 네 명의 소녀를 선택했다.

지구상에서 살아가는 14억 명의 사람들과 마찬가지로 사미하와 아요톨라는 다카와 라고스에서도 취약하기 그지없는 비등록 주거지에서 태어났다. 그리고 지구상에서 살아가는 30~40억 명의 사람들과 마찬가지로 사미하와 아요톨라의 가족은 하루 4달러 미만의 금액으로 생계를 이어가고 있다. 슈와 칼라의 가족은 경제적으로 풍족하다. 슈의 어머니는 교사로, 아버지는 회계사로 창사에서 일한다. 칼라의 부모는 경제적 기회를 잡기 위해 남미의 콜롬비아에서 미국의 캘리포니아 주로 이주했다. 칼라의 어머니는 전업주부로 세 자녀를 돌보고 아버지는 요식업에 종사한다. 우리는 이 네 명의 인물이 태어난 2020년부터 그들의 인생을 추적할 것이다.

1980년~2020년 : 간단한 정리

두 시나리오는 1980년 이후에 보인 주요 변화 추이를 토대로 구축되었다. 이 시기에 전 세계 경제대국들이 빠른 속도로 신자유주의적 정책(민영화, 시장 규제 철폐, 세계화, 자유무역, 정부 지출 축소에 대한 대중의 동의)을 채택했다. 고소득 국가들에서 기업은 힘을 얻었고 노동조합은 협상력이 약화되었다. 공공지출이 줄어들면서 경제 안보도 약화되었다. 각 국가의 부자와 빈자 사이의 격차가 어느 때보다 커졌고 불평등이 증가하면서 여러 영역에서 정치제도에 대한 대중의 신뢰가 훼손되었다.

세계 인구는 계속 증가했다. 그 사이 빈곤층 비율은 감소했지만 절대 빈곤은 이번 세기에 들어서도 지속되었다. (GDP로 측정되는) 세계 경제는 성장을 이어갔지만 20세기에 비해 그 속도는 느려졌다. 금융부문(그 중에서도 특히 은행, 금융시장, 헤지펀드, 사모펀드 회사)은 풍선처럼 팽창하며 그 규모와 중요성이 커졌고 많은 국가의 경제를 이끄는 주요 원동력으로 자리 잡기에 이르렀다. 2008년 그 풍선이 큰 소리를 내면서 터졌고 경제와 사회가 불안정해졌다. 이후 단행된 개혁은 금융부문의 취약성을 줄인 것처럼 보인다. 그러나 우리 경제에 대한 금융부문의 지배력이 줄어들었다거나, 장기적인 가치 창출과 인간의 진보보다는 단기적인 이익에 중점을 두는 금융부문의 태도가 바뀐 것처럼 보이지는 않는다.

온실가스 배출이 급속히 증가하여 2015년 지구의 평균 온도는 산업화 이전 시대보다 1℃ 이상 높아졌다. 이는 지구에서 일어난 아주 큰 변화였다. 홀로세의 특징 가운데 하나가 안정적인 온도였기 때문이다. 지난 1만 년 동안 기온이 0.5℃ 이상 오르거나 내린 적은 없었기에 1℃가 넘는 온도 상승은 홀로세의 한계 조건 안에서 번영해온 문명에게도 중대한 변화였다.

각 국가 안의 경제적 불평등은 지난 40년 사이 계속 증가했다. 새로운 디지털 기술 때문에 전통적인 산업과 그 산업에 종사하는 노동력이 타격을 받았다. 세계화 과정의 일환으로 기업은 더 저렴한 노동력이 있는 곳과 규제가 느슨한 곳을 찾아 이동했다. 이 때문에 글로벌 북반구global North의 수많은 노동자가 일자리를 잃었다. 대부분의 지역에서 사회긴장지수가 계속 상승하여 효과적인 거버넌스에 지장을 초래했다.

풍력, 태양광, 전기자동차 같은 청정에너지 기술에 대한 투자가 점차 증가해 2015년 무렵 이런 기술들은 마침내 (보조금을 받을 경우) 비용 경쟁력을 확보했다. 그리고 2020년대의 중반부를 향해 나아가고 있는 오늘날 이런 기술들의 비용과 성능은 기존의 화석연료 기술과 경쟁해도 좋을 만큼 성장했다.

칼라의 부모는 레이건이 미국 대통령이던 시절에 태어나서, 노동조합이 태만하고 부패했을 뿐 아니라 이기적이어서 미국의 경쟁력을 깎아내리고 있다고 비춰지던 시절에 미국에 정착했다. 사실 세계화와 기술혁신은 침체에 빠져들던 미국 제조업을 견인한 커다란 원동력이었다. 슈의 부모는 덩샤오핑이 이끄는 공산당 정부가 시장개혁을 실행하고 무역과 투자 유치를 위해 개방을 추진하는 한편, 유능한 중앙정부가 5개년 계획을 통해 경제성장을 적극적으로 관리하던 시기에 태어났다. 덕분에 중국은 40년 넘게 극적인 성장세를 보이면서 수억 명의 빈곤층을 극심한 빈곤에서 벗어나게 만들었다.

사미하의 부모가 태어난 방글라데시, 그리고 아요톨라의 부모가 어린 시절을 보낸 나이지리아 같은 아프리카 국가들의 경우 경제는 더 느리게 성장했다. 이 국가들은 국제 금융기관에 의존하는 경우가 많았는데, 그 결과 신식민주의적 구조와 부채에 발목을 잡히게 되었다. 이러한 현실은 국내 제조업 부문과 일자리를 구축하는 데 필요한 투자 부족으로 이어지곤 했다.

미래로 넘어가기 전에 먼저 사회, 생태계, 경제의 시스템이 역동적이라는 사실을 강조하고자 한다. 사회, 생태계, 경제 시스템을 움직이는 힘은 서로 상호작용하면서 놀라운 결과를 이끌어낼 수 있다. 이와 마찬가지로 어스4올 모델도 역동적이다. 인구, 공공 역량에 대한 투자, 경제적 결과, 에너지 수요 또는 식량 생산 같은 각기 다른 변수는 서로 상호작용한다. 하나의 변수가 증가하면 그 영향은 모델 체계 전체로 퍼져 나가 세계 경제와 지구의 생명 유지 시스템들에 영향을 미칠 것이다. 덕분에 우리는 세계 인구에 무슨 일이 일어날 수 있는지, 언제 경제가 성장할지, 경제성장이 식량 공급과 온실가스에 어떤 영향을 미칠지 등에 대해 기초적인 방법으로 탐구할 수 있다. 또한 우리는 어스4올 모델에 공정, 신뢰, 시스템 회복력을 촉진하는 데 기여하는 지구적 정책과 지역적 정책을 도입할 수 있다. 즉, 만일 정부가 부유세를 낮추거나 높인다면 무슨 일이 일어날 것인가? 또는 정부가 기술혁신에 더 많이 투자한다면 무슨 일이 일어날 것인가 등의 질문과 연결된 정책을 예로 들 수 있다.

시나리오 1: 부족한 노력, 놓친 시기

'부족한 노력, 놓친 시기' 시나리오는 세계가 앞으로도 계속 1980년에서 2020년 사이에 보였던 것과 동일한 역학에 따라 성장한다면 나타날 가능성이 있는 결과를 보여준다(그림 2.2 참고). 그 결과 2050년과 그 이후 전 세계 전반이 인구 성장 둔화와 경제성장 둔화를 경험하는 동시에 노동참여율이 감소하고, 정부에 내한 신뢰가 하락하며, 생태발자국이 꾸준히 증가하고, 생물다양성이 더 크게 훼손되는 것으로 나타났다.

다가오는 수십 년 동안 '거의 대부분의 세계'에서는 빈곤이 지속되

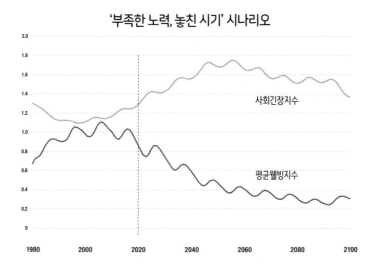

'부족한 노력, 놓친 시기' 시나리오

그림 2.1 평균웰빙지수의 하락은 사회긴장지수의 증가로 이어진다. 불신이 높아지고 사회적 파편화가 심해짐에 따라 이번 세기 중반에 이르면 사회긴장지수는 최고조에 달할 것이다.

는 결과가, 부유한 세계에서는 체제 불안정을 유발하는 불평등이 지속되는 결과가 나타났다. 지속가능 발전목표 가운데 일부는 달성될 것이고 지구 한계를 벗어나지 않으면서 살아야 한다는 목표도 어느 정도 달성될 것이다. 그러나 전반적으로는 사회긴장지수가 크게 상승하여(그림 2.1 참고) 새로운 해결책의 시행을 늦추는 결과를 불러온다. 경제는 전환되기보다는 지난 수십 년 동안 그래왔던 것처럼 부침을 거듭할 것이다. 이 시나리오에서는 이번 세기 안에 지구적 생태계 붕괴나 기후붕괴가 일어난다는 결과가 명백하게 나타나지는 않는다. 하지만 사회가 붕괴할 가능성은 2050년에 이르기까지 계속해서 증가한다. 그 결과 안팎으로 사회적 분열이 심화되고 환경 파괴가 증가할 것이다. 이러한 위험은 가장 취약한 경제, 제대로 관리되지 않는 경제, 환경적으로 취약한 경제에서 특히 더 첨예하게 나타날 것이다.

'부족한 노력, 놓친 시기' 시나리오 : 결정적인 10년 – 2020~2030년

네 명의 소녀, 슈, 사미하, 아요톨라, 칼라는 불확실성이 심화되는 시기에 태어났다. 이 시기에는 코로나-19 감염병이 대유행하며 전 세계를 휩쓸었다. 그 때문에 국가 간 협력은 제한적으로 이루어졌다. 대공황Great Depression 시기 이후에는 볼 수 없었던 수준의 불평등[28] 때문에 많은 지역에서 포퓰리즘과 권위주의가 부상했다.

2030년, 우리가 등장시킨 네 명의 소녀는 격변하는 세계에서 밝은 모습으로 성장해 열 살이 되었다. 중국 창사 변두리에 있는 슈가 다니는 학교는 도시 전역을 뒤덮은 대기오염 때문에 휴교하기 일쑤다. 슈는 다섯 살 때 폐렴과 천식을 앓았다. 슈의 부모는 슈를 공기 정화 설비를 갖춘 '돔형 학교bubble school'에 보내기 위해 저축을 하고 있다. 태평양 건너에 사는 칼라의 부모 역시 비슷한 고민에 빠져 있다. 로스앤젤레스 지역에서 가뭄과 산불의 강도가 점점 더 세지고 있기 때문이다. 1년에 몇 개월은 공기 질이 매우 나빠서 야외활동을 하기가 위험할 정도이다. 칼라에게는 물을 아껴 쓰라고 가르치고 있다. 그래야만 모든 사람이 골고루 물을 사용할 수 있기 때문이다. 방글라데시에 사는 사미하의 부모도 물 걱정을 하지만 이유는 정반대이다. 방글라데시 정부는 홍수를 방지하는 일에 많은 돈을 지출하고 있다. 그 탓에 병원이나 학교에 충분히 투자하기가 쉽지 않게 되었다. 사미하와 그녀의 형제자매들은 학교를 그만 두고 돈 버는 일을 거들어야 한다. 하루가 멀다 하고 새로운 기후 난민이 정착지로 몰려드는 바람에 생활공간이 점점 더 비좁아지는 형편이다. 2030년 무렵 아요톨라가 사는 아프리카의 도시 라고스는 2천만 명의 인구가 모여들어서 세계에서 매우 큰 도시 가운데 하나가 되었다. 하지만 경제적 기회를 잡는 것이 여전히 제한되어 있어서 아요톨라의 부모는 유럽으로 이주를 꿈꾼다.

'부족한 노력, 놓친 시기' 시나리오에서 세계 각국은 기후붕괴를 억제하기 위한 **목표** 설정에 합의했다. 그러나 실제로 이루어지는 정책 **행동**은 파리 기후변화협약을 충족하기에는 너무도 미약하다. 에너지 전환의 속도가 빨라지고 있지만 주로 시장의 힘에 기대고 있다. 그 때문에 에너지 전환은 얼마간의 보조금이 지급되거나 탄소가격제도carbon pricing schemes에 연동되어 이윤이 나는 부문에 국한되어 있는 실정이다. 2020년에서 2030년 사이 에너지원 구성energy mix에서 재생에너지가 차지하는 비중은 조금씩 그러나 꾸준히 증가한다. 인도를 비롯한 저소득 경제는 화석연료 같은 과거의 기술과 풍력, 태양광 같은 새로운 기술을 혼합하여 활용함으로써 급속한 성장 국면에 돌입한다. 에너지 수요가 급격히 증가함에 따라 화석연료와 재생에너지를 함께 사용하는 경향이 나타난다. 고소득 국가가 저소득 국가에 기후 기금을 제공한다는 약속은 전혀 지켜지지 않았다. 저소득 국가는 과거에 체결한 무역협정에 발목을 잡혀 보건의료와 환경에 충분히 투자하지 못하는 실정이다.

수익성 있는 기술에 투자가 이루어지면서 로보틱스, 사물 인터넷,

3D 프린터, 인공지능 분야에서 혁명이 일어난다. 이 때문에 대부분의 산업 부문에서 붕괴가 따를 것이다. 경제가 긱 노동·gig work*과 0시간 노동계약zero-hour contract**에 최적화됨에 따라 저숙련 노동자와 중숙련 노동자는 설 자리를 잃는다. 부유한 지역에 자리 잡은 전통적인 제조업은 살아남기 위해 고군분투하지만 새로운 산업이 등장하면서 다른 지역으로 이전하는 경우가 많아진다. 이때 일자리를 잃는 노동자들에 대한 재교육은 뒷전으로 밀려난다. 이 과정에서 노동이 소모품으로 인식되면서 더 많은 사람들이 경제적으로 불안정한 삶에 내몰린다. 그 어느 때보다 더 투기적인 자본이 새로운 경제를 촉진하고 지원하기보다는 손쉽게 얻을 수 있는 이윤만을 찾아다니는 탓에 부동산 가격이 계속 상승한다. 대도시 생활비는 대부분의 사람들이 감당하기 어려운 수준으로 높아진다. 모든 지역에서 상위 10퍼센트의 사람이 대부분의 이익을 가져가면서 각 국가 안의 불평등도 심해져만 간다.

가장 가난한 사람들이 기후변화의 영향을 고스란히 받으면서 기후 불평등이 더욱 뚜렷해진다. 이러한 상황은 분열과 갈등 같은 사회 문제를 불러온다. 주로 폭력적 민족주의자들이 주도하는 시위가 자주 벌어진다. 민주주의 국가에서 사람들은 투표를 통해 분노를 표출하는 경우가 많고[29] 지지정당을 바꾸는 방식으로 정치에 대한 실망을 표현한다.

절대 빈곤이 역사상 가장 낮은 수준으로 떨어지긴 했어도 2030년 유엔 총회가 열렸을 때 세계는 지속가능 발전목표를 달성하지 못

---

* 단발성 업무를 위해 단기 노동계약을 체결하고 노동력을 제공하는 노동—옮긴이

** 정규 노동시간을 정하지 않고 임시직 노동계약을 체결한 뒤 일한 시간만큼 임금을 지급받는 계약—옮긴이

한 상태다. 고소득 지역과 저소득 지역의 경제적 격차는 계속해서 커지고 있다. 지구 온도는 이제 산업화 이전 시대보다 1.5℃ 높아졌다. 세계는 강도 높고 치명적인 폭염과 그 밖의 극단적인 날씨를 더 자주 겪으면서 심한 불안감에 휩싸여 있다.

'부족한 노력, 놓친 시기' 시나리오 : 2030-2050년

2050년이 되면 극심한 빈곤을 겪는 사람의 수는 매우 많이 줄어든다. 그러나 빈곤이 완전히 사라지려면 아직 갈 길이 멀다. 게다가 국가 안의 불평등은 크게 악화되었다. 불평등은 권력을 지닌 최고 부자와 사회의 절반을 차지하는 극빈자들 사이에서 균열을 일으킨다. 이러한 상황은 민주주의의 안정성에 영향을 미치는데, 일부 국가는 통치하기가 점점 더 어려워진다. 일부 개인들은 부유하지만 공공은 빈곤하다. 연금제도의 유지는 물론 보건의료와 교육에 대한 공공지출이 점점 더 어려워진다. 그 때문에 가족의 수가 많을수록 노후를 보장받기가 더 수월하다고 생각하는 많은 지역에서 인구 성장이 계속 이어지게 된다.

그러는 동안에도 에너지 혁신과 기술혁신은 계속해서 빠른 속도로 진행된다. 태양광 패널, 건물, 스마트 전력망, 배터리, 전기자동차 등은 성능이 개선되는 동시에 가격이 저렴해진다. 그러나 고소득 지역에서 지속 가능한 에너지와 식량 시스템을 장기적이고 체계적으로 갖추기 위한 방법을 도입하려는 움직임은 지연되거나 축소되는 일이 되풀이된다. 사회적, 법적 갈등이 빚어지고 정부가 약화된 탓이다. 반면 저소득 지역에서는 기후 대응을 위한 자금이 부족한 탓에 그토록 막대한 선행 투자를 수행하지 못하는 실정이다. 기후와 지속가능성에 대한 이야기가 난무하고 있음에도 순환경제로의 이행은 계획도 없이 더디게 진행된다. 건설산업은 지속 가능하지 않은 방식으로 생산한 시멘트와 철강을 계속해서 사용하여 도로, 철도, 고층건물, 항구, 공항을 건설한다. 정부는 더 작은 자동차, 더 작은 주택, 더 작은 냉장고 사용을 장려하기 위한 노력을 거의 기울이지 않는다.

어쨌든 2030년대에 접어들면 온실가스 배출의 증가세가 멈추다가 하락하기 시작한다. 이제는 신재생에너지를 사용하여 전력을 생산하는 비용이 석탄, 석유, 천연가스를 사용하는 비용보다 저렴하다. 그러나 철강산업, 콘크리트 산업, 플라스틱 산업, 해운산업, 항공산업, 장거리 운송산업 등 많은 산업에서 여전히 화석연료를 사용하고 있다. 새로운 산업이 등장하는 가운데 일부 산업은 쇠퇴하거나 사라지는데, 대부분의 지역에서 노동은 이러한 경제 전환으로 엄청난 피해를 입었다. 그러나 정부는 이들 지역의 노동자들이 이런 현실에 알아서 대처하도록 내버려두었다. 이 때문에 경제 호황과 불황이 번갈아 찾아오는 가운데 경제적 불안은 더욱 크고 깊어졌다.

좋은 소식도 있다. 풍력과 태양광 발전이 증가하고 도로를 달리는 자동차가 전기자동차로 전환됨에 따라 석탄화력 발전소가 폐쇄되면서 중국, 인도, 방글라데시, 그 밖의 아시아 국가의 대기오염이 줄어든다. 슈와 사미하에게는 반가운 소식이다. 그러나 온실가스 배출 수준이 전보다 낮아졌다고는 해도 여전히 배출되고 있으므로 온도는 계속해서 오른다. 전 세계적으로 최고 온도 기록이 계속 경신된다.

대부분의 사람들은 바깥 기온이 인간이 견딜 수 있는 한계를 수시로 넘나드는 지역에서 살아간다.

식단은 주로 서구 산업사회의 식단으로 바뀌어 비만을 부추긴다. 대규모 농식품 기업에서 지나치게 많이 가공하여 판매하는 값싼 식품 탓에 비만이 더욱 늘어난다. 음식물 쓰레기 문제는 여전히 주요 관심사로 남아 있다. 곡식을 먹여 사육한 가축에서 나온 붉은색 육류가 전 세계적으로 소비되면서 농업부문은 온실가스 배출과 생물다양성 감소를 부추기는 주요 원인이라는 오명을 벗지 못했다.

2030년대에 아프리카는 번영을 향해 서서히 나아간다. 2040년대로 접어들면 그 어느 때보다 많은 여성이 임금 노동자 대열에 합류하면서 번영을 향해 나아가는 속도가 빨라진다. 그 결과 저축률이 높아지고 아프리카 지역의 투자자들은 더 많은 자금을 확보하게 된다. 그러나 지독한 가뭄과 극단적인 기후 이변이 찾아오면서 막대한 비용을 치르게 된다. 여자아이들을 교육하는 데 필요한 투자가 지지부진한 탓에 인구 성장을 대폭 둔화시키기가 어려운 형편이다. 가부장적 사회체제는 자원 배분과 의사결정 권한에 있어 젠더 평등을 지속적으로 훼손한다. 2020년 11억 명이던 사하라 이남 아프리카 인구는 2050년 16억 명에 달할 것이다. 하지만 1인당 소득은 만족스러운 수준인 연간 15,000달러에 근접조차 하지 못한다.

2050년까지 '거의 대부분의 세계'에서는 경제적 불안정성이 증가하고 중위소득이 정체하면서 사회적 긴장이 고조된다. 거기에 더해 기후 이주climate migration가 심각한 수준에 도달하고 전 세계적으로 감염병이 대유행한다. 그 때문에 포퓰리즘 지도자와 독재적인 지도자가 등장하기 쉬운 조건이 형성되어 안정된 통치를 흔들고 민주주의의 가치를 훼손할 가능성이 높아진다. 부패가 지속되면서 신뢰가 완전히 무너진다. 끝없이 이어지는 갈등에 발목이 잡혀 더 작은 규모의 국가로 붕괴할 위험이 매우 크다. 담수와 같은 공동자원을 둘러싸고 경쟁이 격화된다. 전 세계 10개 지역 모두에서 사회붕괴 위험을 평가하는 사회긴장지수가 위험한 수준으로 치솟는다. 이 때문에 정책의 안정성이 더욱 약화되면서 정책이 갑작스레 추진되었다가 중단되기를 반복한다. 그 결과 불평등, 식량, 에너지, 보건의료, 투명성, 법 분야에서의 전환이 안정된 정책을 펼칠 때보다 몹시도 더디게 이루어진다.

'부족한 노력, 놓친 시기' 시나리오 : 2050년 이후

2050년 슈, 사미하, 아요톨라, 칼라는 서른 번째 생일을 맞이한다. 수리학水理學 기사가 된 슈는 중국의 물 공급을 보장하기 위해 시행하는 주요 사업에 참여하고 있다. 그런데도 어느 지역에서는 홍수가 빈번하게 일어나고 어느 지역에는 수시로 가뭄이 드는 탓에 수억 명에 달하는 사람들의 식량 안보와 경제 안보가 위험한 실정이다. 2000년대 중반 대규모 이주가 일어나면서 주택, 일자리, 식량 위기가 찾아오며 사회적 갈등으로 이어졌다. 견실한 건축회사에서 사무직으로 일하는 칼라는 캘리포니아 남부를 덮친 지독한 더위를 피해 더 북쪽에 위치한 시애틀로 이사했다. 그러나 화재와 더위가 자기를 쫓아다니는 것만 같다. 칼라의 남자형제는 같은 자격 요건을 갖추고 같은 직종에서 일하지만 칼라보다 훨씬 많은 돈을 번다. 10만 달러 단위의 학자금 대출을 갚아야 하고 높은 임대료를 감당해야 하기 때문에 칼라의 생활은 빠듯하기 그지없다.

방글라데시 다카에서 세 명의 자녀를 키우는 사미하는 다니던 의류 공장의 일자리를 잃었다. 내륙으로 이주할 여유가 있는 사람들이 갑작스런 홍수가 빈번한 다카를 버리고 떠났기 때문이다. 사미하는 경제적 여력이 있든 없든 관계없이 자신에게 곧 선택의 여지가 사라질 것이어서 점점 더 자주 찾아오는 홍수와 폭염을 피할 방법을 찾아야만 할 것이라는 사실을 알고 있다. 사미하는 내년에는 어디에서 살고 있을지 생각해보곤 한다. 아요톨라는 열네 살에 학교를 그만두고 친하게 지내는 다른 집안의 아들과 결혼했다. 네 명의 자녀를 두고 있는데 아들만 겨우 학교에 보낼 수 있는 형편이다. 아요톨라는 집에서 삯바느질로 돈을 벌어 우갈리^{ugali}* 와 곁들여 먹을 생선, 고기, 콩을 산다. 사미하와 아요톨라는 항상 극단적인 기후를 겪으면서 생활해왔다.

2020년 이후 대부분의 지역에서 사회긴장지수가 높아졌다. 사회긴장지수는 꾸준히 높아진 것이 아니라 요동치면서 높아졌다. 불평등과 경기 순환이 웰빙에 영향을 미치면서 불만이 요동쳤기 때문이다(그림 2.1 참고). 당장 직면한 위기에 대처하는 데 급급하다보니 각 사회는 장기적이고 회복력 있는 해결책을 찾아 실행할 역량을 잃어간다. 이런 가운데 여러 방면에서 상당한 충격의 여파가 쌓여 간다. 적도 인근의 국가들은 너무 더워져서 살 수 없는 지역으로 변모하고, 이에 따라 이주가 일어난다. 지식재산권, 시장점유율, 자원을 둘러싼

---

* 주로 동아프리카에서 옥수수 가루로 반죽해 먹는 음식-옮긴이

다툼이 지역 간 무역 전쟁으로 번진다. 극단적인 기상 이변으로 공급망이 불안정해진다. 위기에 대처하고 적응하기 위한 정부 지출이 늘어나면서 사회와 경제의 장기적인 발전을 위해 사용할 지출은 줄어든다. 토질이 저하되어 생산량에 영향을 미치자 식량 가격이 크게 불안정해진다.

세계 인구는 2050년 무렵 약 90억 명에 달하면서 정점을 찍은 뒤 하락세로 돌아서 이번 세기 말까지 계속 하락할 것이다. 1인당 평균 GDP가 10,000달러를 넘어서면서 거의 모든 지역에서 여성은 자녀를 더 적게 낳으려고 할 것이기 때문이다(그림 5.3 참고). 고소득 국가의 시민 대부분은 물질적으로 점점 더 높은 수준의 생활과 소비를 누리게 될 것이다. 기술이 향상되고 1인당 생산능력이 그 어느 때보다 높아졌기 때문이다. 그러나 웰빙은 하락한다. 사회적 응집력이 떨어지고 지위 경쟁이 치열해지면서 집합적인 행동이 약화되어 사회가 떠안게 되는 매우 큰 과제들을 해결하지 못하게 되기 때문이다.

'부족한 노력, 놓친 시기' 시나리오에서 세계는 파리 기후변화협약에서 설정한 목표 달성에 실패한다. 2050년 무렵 지구의 온도 상승은 2℃ 한계를 넘어설 것이고 2100년이 되기 전에 재앙적 수준인 2.5℃까지 상승할 것이다.[30] 온도가 상승한 결과 지구 시스템은 여러 항목에서 티핑포인트를 넘어설 것으로 보인다. 공포에 휩싸인 과학자들이 남극대륙 서부 빙상과 그린란드 빙상의 해빙 속도가 빨라지고 있다고 계속해서 보고하겠지만 지구를 벼랑 끝으로 내모는 것은 어느 한 가지 거대한 원인이 아니다. 해마다 손실 폭이 커지는 아마존 열대우림은 계속 건조해지면서 초원 지대로 변모하고 있다. 야생

이 사라지고 곤충과 새들의 멸종 속도가 빨라진다. 사람들은 점점 더 부유해지지만 각 지역의 자연 세계는 잇달아 붕괴를 겪으면서 나날이 회색빛으로 변해간다. 안정적이고 회복력 있는 지구 시스템이야말로 문명의 가장 큰 토대이지만 우리 문명은 그것을 잃어버리고 만다.

극단적인 기상 이변이 계속해서 이어지는 상황이 새로운 일상이 되었다. 소수의 초고령자만이 안정적인 기후에 대한 기억을 간직하고 있을 뿐이다. 이제 극단적인 기후에 적응하기 위해 쓰는 자금은 정부 지출의 상당 부분을 차지하게 되었다. 서류상으로는 이런 지출도 GDP에 기여하는 것으로 나타나지만 사실상 각국은 '제 자리를 지키는 것만으로도 버거운 상황'이다. 일부 국가는 국민을 보호하기 위해 지구공학을 실험하고 있다. 기후 시나리오에는 심히 걱정스러운 수준으로 사회적, 경제적 격변을 일으키는 주요 요인이 담겨 있다. 그러나 기후 비상사태가 **사회붕괴**의 주된 원인일 가능성은 여전히 낮은 것으로 보인다. 사회붕괴의 원인을 제공하는 장본인은 국가 안의 불평등과 국가 사이의 불평등일 가능성이 높다. 2050년 이후 여러 사회가 무너지기 시작해서 더 작은 규모의 국가로 나눠질 것이다. 21세기의 후반기로 접어들어 시간이 흐를수록 기후변화로 인한 갈등이 더 많이 나타날 것이고 이러한 갈등은 사회붕괴의 원인 가운데 하나가 될 것이다.

2080년에도 칼라는 여전히 장시간 노동에 시달리고 있다. 칼라는 경제적 여력이 없어서 앞으로도 10년 넘게 은퇴하지 못할 것이라고 생각한다. 몸을 많이 움직이지 않고 생활하고 가공식품 위주의 식단으로 끼니를 해결하며 미국 서부 해안지역에 자주 발생하는 열돔 현

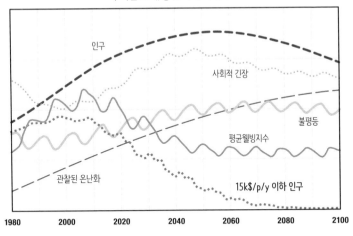

1. 주요 추세
'부족한 노력, 놓친 시기' 시나리오

인구

사회적 긴장

불평등

평균웰빙지수

관찰된 온난화

15k$/p/y 이하 인구

1980 2000 2020 2040 2060 2080 2100

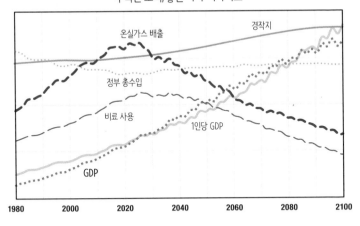

2. 인간 발자국
'부족한 노력, 놓친 시기' 시나리오

온실가스 배출

경작지

정부 총수입

비료 사용

1인당 GDP

GDP

1980 2000 2020 2040 2060 2080 2100

그림 2.2 '부족한 노력, 놓친 시기' 시나리오를 수량화하여 1980년부터 2100년까지 이 시나리오에 따른 전 지구적 발전을 4가지 시간 그래프로 시각화하였다. 이 그래프는 1980년 값을 기준으로 하여 곡선들 사이의 역학을 부각한다. 1980년 44억 명이었던 세계 인구는 2050년 무렵 88억 명으로 정점에 오른 뒤 서서히 줄어든다. 두 번째 그래프에서 확인할 수 있는 것처럼 1인당 소득은 꾸준히 증가하여 연간 6,000달러에서 2100년에는 42,000달러에 이른다.

3. 소비
'부족한 노력, 놓친 시기' 시나리오

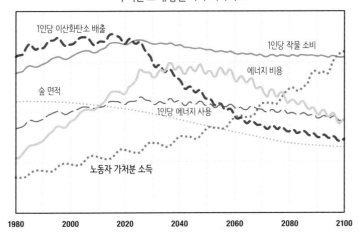

4. 웰빙
'부족한 노력, 놓친 시기' 시나리오

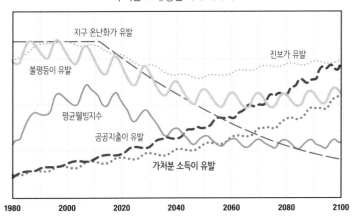

세 번째 그래프를 통해 1인당 이산화탄소 배출량과 1인당 작물 소비량이 이번 세기 내내 높은 수준
으로 유지된다는 점을 파악할 수 있다. 이 때문에 2100년이 되면 지구는 온도가 약 2.5℃까지 상승
할 것이고 지구 차원의 중요한 한계선들을 훌쩍 넘어설 것이다. 네 번째 그래프에서는 웰빙을 가능
하게 하는 여러 요소를 확인할 수 있는데, 이번 세기 대부분에서 세계 평균웰빙지수가 내리막을 걷
는다. (그 이유는 주로 불평등 증가와 자연 조건의 악화에 있다.) "$"는 미국 달러(USD)로, 구매력 평가지수
(purchasing power parity, PPP)를 사용하여 측정된 2017년 고정가격이다.
출처 : E4A-global-220501. 이 모델과 데이터는 earth4.life에서 내려받을 수 있다.

상을 겪다 보니 건강이 악화된 칼라는 65세의 나이에 당뇨병으로 세상을 떠났다. 사미하는 디나지푸르^{Dinajpur} 외곽에 조성된 난민캠프에서 생활한다. 지난 해 난민캠프에 감염병이 크게 유행하면서 사미하의 자녀 3명 중 2명이 목숨을 잃었다. 게다가 캠프가 습격을 받는 와중에 남편까지 목숨을 잃었다. 사미하는 일자리를 구할 수 없을 뿐 아니라 식량은 물론 안심하고 마실 수 있는 식수마저 부족한 형편이다.

슈는 홍수관리 기술을 가진 덕분에 수리학 기사 사이에서 전설이 되었다. 이따금 명예교수 자격으로 중국 학생들을 가르치는 일에도 나선다. 앞으로 홍수관리 기술이 중국 지역에 얼마나 절실히 필요할지 알고 있기 때문이다. 다만, 중국 공공기관들의 권위가 점차 약해지고 있어 걱정이다. 라고스에서는 10년마다 찾아오던 치명적인 홍수의 발생 빈도가 더 높아지고 있다. 해수면 높이가 상승하면서 아요톨라와 남편은 빈곤하게 생활하는 다른 많은 사람들과 마찬가지로 집을 포기했다. 집을 떠나 이주하는 사람들이 많아지자 나이지리아 전역에서 갈등이 고조되었다. 지난 10년 동안 여러 정부가 들어섰지만 모두 유권자의 마음을 달래는 데 실패했다. 그런 탓에 극단주의, 종교적 폭력, 공포를 조장하여 통치하는 포퓰리즘 정부가 세를 불리게 되었다. 아프리카 전역을 휩쓰는 극단적인 날씨, 더위, 열대 폭풍우가 일상이 되었고 작물이 피해를 입으면서 식량 가격이 크게 불안정해졌다. 유럽과 아메리카 지역으로 이주할 여유가 있는 사람들은 더 나은 생활환경을 찾아 떠났지만 가장 부유한 국가에서조차 경제적 불안과 환경적 충격이 새로운 일상이 되어가고 있는 실정이다.

시나리오 2 : 거대한 도약

'거대한 도약' 시나리오 : 결정적인 10년 – 2020~2030년

네 명의 소녀, 슈, 사미하, 아요톨라, 칼라는 2020년 같은 날 태어났다. 이때는 유례없는 전환이 준비되던 시기이다. 2020년대 초 여러 국가들은 세계은행, IMF, 세계무역기구^{WTO} 같은 국제 금융기구의 전환을 시작하는 데 합의한다. 이제 국제 금융기구의 임무는 경제성장과 금융 안정성에 대한 투자라는 협소한 관점에서 기후, 지속가능성, 웰빙 부문 녹색전환을 위한 투자를 지원하는 임무로 크게 바뀐다. 이러한 변화의 결과 2020년대 말이 되면 개발도상국을 위한 금융 자원이 대폭 확대되어, 개발도상국은 재생에너지와 녹색산업에 대한 투자에 더 원활하게 접근할 수 있게 된다. 무엇보다 중요한 것은 이러한 변화 덕분에 유능한 정부가 자국민의 웰빙을 증진하기 위해 교육, 보건의료, 인프라에 투자하면서 적극적인 행동에 나설 수 있게 되었다는 것이다. 태양광, 풍력, 배터리, 전기자동차 기술이 급격히 확산하면서 화석연료가 차지하는 비중이 큰 폭으로 줄어든다. 과거에는 국가들 사이에 불평등이 오래도록 지속되어 왔다. 그러나 새로운 발전 모델과 무역 모델이 도입되어 과거의 불평등을 끝없이 지속시키는 현재의 역기능적 시스템을 대체한다(3장 참고).

경제적 불평등은 심한 양극화를 불러올 뿐 아니라 정치적 안정성과 인간의 진보에 위협이 되는 요인으로 널리 인정된다. 핀란드, 아이슬란드, 뉴질랜드에서 웰빙경제로의 이행이 이루어지자 다른 국가들도 그 뒤를 따른다. 모든 지역에서 폭넓은 태도 변화가 이루어져 10퍼센트의 최고 부유층이 국민소득의 40퍼센트 이상을 가져가지 못하도록 제한하는 원칙이 공고해진다. 이러한 변화의 바탕에는 부유한 사회이든 아니든 공정한 사회가 불공정한 사회보다 더 잘 기능한다는 인식이 자리 잡고 있다. 각 지역은 자신에게 맞는 정책 조합을 갖추어 대응한다. 누진 소득세가 도입되어 가장 부유한 사람들이 더 많이 기여하게 된다. 모든 지역이 부유세를 도입하는 동시에 조세회피처가 폐쇄되어 고삐 풀린 부의 불평등을 제어한다. (2021년 합의된) 국제 법인세 덕분에 추가적인 수입이 확보되어 공동 번영을 적극적으로 추진하는 정부가 재분배와 투자에 나설 수 있다. 국제 법인세는 매 5년마다 상황에 맞게 조정된다. 과학과 연구에 대한 공공투자에는 그에 상응하는 보상제도가 마련된다. 예를 들면 공적인 지식재산권이 인정되고 주식을 공적으로 공동 소유하는 방식을 꼽을 수 있다.

이런 식으로 확보한 새로운 수입 덕분에 정부는 (경제 전환기에 필수적인) 실업수당과 모두를 위한, 특히 여성을 위한 연금제도를 확대할 수 있다. 교육, 직업 재교육, 보건의료에 대한 투자가 급격히 증가함에 따라 젠더 평등이 개선된다.

보편적 기본소득Universal Basic Income(또는 유사한 제도)이 대부분의 국가에서 채택되어 불평등을 해소하는 데 쓰인다. 보편적 기본소득은 특히 (감염병 대유행 같은) 심각한 충격이 일어나는 시기에 부양책으로 도입되었다가 점차 정규 제도가 된다. 보편적 기본소득 덕분에 경제적 자유가 생긴 사람들은 사양산업을 떠나 성장하는 산업으로 이동하는 데 필요한 재교육을 받으러 나선다. 또한 지구의 시민으로서, 전 세계의 공유지*를 이용하여 생산한 부가 공정하게 분배되고 있다고 생각하는 사람들이 더 많아진다. 이것이 바로 '모두를 위한 지구'이다!

이러한 정책은 보편적 기본 배당금universal basic dividend을 지급하는 시민기금으로 발전한다. 공동자원을 사용하는 산업이 지불하는 사용료를 시민기금으로 전환하는 것이다(공동자원의 예: 토지 사용 또는 토지 소유, 금융자산, 지식재산권, 화석연료, 오염배출권, 사회의 모든 구성원이 공동으로 소유하는 자원으로 간주될 수 있는 여러 가지 물질 자원의 추출 등). 이를 통해 얻는 수입은 국가의 모든 시민에게 공평하게 분배된다. '모두를 위한 지구' 전환경제위원회 위원인 켄 웹스터Ken Webster는, 배당금이라는 표현은 점점 더 많은 시민들이 자신과 다른 사람들이 지구의 공동 거주자이자 공동 소유자로서 타고난 권리를 지닌다는 사실을 인식하게 되었음을 반영한다고 쓴 바 있다. 따라서 특정 권리들과 책임들도 따라와야 한다.[31]

모든 국가가 이번 세기에 온실가스 순배출 제로에 도달해야 한다는 데 동의한다. 석탄을 태워 생산한 전기는 계속 축소되어 0으로 향할 것이다. 가장 부유한 국가들은 2050년 또는 그 이전에, 중국과 인도는 2060년까지 순배출 제로를 달성하겠다고 약속한다. 또한 각국은 식단을 바꾸고 재생농업 실천을 확대하여 사람과 토양의 건강을 개선한다는 목표를 수립한다. 2030년 무렵이면 전 세계적으로 농경

---

* 원어는 the commons로 '공통적인 것', '공동으로 누리는 것'을 뜻하며 '공적인 것'(the public), '사적인 것'(the private)과 의미상 대조를 이룬다. 토지를 비롯한 자연자원과 인간이 만든 재화나 물질적·비물질적 생산물을 포함하면서 그것을 소유·관리·생산·분배하는 과정을 특정 참여자들이 함께 결정한 규칙에 따라 공동으로 통제하는 체계와 원리까지 포괄하는 폭넓은 개념이다. 공유지, 공유재, 공통재, 커먼즈 등으로 번역되기도 하는데, 이 책에서는 공유지로 통일하여 표기하기로 한다-옮긴이

지는 더 이상 확장되지 않는다. 따라서 산림 파괴가 멈추고 세계 곳곳에서 각 지역의 상황에 맞게 재조림이 활성화된다.

네 명의 소녀 슈, 사미하, 아요톨라, 칼라는 급격히 전환하는 세계에서 성장하여 이제 한창 뛰어 놀 나이인 열 살이 되었다. 네 명의 소녀는 여전히 대기오염, 폭염, 홍수, 산불 문제에 대처해야만 하는 상황이다. 그러나 2020년대 말 사미하와 아요톨라는 학교와 병원이 가까운 곳에 자리 잡고 있는 신축 아파트로 이사한다. 아요톨라는 학교에서 수학에 두각을 나타낸다. 칼라의 부모는 보편적 기본 배당금의 일환으로 매년 1,000~2,000달러 사이의 수표를 수령한다. 어떤 용도로든 사용할 수 있는 이 배당금을 칼라의 교육을 위해 저축한다. 중국 창사에 거주하는 슈가 다니는 학교 주변의 오염은 줄어들고 있다. 정부가 전기자전거 같은 소형 이동수단, 대중교통, 전기자동차, 재생에너지 사용을 장려하고 화석연료 사용을 빠른 속도로 줄여나가고 있기 때문이다.

'거대한 도약' 시나리오 : 2030~2050년

아시아, 아프리카, 라틴 아메리카가 빠르게 발전하면서 2030년대 초 세계는 극심한 빈곤을 종식하는 데 성공한다(하루 1.90달러 이하의 금액으로 생활하는 사람들의 비율을 2퍼센트 아래로 낮춤). 이 국가들이 경제 성장을 달성한 핵심 기반은 녹색 청정에너지다(7장 참고). 활력을 되찾은 교육 시스템은 케냐 작가인 응구기 와 시옹오Ngũgĩ wa Thiong'o가 언급한 것처럼 지역의 지식과 문화, 경험, 언어를 촉진함으로써 비판

적 사고방식과 복잡계 사고방식을 장려하고 "의식의 탈식민화"를 추구한다.[32]

이제 대부분의 국가에서 부를 공정하게 재분배하는 정책을 채택하여 빠르게 확대하고 있다. 2050년이 되면 모든 지역에서 상위 10퍼센트의 사람이 국민소득의 40퍼센트 이상을 가져가지 못하게 된다. 미국에서 생활하는 칼라의 가족은 시민기금을 통해 매년 약 20,000달러의 보편적 기본 배당금을 받는다. 시민기금은 최상위 부의 소유자들과 부동산에 부과되는, 그리고 자연자원과 소셜 미디어 데이터 같은 사회적 공유지를 사용하는 기업에 부과되는 사용료를 바탕으로 마련된다. 덕분에 칼라의 가족은 건강에 더 유익한 음식을 섭취하고 더 나은 보건의료를 제공받으며 교육, 취미, 여행을 위한 돈을 모을 수 있다.

마침내 국가 내 가처분 소득의 불평등이 전 세계에 걸쳐 줄어든다. 그리고 그 결과 신뢰가 구축된다. 정부는 에너지, 농업, 보건의료, 교육에 대한 장기적인 정책을 구현할 더 강력한 권한을 갖는다. 전 세계적으로 수명이 늘어나지만 출생률이 하락하면서 인구 성장은 극적으로 둔화된다. 인구는 2050년에 정점을 찍는데, 그 수치는 '부족한 노력, 놓친 시기' 시나리오에서 제시하는 것에 비해 훨씬 낮은 수준이다.

전 세계에 걸쳐 사람들은 건강에 더 좋은 식단을 유지한다. 곡물을 먹여 사육한 가축에서 나온 붉은색 육류는 더 적게 섭취하고 과일, 야채, 견과류, 씨앗류를 더 많이 섭취한다. 물류, 스마트 앱, 포장이 개선되면서 전체 식량 공급망에서 식량 손실과 낭비가 줄어든다.

2050년 대부분의 농장은 재생기술이나 지속 가능한 기술을 이용해 식량 생산을 늘린다. 대규모 민관 협력 사업이 추진된 덕분에 지력이 저하되었던 땅에 나무가 다시 자라고 숲이 다시 형성되기 시작하여 전 세계 숲의 쇠퇴를 막는다.

2030년대와 2040년대에 온실가스 배출이 가파르게 줄어들어 2050년대로 접어들면 파리 기후변화협약에 발맞춰 온도 상승이 2℃ 아래에서 안정화될 것으로 보인다. 여러 국가들은 여전히 기후 혼돈, 폭염, 산불, 해수면의 급격한 상승과 씨름해야만 하지만 거버넌스 체계는 이러한 충격에 보다 회복력 있는 방식으로 대응해나간다.

'거대한 도약' 시나리오 : 2050년 이후

인구는 85억 명 정도에서 정점을 찍은 뒤 이번 세기 후반기에 하락하기 시작한다. 2100년이면 2000년 수준과 비슷하게 약 60억 명이 될 것이다. 재생에너지, 재생농업, 건강에 더 좋은 식단과 더불어 인구가 감소하면서 과소비와 물질발자국은 줄어든다. 이는 특히 10퍼센트의 최고 부유층을 중심으로 눈에 띄게 나타난다. 덕분에 자연 자원에 가해지는 압력이 상당히 줄어든다. 2050년대 온실가스 배출은 2020년에 비하여 약 90퍼센트 줄어든 상태에서 지속적으로 낮아진다. 산업 과정에서 대기 중에 배출되는 나머지 모든 온실가스는 포획과 저장을 통해 제거된다. 이번 세기가 진행됨에 따라 배출되는 탄소보다 더 많은 탄소가 포획된다. 덕분에 전 지구의 온도가 산업화 이전 시대보다 약 1.5℃ 높은 수준으로 돌아갈 가능성이 여전히 남아 있다. 지구의 생물다양성이 다시 한 번 번성하리라는 희망이 증가한다.

슈, 사미하, 아요톨라, 칼라는 이제 서른 살이 되었다. 네 명의 여성 모두 대학을 졸업하고 이제 막 직업인으로서 경력을 시작했다. 사는 동안 단 하나의 직업을 가질 것이라고 기대하지 않는다. 대신 다양한 부문에서 여러 가지 직업을 가질 기회가 있을 것이라고 생각한다. 이 여성들은 필요하거나 원할 경우 적극적인 국가의 지원을 받아 재교육을 받을 수 있을 것이다. 그리고 이들은 매월 보편적 기본 배당금을 받는다. 덕분에 경제적 안정을 보장받아 또 다른 위험을 감수할 만한 여유가 생긴다.

정부의 이주 프로그램과 보편적 기본 배당금 덕분에 야요톨라는 부모님과 함께 해수면 상승과 홍수로 위협받는 라고스를 떠날 수 있었다. 삶의 질 지표 전문 회계사로 일하는 아요톨라는 한 명의 자녀를 둘 계획이다. 시애틀에서 생활하는 칼라는 건축가가 되어 공동체 주택으로 사용될 패시브 주택을 설계한다. 칼라의 반려자는 반부패 분석가로 일한다.

식품공학자로 일하는 사미하는 염수saltwater 저항성이 있는 곡식을 개발하여 생산량을 증대하고자 한다. 자유 시간에는 커뮤니티 센터에서 아이들을 가르친다. 슈는 자녀를 가지지 않기로 결정했다. 대신 사회관계망에 할애하는 시간을 늘리고 대규모 공유 전기자동차 함께 타기 사업을 홍보·관리하는 일로 바쁜 나날을 보낸다. 홍수와 폭풍은 일상이 되었다. 그러나 그 영향을 완화할 조치가 취해졌다. 전략적인 위치에 나무를 심어 녹지를 조성한 것이다. 게다가 도시 하수

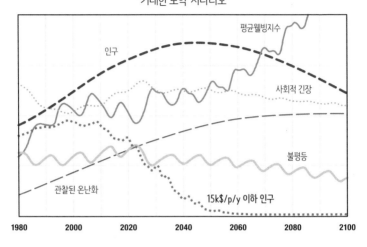

1. 주요 추세
'거대한 도약' 시나리오

평균웰빙지수

인구

사회적 긴장

관찰된 온난화

불평등

15k$/p/y 이하 인구

1980   2000   2020   2040   2060   2080   2100

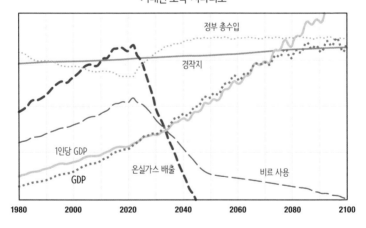

2. 인간 발자국
'거대한 도약' 시나리오

정부 총수입

경작지

1인당 GDP

GDP

온실가스 배출

비료 사용

1980   2000   2020   2040   2060   2080   2100

그림 2.3 '거대한 도약' 시나리오를 수량화하여 1980년부터 2100년까지 이 시나리오에 따른 전 지구적 발전을 4가지 시간 그래프로 시각화하였다. 이 그래프는 1980년 값을 기준으로 하여 곡선들 사이의 역학을 뚜렷이 보여준다. 1980년 44억 명이었던 세계 인구는 2050년대에 85억 명으로 정점에 오른 뒤 서서히 줄어들기 시작하여 2100년에는 약 60억 명으로 감소한다. 2050년 기준 1인당 소득(1인당 GDP(k$/p/y))은 '부족한 노력, 놓친 시기' 시나리오에 비해 13퍼센트 더 높고 2100년 기준으로는 21퍼센트 더 높다.

3. 소비
'거대한 도약' 시나리오

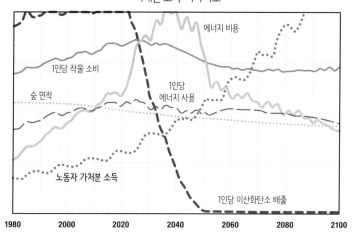

에너지 비용

1인당 작물 소비

숲 면적

1인당
에너지 사용

노동자 가처분 소득

1인당 이산화탄소 배출

1980   2000   2020   2040   2060   2080   2100

4. 웰빙
'거대한 도약' 시나리오

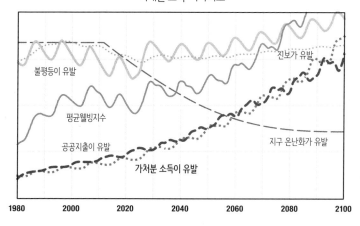

진보가 유발

불평등이 유발

평균웰빙지수

공공지출이 유발

지구 온난화가 유발

가처분 소득이 유발

1980   2000   2020   2040   2060   2080   2100

세 번째 그래프에서는 2050년 1인당 온실가스 순배출이 0을 기록한다는 점을 확인할 수 있다. 네 번째 그래프에서는 '거대한 도약' 시나리오에서의 웰빙을 여러 측면에서 확인할 수 있다. 전 세계 평균 웰빙지수는 2020년대 초반에 전환이 진행되는 동안 하락하다가 전환이 효과를 보이고 장기적인 진보의 전망이 개선되는 이번 세기의 나머지 기간에는 극적으로 개선된다.

출처 : E4A-global-220501. 이 모델과 모든 데이터는 earth4.life에서 내려 받을 수 있다.

인프라를 새롭게 구축한 덕분에 도시는 살기 좋은 곳이 되었다.

네 명의 여성 모두 1900년대에 경험할 수 있었던 안정적인 기후를 경험해보지 못했다. 그러나 극단적인 기상 이변 앞에서도 국가나 도시 전체가 무너지는 일은 없었다. 대신 네 명의 여성은 이들의 미래에 투자하는 정부 덕분에 극단적인 날씨에 아주 잘 대응하고 있다.

2020년대에 정점을 찍은 사회긴장지수는 꾸준히 낮아지고 있다. 사회적 불안이 줄어들었다는 의미이다. 웰빙 수준이 향상되면서 정부에 대한 시민의 신뢰가 회복되었다. 덕분에 정부는 교육과 보편적 보건의료에 대한 지출을 효과적으로 시행할 수 있게 되었다. 이러한 요인은 다시 더 높은 웰빙과 신뢰로 되돌아온다. 선순환이 시작되어 스스로 강화되는 것이다. 건강에 좋은 식단이 일상에서 자리 잡았다. 모든 사람에게 보편적 보건의료가 제공된다. 덕분에 사회는 충격을 받아도 회복할 수 있는 역량을 갖추고 더욱 번영하고 있다.

'거대한 도약' 시나리오는 '부족한 노력, 놓친 시기' 시나리오에 비해서 지속가능 발전목표로 향해 가는 방법을 더 많이 제공한다. 그럼으로써 세계가 지구 한계를 넘어서지 않는 범위 안으로 복귀하도록 이끈다. 하지만 세계는 유토피아와는 거리가 멀다. 여전히 갈등이 불거지고 기후붕괴가 충격을 주고 있다. 지구가 장기적으로 안정적일 수 있는지 여부도 여전히 매우 불확실하다. 그러나 큰 고통과 괴로움은 상당히 줄어들었다. 극심한 빈곤은 거의 종식되었고 고삐 풀린 기후변화로 인한 위험도 줄어들었다.

2100년, 80번째 생일을 맞은 슈, 사미하, 아요톨라, 칼라는 파란만장했던 인생을 되돌아본다. 슈는 중국이 하천오염 문제를 해결한 방법에 대해 회상한다. 중국 창사의 하천에서 강돌고래가 번성한다는 사실이 슈에게는 아직도 놀랍기만 하다. 은퇴한 사미하는 국가 연금 제도와 보편적 기본 배당금으로 생활하면서 방글라데시 여성 권리의 역사에 대한 글을 쓰고 있다. 칼라는 자기가 설계한 패시브 주택에서 생활하고 있고 아요톨라는 큰 규모로 조성된 나이지리아 시민기금 운영을 위한 자문기구에서 활동하고 있다.

우리가 공동 창조한 시나리오는?

지금까지 두 가지 주요 시나리오에 대해 소개했다. 이제 '거대한 도약' 시나리오를 달성하는 데 필요한 5가지 특별한 전환에 대해 살펴볼 것이다. 사람들과 정치인들이 이 전환을 실현하기 위해 노력해야 하는 이유와 그것을 실현할 수 있는 방법은 무엇일까? 이제 이 전환들에 대해 빈곤, 불평등, 여성에 대한 권한 부여, 식량, 에너지 순으로 소개할 것이다. 이 순서에는 빈곤을 해결하면 불평등 문제 해결을 위한 움직임의 속도를 높일 수 있고 빈곤과 불평등 해결에서 진전이 있으면 여성에 대한 권한 부여, 식량, 에너지의 전환도 촉진된다는 의미가 담겨 있다.

빈곤을 가장 먼저 다루는 이유는 전 지구적 빈곤이 오늘날 인류가 직면한 매우 심각한 문제 가운데 하나로 남아 있기 때문이다. 빈곤은 '거의 대부분의 세계'에서 매우 중요한 문제 가운데 하나이다. 이 세계에서는 수십억 명의 사람들이 품위를 유지할 수 있는 생계 소득보다 낮은 금액으로 생활하고 있기 때문이다. 세계에서 가장 가난한 사람들은 영양실조는 물론이고 매우 심각한 건강 문제에 시달린다. 교육을 받기가 쉽지 않을 뿐더러 야간에 조명을 사용하기가 어려워 좋은 교육을 받는 데 큰 장벽이 되는 경우가 많다. 이들은 공론의 장에서 자신의 목소리를 내기도 어렵다. 이렇게 커다란 문제를 지난 수십 년 동안 이루어진 속도보다 훨씬 더 빠른 속도로 해결해갈 수 있을까? 그리하여 '거의 대부분의 세계'에서 고통 받는 사람들의 삶의 질을 끌어올릴 수 있을까? 이것은 정확히 어떤 방법으로 실현할 수 있을까?

어스4올 모델은 얼마나 유용한가?

1972년에 출판된 《성장의 한계》에서 제시한 12가지 시나리오 가운데 몇 가지를 되짚어 보면, 지난 50년 동안 중요한 항목에서 전 지구적으로 나타난 실제 궤적에 몇 가지 시나리오들이 부합했다는 사실을 알 수 있다. 그 정확도는 감탄스러울 정도다. 분명 우리는 어스4올 모델이 그와 동일한 정도의 성공을 거둘 수 있으리라는 기대를 품고 있다. 50년 넘는 세월 동안 축적된 데이터와 이해도 측면에서 큰 진전이 있었기 때문이다. 그러나 주의해야 할 부분이 여전히 많은 것도 사실이다.

다른 모든 시뮬레이션과 마찬가지로 어스4올 모델은 미래를 예측할 수 없다. 이 모델은 그것이 구축한 가정에 따라 도출된 결과들을 말해줄 수 있을 뿐이다. 따라서 우리는 우리가 가장 중요한 가정을 올바른 방식으로 이 모델에 포함시켰기를 바란다. 하지만 그렇더라도 이 모델은 여전히 실제 세계를 극도로 단순화한 것에 지나지 않는다.

따라서 우리는 이 모델이 출산, 경제성장, 인구, 웰빙, 기후변화 같이 시스템에 중요한 변수가 되는 것들의 추세를 탐구할 역량을 갖추고 있다고 생각하면서도 다른 한편으로 미래에 특정 사건이 벌어질 시기를 예측할 수 없을 뿐 아니라 정확도와는 상관없이 어떠한 절대 값도 예측할 수 없다는 점을 강조한다. 이 모델은 예컨대 공공 서비스와 경제 개발에 대한 투자가 인구와 기후에 미치는 영향에 대해 일관성 있게 사고할 수 있도록 돕는 데 가장 유용하다. 또한 이 모델을 사용하면 정책의 상대적 효과를 파악할 수 있다. 예를 들어 하나의 시나리오를 다른 시나리오와 비교하여 빈곤이 얼마나 빨리 종식되는지('거대한 도약' 시나리오에서는 '부족한 노력, 놓친 시기' 시나리오에 비해 빈곤이 한 세대 일찍 종식된다) 또는 각 시나리오에서 불평등과 사회적 긴장이 각각 어떻게 전개되는지 확인할 수 있다. '거대한 도약' 시나리오에서는 불평등과 사회적 긴장이 낮아지고 '부족한 노력, 놓친 시기' 시나리오에서는 불평등과 사회적 긴장이 높아진다.

어스4올 모델의 결론을 해석하는 데 있어 주의를 기울여야 하는 또 다른 이유는 다음과 같다. 세계의 안정성이 점점 더 떨어지고 있다. 이에 따라 미래에 대한 예측도 점점 더 어려워지고 있다. 지정학적 긴장 또한 높아지고 있다. 국가들은 세계화의 이점에 의문을 품고 있다. 우리는 한때 강력했던 민주주의 체제가 부패하기 시작하는 모습을 보고 있다. 기후의 경우 완전한 미지의 영역으로 진입했다. 우리는 이미 하나의 한계선을 넘은 바 있다. 바로 산업화 이전 시대보다 온도가 1℃ 이상 높아진 것이다. 인간의 문명이 시작된 이래 지난 1만 년 동안 지구는 단 한 번도 이토록 뜨거웠던 적이 없었다. 어쩌면 이번 세기 안에 몇 가지 한계선을 더 넘을 수 있을 것으로 예상된다. 그리고 그렇게 될 것인지 아닌지 여부는 다가오는 10년 동안 우리가 내리는 결정에 달려 있다.

식량과 에너지 생산은 지금까지 지구상에서 전례가 없던 수준으로 팽창할 것이다. 그리고 지구의 생물권에 막대한 영향을 미칠 것이고 틀림없이 깜짝 놀랄 만한 많은 일들이 벌어질 것이다.

사회는 과밀한 인구, 대규모 가뭄과 대홍수에 어떻게 적응할 것인가? 사람들은 엄청난 에너지 비용과 여러 곡창지대의 식량 생산 실패에 어떻게 대처할 것인가?

이 책에서 우리가 제시하는 시나리오들은 세계의 많은 지역에서 매우 치명적인 변고들이 나타날 것임을 시사한다. 심지어 우리가 제시하는 시나리오들이 불확실한 미래를 지나치게 낙관적으로 평가하고 있을 가능성도 배제할 수 없는 형편이다. 만약 필요한 경우 마음만 먹는다면 시뮬레이션 모델을 통해 더 암울하고 비관적인 시나리오를 얼마든지 쉽게 생성할 수 있었지만 어스4올 연구팀은 그렇게 하지 않았다. 우리는 '거대한 도약' 시나리오에 집중하기로 선택했다. '거대한 도약' 시나리오가 더 큰 사회적 응집력을 통해 충격에서 회복할 수 있는 역량을 구축하고 붕괴보다는 웰빙의 증진으로 향해 갈 수 있는 실현 가능한 방법을 설명하는 시나리오이기 때문이다.

· 3장 ·

빈곤과의 결별

다음 장면을 머릿속에 그려보자. 인도의 어느 여성이 자포자기의 심정으로 바싹 마른 논을 바라본다. 또다시 찾아온 가뭄의 맹공격에 다시 한 번 휘청거리는 여성 농민이다. 이번 가뭄은 앞서 찾아왔던 가뭄보다 더 심하다. 그 탓에 이 여성 농민의 소득은 크게 줄어들었다. 가뭄을 견뎌낸 벼를 수확했지만 아주 헐값에 팔 수밖에 없었다. 다국적 농업기업이 낮은 가격으로 쌀을 사가기 때문이다. 지금 이 여성 농민은 가뭄에 잘 견디는 신품종 벼 종자를 구매할 여력이 없다. 긴축정책 때문에 주 정부와 연방 정부의 도움을 기대하기도 어렵다. 그나마 남아있던 주 정부 자금마저 모두 지난 번 경제위기가 닥쳤을 때 발생한 부채를 상환하는 데 사용될 것이기 때문이다. 기후변화, 빈곤, 제도의 실패가 어우러지면서 이 여성 농민과 이웃들은 절망에 빠져들었다. 종자도 없는데 이제 어찌한단 말인가?

모든 저소득 국가들은 지속 가능한 방식으로 발전하여 번영을 누리기를 원한다. 그러나 이 국가들이 유럽, 미국, 일본, 중국, 한국은 피하지 못했던 구조적 문제를 헤쳐 나가며 더 공정하고 생태 친화적인 방식으로 발전할 수 있을까?

역사적 사례를 바탕으로 우리가 미래를 전망하며 분석한 바에 따르면, 그런 일은 가능하다. 즉, 공정하면서 생태 친화적인 방식으로 경제를 빠르게 성장시킬 수 있다. 그런데 그렇게 하려면 새로운 경제 모델이 필요하다. 현재의 국제 구조에서는 저소득 국가들이 활용할 수 있는 정책 선택지가 극도로 제한되기 때문에 그 선택지를 확장해야만 한다. 그러기 위해서는 현재의 전 지구적 금융 시스템, 무역협정, 기술 공유 체계를 전환해야 한다. 저소득 국가와 중간소득 국가가 기후변화와 빈곤이라는 두 가지 과제를 해결할 수 있도록 그들에게 부과된 제약을 시급하게 제거해야 한다. 신속히 행동하지 않는다면 그 국가들의 경제적인 번영이 지극히 어려워질 뿐 아니라 탄소 배출을 줄이거나 녹색기술을 도입하기도 어려워질 것이다.현재의 대기 중에 지나치게 축적된 탄소의 양은 지난 150년 넘게 고소득 국가들이 급속하게 산업화하는 과정에서 발생시킨 부산물이다. 그러나 그 결과에 대해서는 저소득 국가 또는 '거의 대부분의 세계'가 감당해야 하는 실정이다. 게다가 여기에 해당하는 국가들은 자원과 기술이 매우 부족할 뿐 아니라 지리적 위치로도 기후 비상사태에 훨씬 더 많이 노출되어 있다.

한편 우리는 세계에서 가장 부유한 10억 명이 전 지구적으로 소

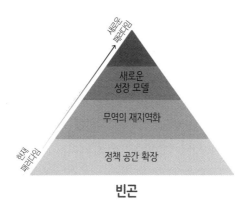

그림 3.1 빈곤의 전환. 큰 폭으로 확장된 정책 공간은 빈곤의 전환을 이룰 수 있는 기초를 형성한다. 정책 공간의 확장은 전 지구적 금융, 무역, 기술 공유 부문에서의 대규모 변화와 더불어 새로운 경제 모델로 이어진다. 새로운 경제 모델은 저소득 국가가 환경적이면서 공정한 방식으로 성장하도록 지원하여 빈곤을 빠르게 줄이고 나머지 4가지 전환을 달성하는 데 기여할 것이다.

비되는 전체 자원의 72퍼센트를 소비한다는 사실도 알고 있다. 이에 비해 (대부분이 '거의 대부분의 세계'에 거주하는) 가장 가난한 12억 명은 고작 1퍼센트만을 소비하고 있다. 이렇듯 세계에서 가장 부유한 집단들은 대부분의 자연자원을 소비하면서도 그 결과로부터는 가장 적게 영향을 받고 있다. 매우 불공정한 상황인 것이다.[33] 따라서 도덕적인 관점에서든 역사적인 관점에서든 고소득 국가는 저소득 국가의 경제에 할 수 있는 모든 지원을 아낌없이 제공해야 마땅하다. 바로 이러한 관점을 기후정의의 핵심 신조로 삼아야 할 것이다. 새로운 연구에 따르면, 수억 명의 사람들을 (하루 1.90달러 미만의 금액으로 생활하는) '극심한 빈곤'에서 벗어나게 하는 일 때문에 발생하는 전 지구적 온실가스 배출량 증가는 1퍼센트에도 못 미칠 것으로 보인다.[34]

이 정도의 경미한 증가는 다른 곳에서의 온실가스 배출 감소 노력을 통해 충분히 상쇄할 수 있다.

기후변화로 인한 빈곤은 저소득 국가에서만 발생하지 않는다. 한 연구에 따르면, 미국의 가난한 소수자들이 거주하는 지역사회는 허리케인 카트리나 같은 극단적인 기상 이변으로 더욱 심각한 피해를 입었다.[35] 이러한 국가 안의 불평등에 대해서는 다음 장에서 집중적으로 다루기로 하고 이 장에서는 국가들 사이의 불평등에 대해 살펴보자. 즉, 매우 가난한 국가들이 직면한 도전과 실행 가능한 해결책에 관한 것이다.

현재의 문제

극심한 빈곤은 지난 50년 동안 극적으로 줄어들었다. 그러나 여전히 세계 인구의 거의 절반이 하루 4달러 미만의 금액(연간 1인당 GDP로 환산하면 약 1,500달러)으로 생존하면서 빈곤에 시달리고 있다. 코로나-19 감염병이 대유행하기 전에 추산한 결과에 따르면, 지속가능 발전목표 1번(극심한 빈곤 종식) 같은 전 지구적 목표를 달성하려면 저소득 국가는 매년 평균 6퍼센트 성장해야 하고 최하위 40개 국가의 소비(또는 소득) 성장은 평균보다 2퍼센트 더 빨라야 하는 것으로 나타났다. 그러나 코로나-19 감염병이 대유행한 뒤 추산한 결과 빈곤 상황은 오히려 6년 내지 7년 전으로 후퇴한 것으로 나타났다. 따라서 코로나-19 감염병 대유행을 감안하여 새롭게 추산한 결과로는 '현상 유지' 경로를 따라갈 경우, 2030년에도 극심한 빈곤 속에서 생활하는 사람이 6억 명에 달할 것으로 보인다.[36] 게다가 현재의 경제 시스템은 저소득 국가와 중간소득 국가가 빈곤을 해결할 것인지 아니면 기후변화 문제를 해결할 것인지를 두고 선택해야만 하는 상황으로 내몰고 있다.

쟁점 1 : 쪼그라든 정책 공간

빈곤과 지구 온난화에 대처하기 위한 행동에 나서려는 정부의 정책 공간은 전 지구적 경제 시스템으로 인해 심각하게 제한받고 있다. 부채를 상환해야 한다는 무거운 부담 탓에 금융은 자유롭게 흐르지 못하고 있는 실정이다. 부유한 국가들은 IMF나 세계은행 같은 국제 기구를 통해 저소득 국가의 금융을 강력하게 통제하면서 상당한 이자를 뜯어간다. 그 때문에 저소득 국가는 자국에 투자할 자금 부족에 시달린다. (인적 자본과 자연자본을 모두 감안할 때) 외국인 투자자는 투자한 것에 비해 더 많은 자본을 뜯어가곤 한다. 결국 애초에 빈곤을 줄이기 위해 수립된 정책은 실패하거나 빈곤을 더 악화시키는 결과를 초래하고 만다.

저소득 국가는 핵심 개발 계획이나 인프라(예 : 전력망, 상수도 시설, 도로, 철도, 병원)에 투자할 자금(과 저축)이 부족하다. 만일 이러한 투자가 이루어진다면 건강한 성장 모델의 원동력이 될 수 있을 것이다. 개발을 위한 리더십 연구소Institute of Leadership for Development의 설립자 겸 최고경영자인 마스 로Masse Lô는 "모두를 위한 지구 심층 연구" 논문에서 인프라 부족, 특히 전력 부족 때문에 아프리카 국가들은 매년 3퍼

센트에서 4퍼센트만큼 성장하지 못하고 있다고 밝혔다.[37]

많은 저소득 국가가 외국인 투자를 핵심 해결책으로 인식한다. 그러나 현재의 전 지구적 시스템은 저소득 국가에 필요한 자금이나 (현금) 유동성을 분배하는 일을 정부가 아니라 시장에 맡길 것을 장려한다. 게다가 상처에 소금을 뿌리듯 이러한 자금은 외국 통화로 제공된다. 결과적으로 분배하기에도 모자란 금융자원을 계속 불어나는 산더미 같은 부채를 상환하는 데 사용하게 되는 것이다. 여기에는 다른 국가나 다국적 기업에게 제공받은 금융도 포함된다.

국제 경제기구들은 이런 상황을 적극 장려한다. 국제 경제기구들은 각국 경제를 자본의 흐름에 완전히 개방하도록 정부들을 부추기는 것이다. 매우 빠르게 움직이는 국제 자본이 이윤을 낼 수 있을 것으로 보이는 국가나 부문에 머물 수는 있다. 그러나 이런 자금이 빈곤 경감이나 에너지 효율 개선 역량 구축에 투자되리라는 보장은 없다. 보통 이러한 유동성은 경제의 금융부문으로 흘러들어가 주식과 파생상품에 투자되기 마련이다. 자금을 신속하게 빼낼 수 있기 때문이다.

많은 국가가 해외 자본을 투자받지만 이런 자본은 국내 경제개발, 성장 또는 복지에 거의 도움이 되지 않는다. 설사 도움이 되더라도 미미한 수준에 그친다.[38] 나아가 해외 자본으로 인해 국내 투자가 (밀려나거나) 이탈하는 일이 비일비재하게 일어나거나 온실가스 배출과 오염이 증가하는 일도 심심치 않게 일어난다.[39] 고삐 풀린 금융은 근본적으로 이윤을 빠르게 가져갈 수 있는 방법만을 추구한다. 이런 해외 자본이 국가의 발전이나 청정에너지 역량 구축 같은 장기적인 목적을 달성하기 위한 계획에 투자될 가능성은 거의 없는 것이다. 따라서 국내 경제정책을 통해 이러한 장기적인 목적을 달성하도록 지원하는 것이 필요하며 이를 위해 전략적으로 심사숙고하여 조정된 투자가 이루어지도록 해야 한다.

일부 저소득 국가의 경우 이용 가능한 자원의 대부분을 부채 상환과 이자 지급에 사용하면서, 전 지구적 구조로 인해 가뜩이나 좁은 운신의 폭이 더욱 줄어들었다. 세계은행에 따르면 2020년 저소득 국가와 중간소득 국가의 부채는 87조 달러에 달했다. 그 중에서 저소득 국가가 감당해야 하는 부채는 12퍼센트 치솟아 8,600억 달러를 기록했다. 이 부채의 대부분은 코로나-19 감염병 대유행 대처에 관련되어 발생한 것이었다.[40]

경제학자 리처드 울프^{Richard Wolff}에 따르면, 가장 가난한 국가들 가운데 4분의 3이 기후위기에 지출한 것보다 많은 금액을 (주로 부유한 국가에 지고 있는) 부채 상환을 위해 쓰고 있다. 따라서 코로나-19 감염병이 대유행하던 시기에도 보건의료에 대한 지출은 오히려 축소되었다. 많은 저소득 국가에서는 부채 부담이 치솟으면서 경제성장이 멈췄다. 어떤 국가들은 다자간 기구가 제시하는 전통적인 권고사항을 준수하려고 애쓰면서도 채무 부담을 매우 낮은 수준으로 유지할 수 있을지 모른다. 그러나 그러려면 복지제도에 대한 지출이나 자본 집약적인 대규모 녹색투자에 대한 지출을 제한하지 않으면 안 된다.

쟁점 2 : 파괴적인 무역 구조

전 지구적 무역의 확장은 재화와 서비스가 생산, 운송, 소비되는 다양한 단계에서 배출되는 이산화탄소의 양에 대한 관심으로 자연스럽게 이어졌다. 현재의 자유무역 모델을 지지하는 사람들은[41] 현재의 전 지구적 무역 구조가 적절한 상황과 만난다면 빈곤을 종식하고 기후변화를 완화하려는 목표와 양립할 수 있다고 주장한다. 즉, 환경 친화적인 방식으로 생산하는 국가에게 유리한 방향으로 무역을 유도하는 것만으로도 오염을 유발하는 국가들에게 기술적 해결책을 도입할 동기가 될 것이라는 주장이다.

그러나 그렇게 되려면 그처럼 행동할 수 없도록 가로막는 구조적 장애물이 있음을 고소득 국가들이 인정해야 한다. 사실, 현재의 전 지구적 무역 구조는 빈곤과 기후변화 문제를 해결하는 방향으로 나아가지 못하도록 방해하는 장애물이 되고 있기 때문이다.

고소득 국가들은 저소득 국가들에게 생산을 외주한다. 그럼으로써 고소득 국가는 비용을 절감하고 저소득 국가는 자국에 존재하는 많은 노동자들에게 더 많은 일자리와 임금을 제공한다.[42] 그런데 심한 오염을 유발하는 산업이 외주를 통해 저소득 국가로 이동함으로써 기후변화를 유발하는 탄소 배출도 저소득 국가에서 함께 증가한다. 그리고 '모두를 위한 지구' 전환경제위원회 위원인 자야티 고시Jayati Ghosh와 연구팀이 지적한 것처럼[43], 탄소 배출을 측정하여 책임을 부과할 때 활용되는 현재의 표준적인 방법은 국가의 경계 내에서 생산을 통해 이루어지는 배출을 토대로 삼는다. 따라서 소비를 위해 이루어지는 탄소 배출에는 아무런 책임이 부과되지 않는다.

그 결과 고소득 국가는 국경을 넘나드는 무역을 이용하여 자국의 탄소 배출을 생산을 담당하는 국가로 효과적으로 '전가export'할 수 있었던 반면, 생산을 담당하는 국가는 전 지구적 경쟁이 격화되는 가운데 이런 방식으로 전가된 탄소 배출에 대한 책임을 지게 되었다. 게다가 생산을 담당하는 국가들이 탄소 배출을 줄이려는 노력(예:국가 규제, 보호주의 조치 또는 재활용 폐기물 수입에 대한 통제 도입)을 기울이면 자유무역 원칙을 위반한다는 부당한 비판에 직면하게 된다. 그리고 이 문제는 법정 다툼으로 이어지기 일쑤다.

소비 기반 탄소 배출과 생산 기반 탄소 배출을 구분하지 않는 문제는 고소득 국가가 책임을 회피할 수 있는 발판이 될 뿐 아니라 저소득 국가가 관세 부담을 지게 될 가능성을 높인다. 게다가 저소득 국가에는 탄소 배출을 측정하고 통제할 지식이나 기술, 금융자원조차 제공되지 않기에 상황은 더욱 악화된다. 예를 들어, 탄소국경세carbon border taxes의 목적은 탄소를 많이 배출하는 국가에서 생산하는 재화를 수입할 때 세금을 부과함으로써 배출을 통제하는 것이다. 그러니 이 경우에도 역시 고소득 국가의 물질적 재화 수요를 충족시켜주는 저소득 국가의 생산자가 아니라 고소득 국가의 소비자에게 금전적 혜택이 돌아간다.

쟁점 3 : 기술 접근을 가로막는 장애물

첨단 신소재에서 재생에너지에 이르는 신기술은 지구 온난화 해결에 핵심적인 역할을 한다. 사실상 모든 기후대응 모델은 기존의 기술과 미래의 기술이 온실가스 배출을 줄이고 환경 악화를 막는 데 어느 정도 역할을 해줄 것이라고 기대한다. 그러나 안타깝게도 이런 녹색기술의 대부분은 접근이 쉽지 않다. 그런데 그 이유는 기술적 구현의 어려움이 아니라 기술 이전 체계가 그 기술을 저소득 국가에서 사용할 수 있도록 허용하지 않는다는 데 있다. 사실 저소득 국가에게는 환경 친화적인 국가로 변모하거나 빈민에게 백신을 제공하거나 비용을 절감하기 위해 이런 기술이 절실히 필요하다. 하지만 지나치게 제한이 많은 지식재산권 법률부터 너무도 비싸 확보가 어려운 경화 hard currencies*에 이르는 요인들 때문에 그런 기술에 접근할 수 없는 형편이다. 그 기술이 절실하게 필요하지만 이미 금융정책을 펼칠 여지가 거의 없는 저소득 국가들을 상대로 부유한 국가들은 그 기술을 사용하려면 불리한 조항을 받아들이든지 아니면 기술의 사용을 포기하라고 강요하면서 저소득 국가들을 쥐어짠다.

빈곤의 방향 전환 : 과제 해결

따라서 첫 번째 전환의 목표는 30억 명에서 40억 명의 사람들을 빈곤에서 벗어나게 만드는 것이다(그림 3.2 참고). 성장의 양과 질 모두에 초점을 맞추는 데 실패한 경제 시스템을 개선하여 새롭게 나아간다면 2050년이 되기 전에 저소득 국가가 매년 1인당 최소 15,000달러(또는 1인당 하루 약 40달러)의 소득을 올리게 될 것으로 보인다. 이 정도 소득 수준에 도달하면 저소득 국가는 사회와 관련된 지속가능 발전목표(모든 시민에게 식량, 보건의료, 교육, 깨끗한 물 제공 등)의 대부분을

---

* 미국 달러나 스위스 프랑처럼 언제든지 금이나 다른 화폐로 바꿀 수 있는 화폐-옮긴이

달성할 수 있다. 빈곤의 전환은 저소득 경제의 미래를 보장하기 위해 설계되었다. 즉, 빈곤의 전환을 통해 저소득 경제는 웰빙에 초점을 맞춘 경제를 구축해나갈 수 있을 것이다. 한편 서로 맞물려 있는 식량 전환과 에너지 전환은 지구 한계를 벗어나지 않으면서 빈곤의 전환을 실현할 수 있도록 설계되었다.

저소득 국가들이 점점 더 부유해짐에 따라(그림 3.3, 가로축 참고) 처음에는 낮은 수치에 머물렀던 연 성장률(세로축)이 상승한다. 그리고 약 6퍼센트에서 8퍼센트에 이르러 정점을 찍은 뒤 장기간에 걸쳐 하락한다. 저소득 국가들이 정점의 왼쪽에서 정점의 오른쪽으로 이동하면 빈곤의 전환은 달성된다. 빈곤의 전환 속도를 높이려면 저소득

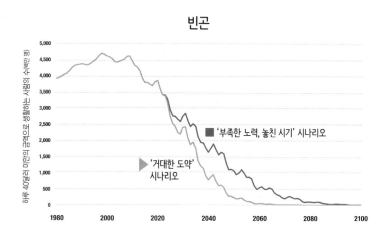

그림 3.2 빈곤의 종식. 그래프의 선은 하루 40달러 미만의 소득(연 15,000달러)으로 생계를 이어가는 사람의 수(단위: 백만 명)를 보여준다. '거대한 도약' 시나리오에서는 2050년을 넘어서고 얼마 지나지 않아 그 수가 0이 되는 반면 '부족한 노력, 놓친 시기' 시나리오에서는 한 세대 이후, 즉 이번 세기 말이 되어서야 그 수가 0이 된다.

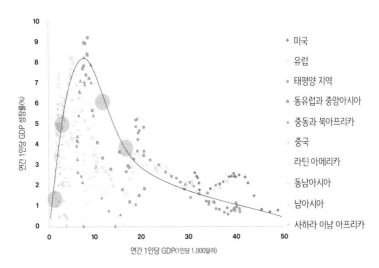

자료 출처 : 펜월드테이블스*10(Penn World Tables 10), 유엔 인구국(UNPD)
* 시간 경과에 따른 국가별 소득, 산출, 투입, 생산성 등의 상대적 수준에 관한 정보를 담고 있는 데이터베이스–옮긴이

그림 3.3 전 세계 주요 지역의 경제발전은 비슷한 추세를 따른다. 처음에는 성장률이 약 6퍼센트에서 8퍼센트로 치솟았다가 약 1퍼센트에서 3퍼센트로 떨어진다. 각 점은 1980년부터 2020년 사이 각 지역의 10년 평균 성장률을 보여준다. 큰 원은 '성장 추세선'을 따라갈 경우 2050년 남아시아 지역이 빈곤에서 벗어나 중간소득 수준으로 전환될 수 있다는 사실을 보여준다. 측정기준은 항수 (constant)인 구매력 평가지수(달러, 매년 1인당 2017 구매력 평가) 기준 1인당 소득이다.

국가는 행동에 필요한 정책 공간을 확보해야만 한다. 아울러 정당하고 실행 가능한 조건에 따라 필요한 금융과 기술에 대한 접근이 이루어져야 한다.

해법 1 : 정책 공간 확장과 부채 처리

생산 인프라 구축은 선행 투자에 크게 의존한다. 개별 국가의 정부가 적극적으로 나서지 않는다면 이러한 자원을 동원하기란 지극히 어려울 것으로 보인다. (정부가 지출할 대상과 방법을 결정하는) 재정정책은 필요한 투자를 이끌어내는 데 효과적인 도구가 될 수 있다. 이러한 투자를 동원하기 위해서는 공공투자의 증가, 규제와 인센티브의 변화가 동시에 이루어져야 한다. 그럼으로써 민간투자도 이 목표에 발맞출 수 있기 때문이다. 공공투자 조달을 지원하는 또 다른 수단도 존재한다. 가능한 선택지로는 부자와 대기업에 대한 증세, 적자재정 운영, 중앙은행과 개발은행의 창조적인 활용 등을 꼽을 수 있다.

이러한 방법은 원칙적으로 저소득 국가가 정책 공간의 확장을 위해 사용할 수 있는 방법이다. 그러나 사실상 저소득 국가는 이 방법을 활용하기 어렵다. 더 거대한 국제 금융 구조가 그것을 원하지 않기 때문이다. 이런 상황을 반전시키기 위한 첫 번째 단계는 저소득 국가의 부채를 탕감하는 일일 것이다. 부채를 탕감 받은 저소득 국가는 기후변화에 맞서 보호 조치를 시행하고 경제를 전환하는 일에 더 많은 자금을 사용할 수 있을 것이다. 전 지구적 차원에서 법인세 증세가 이루어지면 세금을 토대로 한 정책 선택지가 제한되어 있는 더 작은 국가들이 받는 압박을 덜 수 있을 것이다.

이러한 과제가 전 지구적 차원에서 해결되어야 한다는 점을 감안할 때, 가능한 조치로는 전 지구적 그린뉴딜Global Green New Deal에 대한 협력을 꼽을 수 있다. 이러한 협력을 통해 전 지구적 생산 시스템이 더 녹색을 띠는 경로로 이행하도록 장려할 수 있을 뿐 아니라 세계적으로 고임금 일자리를 수백만 개 창출할 수 있을 것이다. 그럼으로써 빈곤이라는 불행의 원인을 크게 제거할 수 있을 것이다.

마지막으로 고소득 국가는 초국적 기업이 저소득 국가에서 회색산업brown industries(심한 오염 유발 부문 또는 탄소집약적 부문)에 투자하는 일을 규제하거나 제한할 수 있다. 아울러 이러한 투자를 녹색산업(탄소집약도가 낮은 부문이나 지속 가능한 경제로의 거대한 전환 과정을 지원하는 부문)으로 전환하도록 유도할 수 있다. 대규모 기업 집단이 오염산업에 투자하려고 애쓰는 상황에서 저소득 국가가 자국 경제를 성장시키기 위해 달리 선택할 수 있는 방법은 거의 없다. 따라서 고소득 국가 정부는 반드시 자국 기업을 규제하는 데 더 큰 책임을 져야만 한다.

해법 2: 금융 구조 전환

부채는 가파른 산비탈에 깊게 쌓인 눈과 같다. 아주 작은 움직임만으로도 산사태를 일으킬 수 있기 때문이다. 저소득 국가는 준비금(국제 경제에 대한 자금 유동성)을 해외 자본에 의존하기 때문에 자본 유출로 더 큰 피해를 입는다. 돈이 빠른 속도로 빠져 나가면 저소득 경제는 중요한 수입품에 대한 대금을 지불할 수 없게 된다. 부채 수준이 높은 국가의 경우 자본 유출로 준비금이 줄어들 뿐 아니라 해당 국가의 통화 가치가 약화되면서 상환해야 할 부채와 이자 금액이 높아진다. 그러면 부채 때문에 증폭된 유동성 부족으로 저소득 국가의 경제는 제대로 기능할 수 없게 된다. 결국 저소득 국가의 정부는 적극적인 투자를 창출할 수 없을 뿐 아니라 기후변화 대응과 빈곤 해결을 위해 지출할 능력마저 축소된다.

코로나-19 감염병이 대유행한 기간에 미국 같은 국가는 정부 대출과 '양적 완화'를 통해 휘청거리는 자국 경제에 수조 달러의 현금을 투입하는 믿을 수 없는 특권을 누렸다. 그렇다면 다른 국가들도 유사한 해결책을 채택할 수 있는 걸까? 이론상으로는 자국 통화를 보유한 국가는 그렇게 할 수 있다. 그러나 현실적으로는 실행하기 어렵다. 1969년 이후 IMF는 특별인출권^{SDRs}을 통해 각국의 통화를 빌려줄 수 있는 권한을 가지게 되었다. 특별인출권은 (통화처럼 기능하는) 국제 준비 자산으로, 특정 국가와 그 국가의 통화 체계에 대한 신뢰를 유지하는 안전장치로 기능한다. 문제는 특별인출권이 저소득 국가보다 부유한 국가에 훨씬 더 큰 이익을 제공한다는 것이다.

2021년 코로나-19 감염병 대유행으로 인한 충격에 대응하기 위해 IMF 회원국에게 6,500억 달러의 특별인출권이 할당되었다. 불행하게도 IMF의 특별인출권 할당 체계는 대체로 GDP를 바탕으로 삼고 있다. 따라서 특별인출권 가운데 4,000억 달러는 특별인출권이 필요할 것 같지 않은 부유한 국가에 할당되었다. 이처럼 특별인출권의 할당 체계에 결함이 있긴 하지만 국제 수지 문제로 어려움을 겪고 있던 몇몇 저소득 국가에게는 특별인출권이 도움이 되었다. 특히 특별인출권은 국가의 부채 부담을 증가시키지 않을 뿐 아니라 조건 없이 제공된다. 그렇기에 특별인출권을 더욱 효과적으로 사용할 여지는 충분히 있다. 예를 들어 저소득 국가가 사용할 수 있는 특별인출권의 규모를 늘리고 더 자주 할당할 수 있는 방안을 마련할 수 있다. 또한 특별인출권을 기후 금융 신탁^{climate finance trusts}을 조성하는 기초로 사용하고, 지역개발은행에 제공하여 기후 관련 투자를 위해 사용하도록 유도할 수 있을 것이다.[44] 중기적인 관점에서 볼 때 외국 통화로 표시된 부채와 거래 체계 전체를 완전히 바꿀 필요가 있다. 그러면 '거의 대부분의 세계'에 속한 국가들이 낮은 비용으로 자국 통화를 차입할 수 있을 것이다. 그리하여 오늘날 고소득 국가만이 누리고 있는 이례적인 특권을 모든 국가가 똑같이 나눠 갖게 될 것이다.

또 하나의 유력한 해결책으로는 새로운 다자간 기구의 설립을 꼽을 수 있다. 바로 국제통화기금^{ICF*}을 설립하여 양방향 통화시장을 구축하는 것이다. 현재 민간시장이 존재하지 않는 경우에 특히 더 장기간 지속되는 양방향 통화시장을 구축할 수 있을 것으로 보인다. 특별인출권을 보완하는 역할을 수행하는 ICF는 투자자, 채무자, 기부자, 기업, 외국환 송금자를 찾아내고 그들의 거래 상대자 역할을 수행함으로써 또 다른 국가의 통화로 투자가 이루어지는 경우 발행하는 통화 노출 위험을 상쇄하여 금융시장의 작동 방식을 개선할 수 있을 것이다. ICF는 우선채권자로서 다자를 기반으로 작동하므로 무역에 필요한 담보를 줄일 수 있을 것이다. 덕분에 지역 시장 발전을 지원하는 상품을 더 많이 제공하고 유동성을 늘리며 통화 위험을 하나의 자산군$^{asset\ class}$으로 제시하여 민간 투자자를 끌어들일 수 있을 것이다.

해법 3 : 세계 무역 전환

전 세계 무역을 이끌고 있는 시스템을 개혁하려면 몇 가지 중요한

---

* 전체 영문명은 International Currency Fund로서 우리말로 옮기면 기존 기구인 IMF(International Monetary Fund)의 옮김말과 같아진다-옮긴이

단계를 거쳐야 한다. 그럼으로써 저소득 경제에 불리하게 작용하는 장벽을 제거할 수 있을 것이다.

가장 절실하게 필요한 것은 무역협정에서 이산화탄소 배출의 비중량을 계산하는 방식을 재고하는 것이다. 여기서 가장 중요한 것은 이산화탄소 배출량 계산과 그에 따른 정책적 통제에서 재화 및 서비스의 생산과 소비를 구분할 필요가 있다는 점이다. 그럼으로써 국가의 경계 안에서 이루어지는 총 배출량뿐만 아니라 배출의 책임 소재를 분명히 밝힐 수 있게 될 것이다. 즉, 그 책임이 소비에 있는지 아니면 생산에 있는지를 판단하여 그에 걸맞은 과세와 규제를 공정하게 적용할 수 있을 것이다. 그럼으로써 역사적으로 기후변화에 아주 작은 역할만을 한 국가들은 다른 국가들이 누려온 것과 동일하게 성장의 결실을 추구하는 과정에서 불공평한 제재를 받지 않아도 될 것이다. 마찬가지로 자신들이 배출하는 이산화탄소를 단순히 외주로 떠넘기려는 국가들은 더 이상 그럴 수 없게 될 것이다. 아울러 필요한 경우에는 물질발자국도 제한해야 할 것이다.

이와 유사한 맥락에서 수입 규제와 더불어 '유치산업Infant industry 모델' 개념(국가 내에서 새롭게 발전하는 산업을 전 지구적 경쟁에서 보호한다는 개념)을 되살릴 필요가 있다. 유치산업 모델은 한국 경제와 중국 경제가 중간소득의 덫에서 탈출할 수 있도록 지원한 바 있다. 국제적으로 활동하는 더 거대하고 잘 구축된 기업과 너무 일찍 경쟁하지 않도록 녹색산업을 보호할 필요성을 인식함으로써, 각국은 장기적인 관점에서 볼 때 지속 가능한 자국 내 녹색투자를 활성화할 가능성을 높일 수 있을 것이다.

마지막으로 지역 무역의 역할을 재고할 필요가 있다. 권투 시합에서 라이트급 선수와 헤비급 선수가 격돌하는 장면은 본 적이 없을 것이다. 마찬가지로 저소득 국가들 사이의 무역을 보호하고 촉진하는 것이 이치에 맞다. 아울러 지역에서 생산한 것이 지역 안의 수요로 이어질 수 있도록 지원함으로써 공급망을 단축하고 신생 산업의 회복력을 갖추는 데 기여할 뿐 아니라 더 새로운 녹색 시장이 제때 형성되어 성장할 수 있도록 보장하는 데 기여할 것이다.

해법 4 : 기술 접근성 개선과 도약

이와 마찬가지로 저소득 국가가 기후변화와 빈곤에 대처하는 데 활용할 수 있는 기술적 해법에 접근하지 못하도록 가로막는 장애물은 제거되어야만 한다. 다행히도 즉시 또는 중장기적으로 활용할 수 있는 여러 가지 방법이 존재한다.

단기적으로 볼 때 기존의 지식재산권 체계를 활용하여 기술에 접근할 수 있도록 권한을 부여할 필요가 있다. 애초에 지식재산권에 관련된 국제 조약은 지식재산권 소유자가 다른 사람에게 접근 권한을 제공하도록 설계되었다. 이러한 예로는 WTO의 무역 관련 지식재산권에 관한 협정*을 꼽을 수 있다. 그러나 시간이 흐르면서 저소득 국가와 중간소득 국가를 상대로 한 WTO 판례법으로 인해 관련 조항들이 크게 희석되었다. 기후변화에 대처하는 목표를 위해 이 조항들

---

* 원어명은 Agreement on Trade-Related Aspects of Intellectual Property Rights이고 약자는 TRIPS-옮긴이

을 확장하고 강화한다면 기술 이전의 속도를 크게 높일 수 있을 것이다. 이와 마찬가지로 저소득 국가에게 필요하지만 접근할 수 없는 녹색 기술과 보건의료 기술에 대해서는 무역 관련 지식재산권에 관한 협정을 면제(WTO가 국내 지식재산권법에 대해 법적인 문제를 제기하지 못하도록 면책)하는 방안도 고려할 필요가 있다.

한 단계 더 나아가 이러한 기술이 처음으로 개발된 국가에서는 법을 제정하여 인센티브를 제공함으로써 기업이 저소득 국가의 기업이나 정부와 협약을 맺도록 장려하거나 강제할 수 있다. 일부 기업은 국제 협약들을 기만적인 방식으로 활용해 실질적인 기술 이전을 피하기도 한다.[45] 기술이 처음으로 개발된 국가의 정부는 저소득 국가에 비해 다국적 기업을 규제하거나 강제하기 훨씬 더 쉬운 위치에 있다. 따라서 다국적 기업을 규제하거나 강제하는 일에 더 큰 책임을 져야만 한다.

마지막으로 지식재산권 체계 전체를 정비하고 특허권을 더욱 신뢰할 수 있는 방식으로 이용하도록 시급히 지원할 필요가 있다. 특허를 단기적으로 선별하여 적용하는 방법이 특정 투자에 대한 인센티브로서 유용할 수 있다. 그러나 현재의 체계는 라이선스 수익 및 또 다른 형태의 수익을 위해 특허의 장기적인 보유를 지나치게 장려한다. 혁신에 대한 접근 가능성을 더욱 높인 체계로 전략적으로 이행함으로써 새로운 기술이 개발될 때마다 그 기술이 필요한 국가에 즉시 적용될 수 있는 길을 열 수 있을 것이다.

해결을 가로막는 장벽

이렇듯 분명한 해법들이 존재하는 상황인데도 저소득 국가들이 계속 뒤처지는 이유는 무엇일까? 제안된 해결책의 대부분이 매우 급진적이기 때문에 구현하는 과정에서 상당한 장벽에 직면하게 되리라는 점을 충분히 예상할 수 있다. 관성과 경로의존성(수십 년 또는 심지어 수백 년에 걸쳐 이루어진 선택에 의존하여 발전하는 체계의 성향) 때문에 현재의 금융 시스템은 현상 유지status quo를 강력하게 선호한다. 즉, 널리 퍼진 자유시장 성장 모델부터 현대 정책에서 규제에 강력하게 반대하는 편향에 이르기까지 진보를 가로 막는 주요 장애물들이 버티고 있는 것이다.

다자간 기구

IMF와 세계은행 같은 다자간 기구는 저소득 국가에 금융자본을 제공하는 대신 일련의 '징벌적' 개혁 또는 '거시건전성' 관련 개혁을 단행하도록 요구했다. 이러한 개혁은 시민의 이익이 아니라 국경을 넘나들며 투자하는 민간 투자자들의 경제적 이익에 특혜를 주는 경향이 있다. 그 때문에 빈곤과 기본적 필요 충족 같은 문제를 해결하기 위한 국가 개입이 위축된다. 그리하여 부채를 활용하여 복지 프로그램을 운영할 국가의 역량이 억제된다. 그렇게 되면 자본의 흐름이 제한되어 심지어 세금을 늘리는 방법 등이 해결책으로 동원된다. 국제 신용평가 기관들은 이러한 개혁을 채택하지 않거나 이탈하는 국가의 신용등급을 하향 조정하고 투자 위험 국가로 취급한다.

이 기관들이 매기는 신용등급은 위기가 찾아왔을 때 정부가 자국 시민들을 지원할 수 있는 규모에 결정적인 영향을 미친다. 최근의 연구 보고서에 따르면 신용등급은 코로나-19 감염병 대유행 같은 위기 상황에서 국가가 재정을 동원해 실행할 수 있는 구제의 규모 및 속도와 연관성이 있는 것으로 나타났다.[46] 저소득 국가의 정부는 신용 점수가 떨어질까 봐 극도로 노심초사한다. 신용등급 하락은 자본 유출로 이어질 수 있고, 그러면 경제위기가 초래될 수 있기 때문이다. 저소득 국가의 정부는 신용등급을 유지하기 위해 가혹한 긴축정책을 받아들여, 빈곤을 경감하고 녹색으로 전환하는 데 반드시 필요한 공공투자를 제한하게 된다.

인지된 부패, 실제로 일어나는 부패

저소득 국가가 활용할 수 있는 정책 선택지를 고려할 때면 언제나 '인지된' 부패와 '실제로 일어나는' 부패를 먼저 해결해야 한다는 우려가 제기되어 왔다. 부패 척결이 고소득 국가와 그 국가에 기반을 둔 기업이 합리적이고 안정적인 투자를 할 수 있는 전제조건이라는 것이다. 제도를 운영하는 잘못된 방식은 분명 시스템 변화를 가로막는 장벽이 될 가능성이 있다. 한편 중요하게 고려해야 할 또 다른 사항으로는 부패라는 장벽이 단단히 유지되는 과정에서 고소득 국가에 기반을 둔 기업이 수행하는 역할을 꼽을 수 있다. 예를 들어 남아프리카공화국의 존도 위원회Zondo Commission는 사기 혐의에 대한 보고서에서 남아프리카공화국에서 일어난 대규모 부패의 시작과 전개 과정에서 초국적 기업이 수행한 역할을 상세하게 밝히고 있다.[47] 기업은 비용을 최소화하려고 노력하는 과정에서 법 제도의 허점을 이용하는 것이 더 유리하다고 생각할 수 있는 것이다. 이렇듯 부패 문제에서는 이러한 기업의 행태 역시 거대한 장벽으로 작용할 수 있다.

중재와 소송

현재의 법체계는 고소득 국가와 초국적 기업에게 이익이 되는 방향으로 지나치게 치우쳐 있다. 인도와 중국 같은 국가는 태양광 패널 생산을 확대하려고 할 때마다 WTO가 행사하는 법적 힘에 부딪혀 왔다. 몬산토는 법률 체계를 적극적으로 활용하여 저소득 국가와 중간소득 국가 농민들의 종자 관련 특허에 대한 침해 여부를 추적해 왔다. 민간 기업의 투자와 혁신을 장려하기 위해서는 특허 체계를 보호할 필요가 있다는 주장이 있다. 그러나 이러한 주장은 특허 보호 체계가 오염을 유발하는 활동에서 벗어나기 위해 기술이 필요한 국가와 집단의 손발을 묶어버리고 마는 현실을 무시한다. 그 결과 이들 국가와 집단은 기술상의 변화를 포기해야만 하거나 기술을 사용하기 위해 소요되는 자금을 마련하기 위해 다른 영역에 사용할 자금을 끌어와야만 한다. 거대 민간 기업이 관련되어 있을 경우 거의 예외 없이 이런 일이 벌어진다. 이때 거대 민간 기업은 기반을 두고 있는 국가의 정부 지원을 받기 마련이다. 그 결과 녹색 일자리를 창출하고 녹색 생산 능력을 구축하려는 저소득 국가의 역량은 감소하고 만다.

결론 : 빈곤의 전환

지금까지 저소득 국가에서 빈곤의 전환을 달성하기 위해 필요한 4가지 근본적인 해결책에 대해 살펴보았다. 바로 정책 선택지 확장, 부채와 거대한 금융 인프라의 영향 해결, 전 지구적 무역 구조 재구성, 기술 이전 체계 확립이다. 이 4가지 외에도 필요한 행동은 더 있을 것이다. 그러나 기후를 고려하면서 빈곤에 맞서는 싸움에서 진전을 이루기 위해서는 이 4가지 행동이 반드시 필요하다. 그림 3.4.에서는 전환을 이루지 못할 경우('부족한 노력, 놓친 시기' 시나리오)와 전환을 이룰 경우('거대한 도약' 시나리오)에서 2050년이 되었을 때 1인당 소득을 시각적으로 확인할 수 있다.

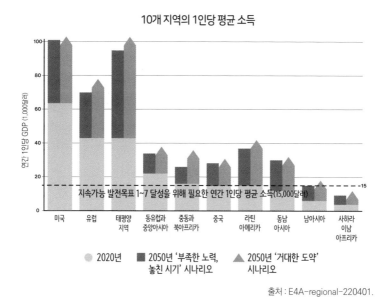

그림 3.4 2020년, 2050년 '부족한 노력, 놓친 시기' 시나리오, 2050년 '거대한 도약' 시나리오별 1인당 소득(연간 1인당 GDP 1,000달러).

요약하면, 국민의 웰빙을 증진할 수 있는 역량을 지닌 정부의 적극적인 행동이 필요하다는 결론에 이른다. 핵심은 두 가지다. 하나는 경제가 발전하기 시작하는 초기 몇 십 년 동안 노동 생산성을 증가시키는 것이고, 다른 하나는 강력한 국가의 건설을 통해 국민의 다수를 차지하는 노동하는 사람들에게 혜택을 주는 것을 목표로 삼는다면, 시장을 통한 해결책만으로는 충분치 않다는 것을 인정해야 한다는 것이다.

이번 세대에 전 세계 퍼져 나갈 것으로 예상되는 에너지와 식량 혁명은 또한 이번 세기에 단 한 번 찾아올 전환의 기회이기도 하다. 그리고 이처럼 포괄적인 변화를 통해 저소득 국가는 커다란 경제적 기회를 잡을 수 있을 것이다. 저소득 경제는 낡은 기술을 크게 개선할 수 있을 뿐 아니라 끔찍한 오염도 피할 수 있을 것이다. 덕분에 저소득 경제는 세계적 불평등이 남긴 역사적 유산에서 상당히 벗어날 수 있을 것이다.

이러한 전환의 의미가 저평가되어서는 안 된다. 저소득 국가에서는 적어도 매년 5퍼센트의 경제성장을 경험할 것이고 이 성장이 곧바로 촉매가 되어 2050년 지속가능 발전목표를 달성하는 데 확실히 기여할 것이다. 그러나 지난 10년 동안 많은 저소득 국가에서 성장의 정체를 경험했다. 코로나-19 감염병 대유행은 가뜩이나 취약한 저소득 국가의 경제에 다시 한 번 타격을 입혔다. 게다가 기후변화에 적응하는 과정에서 저소득 국가의 부족한 자원이 고갈되어 가고 있다.

그림 3.5 어스4올 모델에서 조명한 전 세계 10개 지역

첫 번째 전환인 빈곤의 전환은 저소득 국가에 초점을 맞췄다. 그러나 당연하게도 해결책의 대부분은 중간소득 국가와 고소득 국가에도 똑같이 적용할 수 있을 것이다. 결국, 전 지구적 금융 시스템은 지나간 시대에 구축된 것이다. 이 시스템은 평화, 안정성, 번영이라는 목적에 상당히 기여해왔지만 이제는 세계 곳곳에서 그 시스템이 불러일으킨 균열이 발견되고 있다. 그리고 그것은 분명 인류세가 제기하는 커다란 과제 해결에는 부응하지 못한다. 이제 궁극적으로는 경제성장의 양적 측면에만 초점을 맞추는 근시안적 태도에서 벗어나 미래를 보장할 수 있도록 설계된 새로운 경제 생태계를 구축할 필요가 있다. 새로운 생태계는 웰빙, 즉 경제성장의 질적인 측면을 앞세우는 경우에만 성공적으로 자리 잡을 수 있을 것이다. 그러기 위해서는 걷잡을 수 없이 커지고 있는 불평등 문제를 처리해야 할 것이다.

• 4장 •

불평등 전환
'배당금 나누기'

경제적으로 평등한 국가일수록 시민들이 더 훌륭하게 제구실을 한다. 이들 국가는 더 큰 사회 결속력을 유지하는데, 이러한 결속력은 소수가 아닌 다수를 이롭게 하는 장기적인 공동의 의사결정을 내리는 데 필수 요소다. 따라서 '모두를 위한 지구'가 장기적으로 문명을 보호하기 위한 대대적인 공동행동의 목표라고 한다면, 더 큰 평등은 우리가 디뎌야 할 매우 긴요한 사회적 발판이다.

최신 자료를 살펴보면 지난 수십 년간 불평등과 관련해 나타난 분명한 패턴을 확인할 수 있다. 더 평등한 국가는 소득 불평등 탓에 분열된 국가들보다 인간 웰빙과 성취의 전 영역에서 더 나은 성과를 보인다. 저소득 국가(예:코스타리카)든 고소득 국가(예:스칸디나비아 국가)든 평등한 국가일수록 신뢰, 교육, 사회적 유동성, 수명, 건강, 비만, 아

130   모두를 위한 지구

동 사망률, 정신건강, 범죄, 살인, 약물 오용 등의 분야에서 더 나은 결과를 얻는 경향이 있다. 분야를 나열하자면 끝이 없다. 우리의 직관과는 달리, 북유럽 국가를 비롯한 더 평등한 국가에서는 심지어 부유한 사람들조차 미국, 브라질, 남아프리카공화국 등 불평등이 심한 나라의 부유한 사람들보다 더 높은 웰빙 수준을 누린다.

불평등 전환은 새로운 경제 패러다임을 지향하며 꾸준히 추진되는 3가지 주요 지렛대 작용을 통해 이루어진다.

- 개인, 기업의 소득과 자산 모두에 적용되는 더 누진적인 과세[48]
- 노동권과 노동조합의 협상력 강화
- 보편적 기본소득, 보편적 기본배당 프로그램과 같은 굵직한 아이디어를 실행에 옮기는 심층 전환의 기간에 번영을 함께 나누고 안전을 제공하는 '안전망'과 '혁신망'

4장 전체에 걸쳐 우리는 저소득 국가든 고소득 국가든 국가 **안에** 존재하는 경제적 불평등에 초점을 맞춰 부자와 빈자 사이의 소득과 자산 격차를 살펴보고자 한다. 불평등은 자산과 소득을 넘어서는 더 광범위한 개념이지만, 성 평등과 같은 불평등의 다른 측면들은 다른 장에서 다루고자 한다('권한 부여'를 다룬 5장 참조).

중요한 문제는 국가 안의 분배가 최근 수십 년간 잘못된 방향으로 전개되어왔다는 점이다. 유럽을 제외한 세계 모든 지역의 국가들은 해를 거듭할수록 더욱 불평등해졌다. 하위 50%의 사람들이 국가 전체 소득에서 차지하는 비율은 15%가 채 되지 않는 반면, 상위 10%

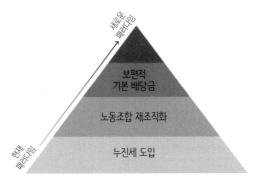

 안에 보이는 텍스트:

새로운 패러다임

보편적
기본 배당금

노동조합 재조직화

현재 패러다임

누진세 도입

불평등

그림 4.1 불평등 전환. 부에 대한 누진적 과세와 사용료 부과는 소득을 더 공평하게 분배해준다. 노동자들은 노동조합을 비롯해 노동자의 역량을 강화하는 여러 메커니즘을 통해 보호받고 공평한 보상을 얻는다. 보편적 기본배당은 공유자원으로 마련한 시민기금을 통해 시민들에게 혜택을 준다. 이 지렛대들은 수십 년간 이어질 전환기에 시민들에게 필수 안전망을 제공하는 등 여러 공편익(co-benefit, 하나의 대책이 다른 영역에도 긍정적인 영향을 미치는 것-옮긴이)을 창출한다.

의 사람들은 총소득의 40%가 훌쩍 넘는 비율을 가져갔다. 이 비율이 60%에 가까운 지역도 많다.[49]

불평등 전환의 핵심 목표 하나는 사회의 상위 10%가 가져가는 소득이 하위 40%의 전체 소득을 넘지 않도록 보장하는 것이다. 즉, 매년 가난한 사람 4명이 벌어들인 소득의 합이 상위 10%에 속하는 한 개인의 소득과 같게 만드는 것이다. 이 정도라면 감내할 만한 불평등이라고 여겨진다.[50] 불평등이 이 수준을 넘어서 격차가 벌어지면 사회, 보건 부문의 문제가 훨씬 심각해지는 데다 사회 결속력도 약해져 정부가 장기적인 의사결정을 내리기가 더 어려워진다.

우리가 도출한 어스4올 모델은 복지와 불평등 양쪽 측면의 변화를 추적한 뒤, 이를 참신한 '사회긴장지수'와 '평균웰빙지수'에 담아낸다. '사회긴장지수'는 특별히 불평등과 연관된 잠재적 양극화를 나타내는 지표다. 이 지수 값이 올라가면 양극화가 강화되었다는 뜻인데, 이는 사회 안에서 그리고 여러 사회에 걸쳐 탄탄한 공동행동을 실천하는 데 악영향을 미칠 때가 많다. '부족한 노력, 놓친 시기' 시나리오에서는 부유한 엘리트 계층이 점점 더 힘이 커지고 다른 모든 사람과 멀어질 때 사회적 긴장이 높아진다고 본다. 물론 이 모델은 다음에 어떤 일이 벌어질지 예측하지 못하지만, 정치제도들이 심층 전환의 여정에 모두를 참여시키지 못해 고전하는 시나리오들은 쉽게 상상할 수 있다. 경기가 호황과 불황을 반복하고, 가장 취약한 계층을 위한 안전망이 축소되면 사람들은 절망과 원망에 빠지게 된다. '모두를 위한 지구' 전환경제위원회의 위원인 리처드 윌킨슨과 케이트 피킷은 다음과 같은 중요한 주장을 내놓았다.[51] 만약 각국이 부를 분배하기 위한 일련의 정책을 시행하고 더 나은 평등을 위해 노력한다면, '거대한 도약' 시나리오에 등장하는 것과 같이 지속가능성을 향한 모든 전환에 요구되는 사회적 신뢰를 구축할 심리적 환경이 조성된다는 것이다.

이런 수준의 평등을 달성하려면 어떻게 해야 할까? 우선, 불평등 감소를 위한 폭넓은 3대 해법을 자세히 살펴본 뒤에 극복해야 할 문제들을 검토하기로 하자.

출발점으로 삼을 해법은 가처분 소득을 더 공정하게 분배하는 것이다. 이는 **누진 소득세**, 즉 소득이 높은 사람에게 더 높은 세율을 부과하는 정책을 실행함으로써 달성할 수 있다. 하지만 이것만으로는 필요한 일의 절반에도 미치지 못한다. 상속세와 부유세에도 누진세율을 부과해야 한다. 소득증가율보다 훨씬 더 높은 비율로 축적되는 것이 금융자산이기 때문이다. 다시 말해 축적된 부에 비례 세율을 적용하는 한, 부자와 빈자 사이의 격차는 벌어질 수밖에 없다. 세계화에 따른 금융상의 허점을 메우고 역외 조세피난처로의 자금 유입을 막기 위해 더 큰 국제적 노력을 기울여야 함을 뜻한다. 달리 말하면 다국적 기업에 대한 감독을 강화해야 한다는 뜻이기도 하다. 국제 최저 법인세율도 평등을 확대하는 데 보탬이 될 수 있다. 이는 2021년 대다수 부유한 국가들이 합의한 바로서 당시 많은 이들을 놀라게 했지만, 합의된 법인세율은 고작 15%에 그쳤다.

국민소득에 대한 노동자의 지분을 높이기 위해서는 노동권과 **노동자의 협상력**도 강화되어야 한다. 노동조합과 노동자 권한은 지난 수십 년간 침해되었으므로 단체교섭권에 큰 힘을 실어주어야 한다. 더 많은 노동자가 공동소유 권한을 부여받고 이사회에 참여해 의사결정에 영향을 줄 수 있어야 한다. 에너지, 식품, 운송, 중공업 등의 산업 부문들이 격동의 전환기를 거칠 때, 노동자들이 더 뒤처지는 것이 아니라 과감한 기업행동을 뒷받침하고 경제 전환으로부터 유익을 얻으려면 이러한 변화가 필수적이다.

마지막으로, 우리가 내놓는 가장 과감한 제안은 모든 국가에서 보편적 기본 배당금을 지급하는 시민기금 제도를 모색하자는 것이다 (자세한 내용은 8장 참조). 이 제안은 화석연료, 토지, 부동산, 사회적 데이터 등의 공동자원을 활용해 거둔 부의 일부를 이전하는 데 효과적이라고 입증된 여러 방법에 근거를 둔다. 이는 부를 더 공정하게 재분배하는 것을 넘어, 사회적 전환기에 개인에게 꼭 필요한 경제적 안정을 보장하고 창의력, 혁신, 기업가정신을 발휘하도록 자극할 가능성이 있다.

경제적 불평등이 낳는 문제들

1950년에서 1980년 사이에 유럽, 미국, 그 밖의 몇몇 곳에서는 실제로 국가 안의 불평등이 감소했다. 이 놀라운 성과는 제2차 세계대전 이후 30년간 막대한 사회적, 정치적, 기술적 전환이 이루어지며 번영을 이루었던 시기에 나타났다. 하지만 1980년대 이후로는 최상위 부자들과 그 외 계층 사이의 격차가 해를 거듭할수록 크게 벌어졌다. 오늘날 전 세계 부의 총량에서 세계 인구 절반이 차지하는 비율은 전체 파이의 고작 2%에 불과하고, 그 외 4분의 3이 넘는 비율(76%)은 상위 10%가 차지하고 있다.[52]

불평등에 관해 정치적으로 수용할 만한 해법으로 파이를 더 크게 늘리면 되지 않나 하는 생각이 들 수도 있다. 결국 경제가 성장하면 불평등과 관련한 문제들이 저절로 처리될 것이고, 모두의 번영과 웰빙이 상승 곡선을 그릴 테니 궁극적으로 모두가 행복해질 것이라는 생각이다. 저소득 국가에서는 이 해법이 어느 정도 효과를 발휘할 수 있다. 저소득 국가의 발전 초기에는 기대수명, 교육, 웰빙, 행복 수준이 급격히 올라가니 말이다. 그러나 고소득 국가에서는 더 많은 경제 성장이 이루어진다고 해서 그만큼의 건강, 웰빙 혹은 행복 증진이 뒤따르지 않는다. 몇몇 부유한 국가들은 다른 나라보다 거의 두 배나 부유한데도 국민들이 더 나은 건강이나 웰빙을 누리고 있다는 징후가 보이지 않는다.[53] 대규모로 금융화, 세계화된 지금의 경제 시스템에서는 파이가 늘어날수록 이미 가장 많은 몫을 차지한 이들이 전보다 훨씬 많은 몫을 낚아채게 된다.

불평등이 사회에 그토록 해로운 이유는 무엇일까? 불평등 정도가 크면 열심히 일하게 만드는 인센티브로 작용한다는 주장이 제기될 수도 있다. 그러나 우리 앞에 놓인 증거는 이 주장을 뒷받침하지 않는다. 증거를 살펴보면 극심한 불평등이 사회 속에서 파괴적인 힘으로 작용한다는 사실을 명백히 알 수 있다.

편향된 정치권력

부는 경제적, 정치적 권력의 중요한 원천이다. 극심한 불평등은 권력이 초부유층과 가장 가치가 높은 회사들의 손에 점점 더 집중된다는 것을 뜻한다. 이는 일반적으로 사회, 특히 공정한 대표성을 근본 원칙으로 삼는 민주주의 사회에 심각한 불안정을 초래한다.

2007년과 2009년 사이에 세계 금융 시스템이 겪었던 재앙적인 실패 사례를 되짚어보자. 금융계에 몸담은 사람들은 엄청난 정치권력을 휘두른다. 당시 각국 정부들은 완전한 붕괴를 막고자 위기 상황에 개입해 수조 달러를 투입해가며 무너져가는 은행들을 살리려고 애썼다. 반면에 전 세계 시민들은 가혹한 긴축 조치를 감내하면서 이 실패에 대한 대가를 치러야 했다. 은행들은 경영 상태가 엉망이었음에도 명맥을 유지하고 운영을 지속하면서 전보다 더 많은 이익을 추구했고, 은행의 소유주들도 제자리를 지켰다. 이 과정에서 사람들 마음에는 부당하다는 인식이 자리 잡았고, 곳곳에서 포퓰리즘 지도자들이 일어나 사회를 분열시키고 잘못된 정보가 퍼지도록 조장했다.

또 다른 예로 프랑스에서 일어난 '질레 존Gilet Jaune', 일명 '노란 조끼 운동'을 들 수 있다. 2015년 기후에 관한 파리협약이 체결된 후, 엠마뉘엘 마크롱 프랑스 대통령은 온실가스를 다량 배출하는 자동차와 밴의 교체를 장려하는 뜻에서 연료세를 제안했다. 휘발유 가격이 치솟자 수주간 시위가 이어졌고, 결국 수백만 명이 참여하는 하나의 운동이 탄생했다. 이에 따라 탄소 배출 감소를 위한 장기 정책은 수십 년간 이어진 경기 침체의 가장 큰 타격을 받은 저임금 노동자와 중산층 노동자로 인해 힘을 잃었다. 시위대는 정치 체제가 부유한 엘리트 계층의 손바닥 위에 놓여 있다는 확신 속에 협조를 거부했다. 어떤 문제의 해결책은 다수가 받아들일 만한 것이어야 한다. 그렇지 않으면 수십 년간 서서히 진행될 수도 있는 재앙적인 실패에 빠질 수도 있다.

부유층의 과소비

정치적 대표성의 정당성 상실 외에도 불평등이 사회에 미치는 해로운 영향은 또 있다. 극도로 불평등한 사회에서는 더 높은 지위에 대한 욕망이 극도의 물질주의와 탄소를 발생시키는 무절제한 소비를 부추긴다.[54] 현재 전 세계 탄소 배출의 거의 절반(48%)은 상위 10%가 하고 있다. 특히 상위 1%는 지구상의 모든 화석연료 배출의

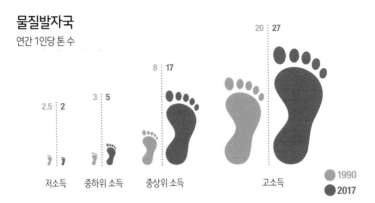

물질발자국
연간 1인당 톤 수

2.5 : 2   3 : 5   8 : 17   20 : 27

저소득   중하위 소득   중상위 소득   고소득

○ 1990
● 2017

출처 : UNEP & IRP GRO-2019, fig. 2.25.

그림 4.2 1990년과 2017년 사이에 물질발자국(연간 1인당 소비 물질을 톤 단위로 측정한 수치)은 중상위, 고소득 소비자 계층에서 급격히 높아진 반면, 저소득 소비자 계층에서는 소폭 감소했다.

무려 15%에 대해 책임이 있고, 이들이 발생시키는 배출량은 지금도 빠르게 증가하고 있다.[55]

불평등이 심한 사회의 구성원들은 자신의 사회적 지위에 대해 불안해하고, 타인이 자신을 어떻게 판단할지 걱정하며, 명품과 고가의 차를 비롯해 과시용 제품들에 매달릴 확률이 더 높다. SUV(스포츠 유틸리티 차량)를 타고 끊임없이 대륙을 오가는 데는 그만큼 많은 탄소 배출이 뒤따른다. 그러나 이러한 행태는 무한 루프에서 벌이는 일종의 제로섬 게임과 다를 바 없다. **모든 사람이 남들보다 높은 지위를 누릴 수는 없다.** 게다가 소비하도록 부추기는 압력은 모든 사람을 나락으로 빠지게 만들 수 있다. 불평등이 심한 사회일수록 부채와 파산이 더 만연하다.

'모두를 위한 지구' 전환경제위원회 위원인 안데스 위크만Anders Wijkman과 루이스 아켄지Lewis Akenji에 따르면, 과도한 물질 소비를 부추기는 요인들에 제동을 걸고, 사람들의 근본적인 필요에 시스템을 집중시키는 것이야말로 '모두를 위한 지구'의 5가지 특별한 전환 모두에 속도를 붙이는 데 이바지할 것이다. 자연자원을 과도하게 소비하면 환경에 미치는 영향이 계속 커진다는 사실은 모두가 알고 있다. 이는 웰빙에도 부정적인 결과를 가져온다. 한 예로, 식품의 과잉 섭취가 건강에 미치는 영향은 잘 알려진 바이다. 정신건강 문제도 자원 소비가 높은 나라에 집중된다. '모두를 위한 지구'의 전환들이 인정하는 것처럼, 불평등 감소는 지속 가능한 미래를 위해 꼭 필요하다. 가장 부유한 국가의 시민들은 인간 사회가 환경에 미치는 영향에서 상대적으로 많은 책임을 안고 있다. 엘리트 계층의 소비 대부분은 나머지 사회 구성원에게 지나친 비용을 떠안기는데, 이 비용은 소비된 물품의 시장가격에 포함되어 있지 않다. 이를 바로잡으려면 사회와 경제를 통제하는 우리의 방식을 근본적으로 바꿔야 한다.[56]

공유지 인클로저=민영화

부의 축적과 불평등을 불러온 요인의 하나는 수세기 전에 진행된 인클로저enclosure이다. 지금의 토지 대다수는 한때 공동으로 소유하고 유지하는 공유지로 관리되었다. 하지만 시간이 흐르면서 새로운 관리 체계가 발전했다. 정부, 식민 권력, 그 밖의 '당국'에서 재산권과 토지 소유권을 부여했던 것이다. 한때 모두에게 열린 공유자원으로서 수세대에 걸쳐 안정적으로 관리되던 토지는 이렇게 조금씩 '봉쇄되어enclosed' 배타적 소유권이 부여되었다. 즉, 이익을 독점하기 위해 땅을 사적으로 소유했던 것이다.

그리고 마침내 이 관리 체계가 완전한 주도권을 쥐게 되었다. 자원의 사용, 접근성, 혜택 등을 '소유자'가 엄격하게 통제하게 된 것이다. 이는 광물, 데이터 등의 다른 자원, 급기야는 특허를 통해 지식자원까지로 확대되었다. 하지만 '소유권'은 생각만큼 그렇게 명확한 것이 결코 아니다. 세금을 바탕으로 정부가 자금을 지원하는 연구가 휴대전화 안에 들어가는 다수의 핵심 기술을 이끌어냈다. 인터넷, 위치정보시스템GPS, 터치스크린, 나아가 애플사에서 선보인 인공지능 비서 시리Siri*는 모두 대학에서 처음 출현했다. 토지, 데이터, 공적 자금으로 생겨난 지식의 인클로저에 의해 창출되는 지속적인 부는 더 넓은 범위의 집단, 어쩌면 모든 시민이 공유해야 하지 않을까?

이러한 자연자원이나 지적 자원은 한 국가의 공동 재산에 포함된다고 생각될 수도 있다. 그러나 현실에서는 이러한 자원을 활용해 획득된 부가 부유한 가정들을 통해 세대에서 세대로 전수되곤 하며, 종종 이 메커니즘은 과세를 피하기도 한다. 인클로저란 노동으로부터 생겨나는 소득 성장보다 더 높은 비율로 부wealth가 축적되는 것으로 이어진다. 따라서 자연히 부가 소득을 앞지르게 되어 부자와 빈자 사이의 격차가 계속 더 크게 벌어지게 된다.

---

* 휴대전화, 컴퓨터 등의 사용자 음성 명령을 인식해 이를 실행하며 간단한 대화도 구사하는 인공지능 서비스—옮긴이

경고 : 다가올 교란

세계가 '부족한 노력, 놓친 시기'나 '거대한 도약' 시나리오 또는 둘 사이의 어떤 가능성 있는 시나리오를 따르든 간에, 다가올 수십 년은 많은 이들에게 커다란 어려움을 불러일으킬 것이며 그 대부분 은 만성적인 불평등이 낳은 결과일 것이다.

태양광 발전부터 유전체학genomics에 이르는 첨단기술은 계속해서 우리 삶에 혼란을 불러올 것이며 이 혼란은 가속화될 수도 있다. 현 재 기업가와 공학자들의 꿈이 혁신을 통해 수십억 명의 삶 속에서 실 현되고 있다. 점점 더 빠른 속도록 발전하고 있는 인공지능과 머신러 닝, 모바일 인터넷과 로봇은 일터에서 분주하게 일하던 사람들을 점 점 더 많이 대체해나갈 것이다. 덕분에 사람들은 힘들고 단조로운 일 에서 벗어나 녹색 일자리, 고령화 사회에 필요한 돌봄 분야, 지식경 제에 종사하게 될 것이다. 변화된 체계가 원활히 작동할 수는 있겠지 만 여기에는 조건이 있다. 정부가 로봇화된 부문에서 거둔 막대한 이 익을 재교육에 투자하고, 나아가 대다수 사람의 웰빙을 구축하는 경 제의 새로운 일자리 창출에 투자해야만 한다.

이런 기술적 교란은 사회의 불평등을 심화할 것이며 때로 그 방 식들은 예측하기조차 어려울 것이다. 소셜 미디어가 등장해 순식간 에 수많은 사람을 서로 연결시켰지만, 동시에 잘못된 정보를 사업화 에 이용하고 민주주의를 훼손했던 것처럼 말이다. 소셜 미디어의 교 란과 더불어 로봇공학에서 인터넷에 이르는 기술들은 임금을 낮추 는 압력으로 작용했고, 이에 따라 긱 노동자와 이른바 '프레카리아트precariat'* 계급이 생겨났다. 이들은 정규 노동시간이 따로 없는 임시 계약, 즉 0시간 고용계약을 체결하고, 알고리즘에 따라 업무 형태가 정해지는 '주문처리센터fulfilment center'**에서 그날그날 맡은 일을 수행한 대가로 소득을 얻는다.

기술에 의한 교란은 전체 그림의 일부에 불과하다. 떠오르는 중국의 경제적, 정치적 권력은 지정학적 질서를 바꿔놓을 것이다. 인도는 지구상에서 가장 인구가 많은 나라가 될 가능성이 있고, 인도 경제는 잘 운영된다면 급성장할 수도 있다. 지구의 평균 온도 상승폭이 산업화 이전 대비 1.5℃ 한계에 근접한 지금, 기후변화를 비롯한 환경적 위험이 불러올 또 다른 교란도 예상할 수 있다. 물론 '검은 백조Black Swan(전혀 예측할 수 없는 대대적인 사건)의 타격을 받을 가능성은 언제든 존재한다. 심지어 이런 사건들이 한꺼번에 일어나 우리를 강타할 수도 있다. 어쩌면 더 치명적인 신종 유행병의 위험처럼 대대적인 영향을 미칠 것들로서, 사전에 예측과 대비가 가능하나 정치인들의 무관심 때문에 그 여파를 고스란히 맞게 될 수도 있다.

중요한 것은 사회가 교란에 대비해 회복력을 길러두어야 한다는 점이다. 다시 말해, 필수 안전망을 마련해야 한다. 이렇게 회복력을 기르는 중요한 방법 하나가 불평등을 해소하는 것이다.

---

* 불확실하다는 뜻의 '프리캐리어스(precarious)'와 '프롤레타리아트(proletariat)'를 합성한 말로, 불안정한 고용 상태에 놓여 있는 노동자를 이르는 말―옮긴이

** 물류 전문업체가 판매업체로부터 수수료를 받고 상품의 주문, 포장, 운송 등 물류 서비스 일체를 대행하기 위해 만든 물류센터. 풀필먼트센터로 옮기기도 한다―옮긴이

불평등 측정하기

불평등을 다루려면 먼저 불평등을 측정해야 한다. 지난 한 세기 동안 불평등을 측정하는 가장 흔한 방법은 한 국가의 '지니계수'를 계산하는 것이었다. 지니계수Gini coefficient라는 명칭은 이 지표를 창시한 인구통계학자 코라도 지니Corrado Gini의 이름을 딴 것이다. 이 지수는 한 사회의 가장 가난한 계층부터 가장 부유한 계층까지의 소득 분포도를 측정한다. 하지만 지니계수는 복잡하기도 하거니와 몇 가지 단점도 있어 모든 사람에게 환영받지는 못한다. 최근에 경제학자 호세 가브리엘 팔마José Gabriel Palma는 상위 10%와 하위 40%에게 돌아가는 소득과 부의 정도를 비교하는 것이 정말 중요하다고 주장했다. 그의 주장은 꽤 타당하다. 국가나 시대와 관계없이 국민 총소득의 절반가량은 중위 50%가 차지하기 때문이다. 따라서 정말 중요한 것은 양극단에서 벌어지는 일을 알아내는 것이다.[57]

간단히 말해, 팔마 비율Palma ratio은 상위 10%의 소득 점유율을 하위 40%의 소득 점유율로 나눈 값이다. 스칸디나비아 국가들의 팔마 비율은 약 1.0이다. 즉, 상위 10%와 하위 40%가 점유하는 총소득이 거의 같다는 뜻이다. 영국의 팔마 비율은 2, 미국은 3, 남아프리카공화국은 7에 해당한다. 우리는 1.0의 팔마 비율이 지속 가능한 수준의 불평등이라고 본다. 오랜 기간을 놓고 봤을 때, 1.0 비율은 탄탄한 사회 결속력을 유지하며 대다수 사람이 매우 높은 수준의 웰빙을 누리도록 뒷받침한다는 것을 알 수 있다.

'부족한 노력, 놓친 시기' 시나리오에서는 여러 지역에 걸쳐 불평

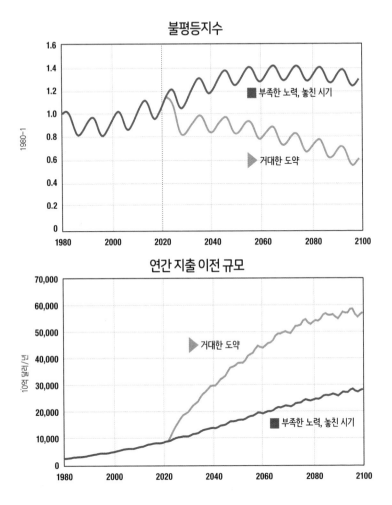

불평등지수

연간 지출 이전 규모

그림 4.3 불평등 전환 : '거대한 도약' 시나리오에서 불평등지수가 더 낮게 나타나는 것은 '부족한 노력, 놓친 시기' 시나리오에서보다 지출 이전(세금과 시민기금 배당금 등을 통해)이 더 높기 때문이다.

등이 지속적으로 높아진다. 그러나 '거대한 도약' 시나리오에서는 2050년경에 이르면 전 지역에 걸쳐 불평등이 대폭 줄어든다. 누진 과세가 강화되고 부유층에서 빈곤층으로 정부의 지출 이전^{transfer}이 확대되어 노동자의 가처분 소득이 '부족한 노력, 놓친 시기' 시나리오에서보다 높아지기 때문이다.

사회긴장지수

어스4올 모델의 한 가지 혁신 지점은 사회긴장지수를 도입했다는 것이다. 이 지수는 사회적 진보라고 인식되는 비율, 즉 웰빙의 증진

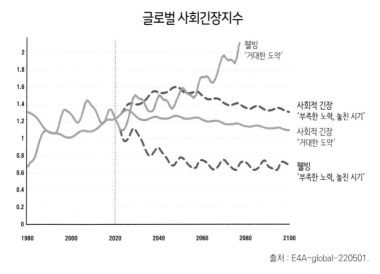

출처 : E4A-global-220501.

그림 4.4 2100년을 향해 갈수록 사회적 긴장은 '거대한 도약' 시나리오(실선)보다 '부족한 노력, 놓친 시기' 시나리오(점선)에서 매우 높게 나타난다.

정도를 측정한다. 사회긴장지수는 불평등과 연관된다. 불평등이 심한 국가일수록 효과적으로 통치하는 능력이 부족하기 때문이다. 이 지수는 '거대한 도약' 시나리오보다 '부족한 노력, 놓친 시기' 시나리오에서 현저히 높게 나타난다.

더 나은 평등을 지향하는 거대한 도약

'거대한 도약' 시나리오는 2050년까지 전 세계 10개 지역에서 더 나은 평등을 지향하는 신속한 변화를 실행함으로써 성공을 거둔다. 이는 3대 주요 해법을 이행함으로써 달성되는데, 각 해법은 커다란 포부를 품고 있다. 여기서 말하는 3대 해법은 부유세를 포함한 누진적 과세, 노동자의 권한 강화, 자연자원 개발에 대한 '사용료 부과와 배당금 전환' 정책을 말한다. 우리는 이 해법들 모두가 '거대한 도약'을 이루는 데 한몫을 한다고 믿지만, 지역과 국가에 따라 이를 적용하는 방식은 다를 수 있다고 본다. 하나의 형태가 모든 곳에 맞지는 않을 것이며, 이 해법이 있다고 해서 불평등 감소를 위한 다른 탁월한 해법들이 배제되지 않는다는 점을 강조하고 싶다. 그중 몇몇은 앞으로 논의를 이어가며 언급하고자 한다.

소득과 부의 누진적 재분배

소득에서부터 시작해보자. 파괴적인 수준의 불평등에 빠지지 않도록 확실하게 소득을 재편하는 몇 가지 방법이 있다.

소득 격차를 줄이는 확실하고 주된 방법은 누진적 소득세를 시행하는 것이다. 즉, 최저 소득을 벌어들이는 노동자는 세금을 적게 내는(또는 자동화의 위협을 받는 직종은 아예 세금을 내지 않는) 반면, 최고 소득을 거두는 사람에게는 더 많은 세금을 부과한다.

두 번째 방법은 부의 축적을 억제하는 것이다. 노동자의 소득보다 부가 더 빠르게 축적되지 않게 하려면, 연간 증가된 비율 기준으로 상속세와 부유세를 높여야 한다. 이러한 개입이 없다면 부자와 빈자 사이의 격차는 계속 벌어질 수밖에 없다. 이 문제의 부당한 실상을 드러내는 유명한 예로, 미국의 억만장자 워런 버핏은 자신이 급여가 아닌 투자로부터 소득을 얻는다는 이유로 자신의 비서보다 적은 세금을 내고 있다며 의아해했다.[58]

세 번째 해법은 엄청난 심리적 여파를 불러올 방법으로, 회사 임원의 급여가 그 조직의 평균 급여를 일정 범위 이상 초과하지 못하도록 한계를 설정하는 것이다. 최근 몇 십 년간 임원과 노동자 간의 임금 격차는 어마어마하게 벌어졌다. 미 경제정책연구소Economic Policy Institute의 2021년 연구 결과, 2020년 미국 최대의 공기업들은 노동자 평균 임금의 352배에 해당하는 임금을 최고경영자에게 지급한 것으로 나타났다. 임금 격차가 극적으로 벌어지기 전인 1965년에 최고경영자와 노동자 간 임금 비율은 21대 1이었다.[59]

세계화는 금융상의 허점을 메우고 역외 조세피난처로의 자금 유입을 막기 위해 더 큰 국제적 노력을 기울여야 할 필요를 불러일으킨다. 물론 다국적 기업에도 책임을 물어야 하는데 이에 관해서는 최근 진척된 점이 있다. 2021년, 고소득 국가들로 이루어진 주요 20개국

(G20) 회원국들은 처음으로 국제 법인세의 최저 세율에 합의했다. 심각한 불평등 문제를 해결하는 데 있어 기초적인 출발점이 된다는 점에서 상당한 성과다.

경제 민주주의 : 노동자 재교육과 권한 부여

지난 40년간 노동자의 협상력은 지속적으로 약화되어 이제 지구상에서 가장 부유한 국가에서조차 0시간 계약이 통상적인 일이 되어 버렸다. 노동조합과 노동자의 권한 침해를 옹호하는 가장 일반적인 주장은, 점점 더 세계화되고 있는 치열한 세계 경제에서 경쟁력을 높이기 위해 어쩔 수 없다는 점을 근거로 내세운다.

고소득 국가에서는 최근 몇 십 년간 제조업 부문이 대폭 축소되었는데 이는 제조업이 중간소득 국가들로 넘어갔기 때문이다. 고소득 국가에서는 서비스 부문이 성장했고, 노동조합을 한껏 몰아붙인 탓에 급여 수준이 낮아졌다. 이러한 상황에서 최우선 과제는 노동자들이 과거의 힘을 회복하도록 돕는 것이다. 정부 역시 필수 공공 업무를 수행하는 안정적인 일자리를 제공할 수 있다. 노동자들은 나무 심기, 토양 보호, 생태계 복원을 포함하여 환경과 사회에 필수적인 서비스를 제공하는 일자리들이 크게 필요하다. 이들에 대한 급여는 부유층에 부과한 높은 세금으로 마련한다. 고소득 국가에서 노동조합들이 전과 같은 힘을 회복하지 못한다면, 다른 해법들을 적용해 경제 민주주의를 향상시킬 수도 있다.

많은 해법은 일터 민주화에 뿌리를 두고 있다. 종업원 공동소유 제도Employee co-ownership를 통해 노동자가 자신을 고용한 회사에서 일정한 지분을 갖게 할 수 있다. 기업 이사회에 노동자를 위한 자리를 마련한다면 노동자, 주주, 회사 임원이 공동으로 의사결정을 할 수 있을 것이다. 많은 노동자 협동조합들도 중요한 역할을 할 수 있다. 이 모든 조치를 통해 노동자들은 경제 전환의 이점을 누릴 것이며, 이에 따라 노동자들은 변화에 저항하기보다는 과감한 계획을 지지하게 될 것이다.

우리는 무급 노동자(전부는 아니지만 대체로 여성)들이 경제와 사회에 매우 중요한 서비스를 제공하면서 사회 결속력을 높인다는 것도 알고 있다. 전환의 시기에 사회에 대한 그들의 기여도를 인정할 뿐만 아니라 그들에게 보호와 보상을 제공하고 그들의 권한을 강화하려면 어떻게 해야 할까? 이에 대해 우리는 보편적 기본 배당금이라는 아이디어를 해답으로 제시하고자 한다.

시민기금과 보편적 기본 배당금 도입

최근 몇 년 사이에 부를 재분배하고 경제적 안정성을 보편화하는 데 유익한 몇몇 유망한 아이디어가 제안되어 시도되었고, 나아가 성공적으로 시행된 예들이 있다. 프랑스 경제학자 토마 피케티Thomas Piketty는 모든 젊은 성인에게 10만 달러를 지급해 그들이 건전한 수준의 경제적 안정성 위에서 노동생활을 시작하게 해야 한다고 제안한다. 핀란드, 캐나다, 아일랜드, 케냐를 비롯한 여러 곳에서도 제한적으로나마 보편적 기본소득 제도가 시험 운영되었다. 이에 관한 모델은 다양하지만(그리고 실효성 있는 프로그램을 고안하기란 쉽지 않지만), 기본적으로 보편적 기본소득은 노동 지위working status와 관계없이 모든 시민이 소액의 정기 소득을 받는 것을 말한다.

미국에서는 1976년부터 알래스카 영구기금Alaska Permanent Fund을 도입해 알래스카주의 자연자원을 추출하는 석유회사들에게서 수입의 일정 부분을 거둬들여 모든 알래스카 주민에게 배당금을 지급하고 있다. 금액은 보통 매년 1인당 1천 달러에서 2천 달러 수준이다. 2021년에 이 배당금은 1,114달러였다. 4인 가족 한 가구당 4,456달러가 지급된 셈이다. 2017년 기후 리더십 위원회Climate Leadership Council, CLC와 연계된 공화당 국회의원들은 이 아이디어의 확장판을 제안했다. CLC의 제안은 탄소 배출과 연계된 요금을 걷어 미국 전역의 모든 시민에게 재분배하자는 것이다. 이 제안은 요긴한 해법 중의 하나라며 초당적 찬사를 받았지만, 제안 지지자들이 제시했던 다른 탄소 관련 규제들의 완화나 폐지의 근거로서는 받아들여지지 않았다. CLC의 추산에 따르면, 이 제도를 도입했을 때 4인 가족 한 가구당 매년 약 2천 달러를 지급받는데, 이는 격변과 전환의 시기에 얼마간의 경제적 안정성을 창출한다.[60] (배당금에 관해서는 8장에서 더 상세히 논할 것이다.)

이 모든 제안에는 장점이 있다. 전환기에 일정 수준의 경제적 안정성을 제공하고, 노동자들이 어쩔 수 없이 최저임금을 받아들여야 하는 상태를 방지하며, 착취 행태에 맞서 분명하게 거절 의사를 밝힐 힘을 부여한다는 것이다. 뿐만 아니라 이 제안들을 이행하면 경제적 자유가 생겨나므로 창의력, 혁신성, 기업가정신을 발휘하도록 자극할 수 있다. 단순한 안전망을 넘어 혁신망이 생겨나는 것이다.

위 제안들을 바탕에 두고, 앞으로 일어날 전환과 이러한 변화에 뒤따를 갖가지 위험 요소와 커다란 불확실성을 고려했을 때, 우리는 일종의 '시민기금' 형태로 보편적 기본소득을 제공할 것을 제안한다. 예를 들어, 이산화탄소를 배출하고, 삼림 파괴에 일조하며, 공공 데이터를 이용하고, 육지와 심해 자원을 채굴하는 기업들은 막대한 공동자원을 사용하는 대가로 요금을 지불한다. 그러면 정부는 이렇게 마련된 수입을 일종의 배당금 형태로 모든 시민에게 공평하게 분배하는 것이다.

이 배당금을 그냥 사회의 최빈층에 지급하는 편이 더 공평하지 않나 하는 생각이 들 수도 있다. 그러나 중요한 것은 사회 구성원 모두를 이 여정에 참여시키는 것이다. 그렇지 않으면 실패할 위험이 있다. 따라서 이 해법은 절대다수에게 적용될 수 있어야 한다. 만약 중산층이 어떤 정책으로 자신들이 혜택을 받는다고 느낀다면 그들은 당연히 이를 지지할 것이다. 하지만 자신들의 노고로 다른 사람들이 혜택을 받는다고 느낀다면 정책을 지지할 확률은 낮아질 것이다. 보편적 기본 배당금은 단순성의 이점도 누릴 수 있다. 정책의 요지를 사람들에게 쉽게 전달할 수 있으므로 폭넓은 지지를 얻을 가능성이 커진다.

지금까지 더 큰 경제적 평등을 이끌 폭넓은 세 가지 해법, 즉 소득과 부에 대한 누진세 적용, 노동자의 권한 강화, 시민기금 또는 이와 유사한 과감한 형태의 사용료와 배당금 정책을 검토해보았다. 물론 이밖에도 우리가 확실하게 지지하는 훌륭한 해법들이 많다. 경제가 위기에 닥쳤을 때 중앙은행들은 할인율을 적용해 주식을 사들임으로써 기업들의 생존을 보장하곤 했다. 만약 경제가 회복되었을 때 정부에서 이 주식들을 보유하고 있다면 어떻게 될까? 이 경우 정부는 상당한 자산을 축적하고 있는 것이기에 향후 수익을 활용해 기본 배당 기금을 키우고 뒷받침할 수도 있고, 모든 젊은 시민에게 일시금을 지급할 수도 있다. 물론 애초에 어느 부문에 세금을 부과할지도 충분히 검토해야 할 것이다. 하지만 어떤 경우에도 소득과 부를 모두 고려해 부자가 반드시 공정한 몫을 지불하도록 해야 한다. 몇몇 경우에 소득세는 일자리 창출을 가로막는 장벽으로 작용한다. 사람을 고용하는 것보다 로봇을 이용하는 편이 비용이 더 적게 들 수 있게 되기 때문이다. 오히려 고용에 부정적인 영향을 미치는 신기술 같은 대상에 세금을 부과하는 쪽으로 우선순위를 재조정할 수 있을 것이다.

평등의 지렛대를 위협하는 장애물 극복하기

더 나은 평등을 가로막는 크나큰 장애물 하나는, 불평등 상황에 대한 모든 대대적인 변화에는 권력을 가진 사람들과 권력에 대한 접근성이 매우 큰 사람들의 지지가 필요하다는 사실이다. 언뜻 보면 이는 도저히 극복할 수 없는 난제처럼 보인다. 마치 칠면조에게 칠면조 요리가 주로 올라오는 추수감사절에 표를 던지라고 하는 것처럼 말이다. 부유한 후원자들은 정당의 금고를 두둑이 채워주고는 정치인들을 원하는 대로 통제하려고 한다. 이러한 정치적 간섭을 막아내면서 더 공평한 경기장을 만들어야 한다.

한편, 분위기가 달라지고 있음을 보여주는 몇몇 징후가 있다. 〈이

코노미스트〉, 〈파이낸셜 타임스〉, 세계경제포럼과 같이 비즈니스 엘리트와 자본주의를 거리낌 없이 옹호해온 주요 대변자들이 누구든 들으라며 한결같이 이렇게 외쳤다. 불평등은 심각한 불안정을 일으키므로 반드시 억제되어야 한다. 기후변화를 비롯한 여러 환경적 문제들은 불평등 같은 문제와 연관된 구조적 난제이므로 새로운 경제적 해법이 필요하다. 기업과 금융계는 불평등을 억제하기 위해 정부가 더 강력하게 행동하도록 지원해야 한다. 미국의 '애국하는 백만장자들Patriotic Millionaires'과 같은 초부유층 단체가 자신들에게 세금을 더 부과하라며 정부를 상대로 단호한 목소리를 내고 있다. 비록 소수이긴 해도 이런 집단들은 부유층에서도 더 큰 평등이 모두에게 유익하다고 분명하게 인식하고 있다는 사실을 여실히 보여준다.

또 다른 장벽으로 인식되는 문제는 재정적 여력이다. 국가들은 늘어난 재정적 부담을 감당할 만한 재원을 어떻게 마련할 수 있을까? 사실 우리의 논점은 재정적 여력의 문제보다는 분배와 할당의 문제로 모아진다. 이 문제는 장기적으로는 공정한 방식으로 부자들에게 더 높은 세금을 부과함으로써 달성할 수 있다. 단기적으로는 사회의 최빈층을 보호하기 위해, 안정적인 주권화폐sovereign currency를 가진 정부가 필요한 재원을 마련할 수 있다. 과거 세계 금융위기 시절과 최근 일어난 팬데믹 기간에도 이러한 경제 전략이 경제를 지탱하는 데 성공적으로 활용되었다. 근본적인 전환의 시기에 꼭 필요한 경제 안전성을 창출하는 데 또다시 이 전략을 활용하지 못할 이유는 없다.

마지막 장벽은, 불평등이 '더 나은' 세상을 만들기 위해서 반드시 치러야 하는 어쩔 수 없는 결과라는 신화를 끝없이 지속시키는 지배

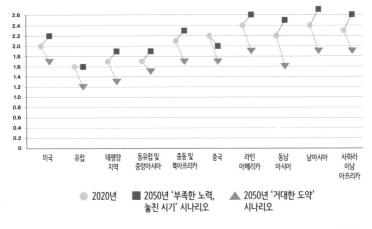

그림 4.5 세계 10대 지역의 2020년도 불평등지수(원), '부족한 노력, 놓친 시기' 시나리오에 따른 2050년 지수(사각형), '거대한 도약' 시나리오에 따른 2050년 지수(삼각형). 세로축은 1980년을 1로 놓고 계산한 상대값이다.

적인 설명 방식이다. 이런 식의 설명에 따르면 우리는 그저 이렇게 살아가야 하며, 그것이 자본주의 사회의 '자연스러운' 질서라고 이야기가 흘러간다.

우리에게는 진실을 뚜렷이 드러내는 새로운 설명 방식이 필요하다. 극심한 불평등은 심각한 파괴력을 지녔고 이 파괴력은 부유한 사람들조차 피해가지 않는다는 것이다. 이러한 불평등은 사회를 퇴보시키고 분열과 분노를 불러일으킨다. 모두를 위험에 빠뜨리는 상황을 불러오고 민주주의를 훼손한다.

반대로 평등한 사회일수록 민주주의가 더 탄탄하게 작동한다. 더 평등한 사회일수록 사람들의 웰빙과 건강 수준이 더 높아지며 이는 일부 유럽과 일본을 비롯한 다수 국가의 사례에서도 잘 나타난다. 이보다 더 중요한 점이 있다. 소득과 부의 완전한 재분배야말로 민주적 가치를 고양하고, 모두에게 식량과 에너지, 경제적 안정성을 가져다줄 최고의 방법이라는 점이다.

결론

지금까지 살펴본 것들은 인류세를 헤쳐 나가기 위한 거대한 아이디어들이다. 우리는 이 아이디어들의 실행을 통해 지금의 경제와 '모두를 위한 지구' 경제 사이의 격차를 줄여갈 수 있다고 생각한다. 이 아이디어들은 전환기에 이러한 격차를 따라잡는 동안 경제적 안정성이라는 안전망을 제공한다. 다가올 10년 사이에 우리는 혼란에 휩싸일 것임을 알아야 한다. 안전망을 만들어내지 않는다면 사람들은 변화의 필요성 앞에서 꿈쩍도 하지 않을 것이고, 유권자들은 대중에게 영합하는 지도자들에게 쏠릴 것이며, 시민들은 상류층의 호주머니를 채우는 또 다른 수법이라고 느끼며 전환을 거부할 것이다. 하지만 우리가 제안하는 안전망은 미래 경제 창출을 위해 더 많은 탄력성을 허락한다는 점에서 혁신망으로도 볼 수 있다.

요약하자면, 정부는 더 누진적인 과세, 노동자들의 협상력을 강화하기 위한 노동조합 재조직화, 사용료와 배당금의 체계로 운영되는 시민기금 등의 지렛대를 더욱 힘껏 눌러야 한다. 이러한 조치들은 그림 4.5가 보여주듯이 생산물에 대해 역사적으로 감소해왔던 노동자들의 몫을 되돌리는 데 기여할 수 있다.

앞에서 말한 해법들은 장기적인 불평등 심화와 사회 분열을 특징으로 하는 현재의 경제 패러다임에서 벗어나, 사회의 신뢰도가 높아져 더 효과적인 통치가 가능해지는 새로운 패러다임으로의 이행을 실현하는 방법들을 다룬다. 간단히 말해, 이 해법들은 다른 모든 전환을 가능케 하는 요인이자 토대이자 촉매다. 평등한 국가일수록 더 많은 해외 개발을 지원할 가능성이 있다. 이들 국가는 여성에 대한 권한 부여, 보건과 교육 부문의 투자를 지원할 가능성도 더 크다. 또는 자연 생태계가 재생하도록 식량과 에너지 부문의 전환을 지원할 수도 있다. 평등한 국가일수록 실질적이면서도 장기적인 의사결정을 내올 적극적이고 대담한 정부를 뒷받침할 가능성이 더 높기 때문이다.

5장

권한 부여 전환

'성 평등 달성하기'

이 전환은 성 평등, 여성의 주체성, 변화하는 세계 속에서의 가정을 옹호하는 일을 다룬다. 이러한 전환을 통해 우리는 무엇을 이루려고 할까? 여성의 교육 접근성, 경제적 기회, 존엄한 일자리, 그리고 이것들이 가져다주는 모든 삶의 기회를 증진하면 더 훌륭하고 탄탄하며 회복력 있는 사회가 구축될 것이다. 이는 또한 금세기에 인류와 지구가 밟게 될 경로도 결정할 것이다.

평등한 교육, 평등한 보수, 노년의 재정 안정성에 대한 여성의 권리를 차별하는 행태는 세계 곳곳에 여전히 널리 퍼져 있다. 권한 부여 전환을 실천하면 여성들이 다음 사항에 더 수월하게 접근하게 된다.

- 교육, 보건 서비스, 평생학습

- 재정적 독립과 지도자 지위
- 보편적 기본 배당금 또는 이와 유사한 제도 및 확장된 연금제도를 통한 경제적 안정성

이러한 전환이 이루어진다면 차별에서 벗어나 성 평등과 여성의 주체성이 향상된 사회를 이룩하는 과정이 가속될 것이다. 따라서 이 전환은 우리 공동의 미래를 진정으로 가치 있게 만드는 데 꼭 필요한 발걸음이다.

관점을 넓혀서 생각해보면 가정을 옹호하는 일이란, 어떤 것이든 구성원들이 원하는 가정 형태 또는 가계 구조를 존중한다는 것을 뜻한다. 크든 작든 '가정'이란 자녀가 없는 커플, 성소수자^{LGBTQ+} 부모,

(여성에 대한) 권한 부여

그림 5.1 권한 부여 전환을 이루면 성 평등의 여러 유익이 사회로 돌아간다. 여기서 '거대한 도약'은 학령기로부터 노동 연령을 지나 노년에 이르기까지 여성과 소녀들을 위한 더 많은 기회와 평등한 조건을 즉시 창출하는 것을 의미한다.

다세대 가족, 나아가 일상생활에서 생기는 다양한 형태의 유대관계를 모두 포함한다. 가정은 안정된 생계, 보편적 의료에 대한 접근성, 유연한 근무 형태, 모두를 위한 적절한 연금, 인간적인 육아휴직이 필요하다. 이러한 것들은 인류의 발전을 이끄는 잘 기능하는 경제의 기본 바탕이 된다.

  여성에 대한 권한 부여를 지지한다는 이유로 다른 부문을 등한시하거나 차별의 교차성^{intersectionality*}을 제대로 이해하지 못한다면 본래의 취지를 쉽게 훼손할 수 있다. 권한이 부여된 사회란 선주민 집단과 난민 등 모든 소외 집단의 구체적인 상황과 필요사항을 고려해 이를 정책적 개입을 통하여 해결한다는 뜻을 담고 있다. 여기에는 남성 역시 인종, 성적 지향, 종교, 소득, 그 밖의 이유로 차별을 받을 수 있으므로 권한 부여 정책에서 이들을 배제하지 않는다는 것도 포함된다. '모두를 위한 지구'의 전환경제위원회 위원이자 아프리카 생태경제학자협회** 의장인 제인 카부보-마리아라^{Jane Kabubo-Mariara}는 소녀들의 권한을 강화하겠다고 소년들에게 피해를 주는 것은 역효과를 낼 것이라며, "일례로 케냐에서는, 1995년 베이징 여성 콘퍼런스^{Beijing Women's Conference} 이후로 차별 철폐 조치가 과도하게 시행되면서 여아가 남아보다 우위에 서게 되었고, 이를 역전시켜야 한다는 목소리들이 나오고 있다"고 지적하기도 했다. 남아도 배제해서는 안 된다. 로마클럽의 공동의장인 맘펠라 람펠레 박사는 지독한 남성주의가 퍼져 있는 문화권에서 남성들의 불안을 해소하지 않은 채 이들을

* 성별, 장애, 인종 등의 차별 유형이 분리되어 존재하지 않고 서로 결합해 영향을 미치는 것-옮긴이
** 원어명은 African Society for Ecological Economists이고 약자는 ASEE-옮긴이

배제한 탓에 성별에 기반한 재앙적인 폭력과 여성 살해가 일어났다고 지적했다. 그러므로 우리가 말하는 전환은 차별을 제거함으로써 포용성과 성 평등으로 신속히 이행하는 것을 목표로 삼는다.

이러한 점들을 고려해 격동의 변화가 일어나는 시기에는 보편 교육을 위한 공적 투자를 최우선 사항으로 여겨야 한다. 그러나 '교육'만 고려해서는 안 된다. 교육 체계를 재고하는 것 또한 이 전환에 포함된다. 즉, 산업혁명 기반의 사고방식에 젖어 있는 세계관(주로 소년들에게 적합하도록 맞춰진 관점)에서 벗어나 평생학습, 사람-생태계 사이의 연결성 등을 중시하는 세계관으로 중심을 옮겨 교육 체계를 다뤄야 한다. 그러려면 여아와 남아 모두가 비판적 사고, 시스템 사고, 적응적 리더십 등 이번 세기를 헤쳐 나가는 데 필요한 인지도구를 체득하게 함으로써 이들이 심층 전환이 일어나는 세상 속에서도 마음껏 자신의 가능성을 꽃피우게 해야 한다.

모두를 위한 보건에 기울이는 공적 투자는 대다수 사람에게 경제적으로 가장 적합한 장기 보건의료와 웰빙을 제공할 뿐만 아니라, 최근 팬데믹 상황에서도 드러났듯이, 정부의 사회 보호 역할에 대한 신뢰를 형성하는 데도 유용하다는 사실이 거듭 입증되었다. 경제학자 마리아나 마추카토Mariana Mazzucato는 "2020년 각국 정부가 군사비 지출을 늘린 결과 전 세계 GDP가 2조 2천억 달러 증가했다. 그러는 동안에도 세계는 전 세계 인구의 예방접종에 필요한 단 500억 달러를 마련하지 못했다."[61]고 지적했다. 궁극적으로 이 부문의 전환을 성공시키려면 우리가 추구하는 미래를 이루기 위해 경제적 측면에서 더 적극적으로 움직여야 한다. 간단한 출발점으로 보편적 교육과 의료의 지원을 목표로 설정해놓고 이를 달성하기 위한 방법을 찾아내는 노력을 기울여야 할 것이다.

일터에서의 평등한 지위도 필수 목표에 해당한다. 여성은 전 세계 인구의 절반가량을 차지함에도 소득과 부의 측면에서는 불리한 위치에 놓여 있다. 성 평등을 이룬 이상적인 세상에서는 당연히 여성이 전체 노동 소득의 50% 정도를 벌어들일 것이다. 그러나 전반적으로 볼 때, 1990년 노동에서 창출된 총소득(노동 소득) 중 여성의 지분은 30%에 불과했고, 오늘날에도 이 수치는 35% 미만에 머물러 있다.[62] 전 세계적으로 여성 토지 소유주는 채 20%도 되지 않는다. 단순히 여성이 남성보다 적게 버는 경향이 있어서가 아니다. 여성은 남성에 비해 상대적으로 저임금 일자리에 묶여 있고 유리천장에 부딪히는 탓에 고위직에 이르지 못하므로 문제가 지속될 수밖에 없다. 마지막으로 앞의 문제들만큼이나 중요한 것은 정계, 재계, 이사회, 임원진 구성에서 여전히 여성의 대표성이 매우 낮다는 것이다. 그러므로 성 평등은 회복력 있고 건강한 사회를 이루는 데 꼭 필요하다. 이를 달성한다면 사회 그리고 지구에 중요한 부수적 혜택이 따르게 된다.

인구

인구에 관한 길고 열띤 논쟁을 시작하는 가장 쉬운 방법은 전 세계 인구 성장을 언급하는 것일 테다. 220년 전 토머스 맬서스는 인구 성장에 관한 격렬한 논쟁에 불을 붙인 것으로 유명하다. 이 논쟁은 오랜 시간이 지나도록 열기가 식지 않았고, 1960년대 들어서는 폴

에얼릭Paul Ehrlich과 앤 에얼릭Anne Ehrlich이 쓴 《인구 폭탄 *The Population Bomb*》이라는 책이 베스트셀러가 되면서 인구 논쟁의 열기가 더욱 뜨거워졌다. 그들은 무언가를 감지하고 있었다. 과거 20억 명이었던 세계 인구는 단 50년 만에 40억 명(1975년경)으로 두 배 가까이 훌쩍 늘었다. 2022년 현재 세계 인구는 또다시 두 배로 늘었고(79억 명) 매년 약 8천만 명씩 늘고 있다.

그렇다면 인구가 또 한 번 두 배로 늘어나 160억 명에 도달하는 것은 언제일까?

그렇게 되지는 않을 것이다. 160억이라는 숫자의 근처에도 가지 못할 것이다. 간단히 말해, 많은 사람이 두려워했던 '인구 폭발'이라는 개념은 다행히 사그라들었다. 지난 40년간 인구 통계에서 엄청난 변화가 나타났기 때문이다. 인구 성장률은 1960년대에 정점에 이른 뒤로 꾸준히 하락해왔다. 여성들은 점점 더 자녀를 적게 낳는다. 실제로 2020년 여성 1명당 평균 자녀 수는 전 세계적으로 2명을 간신히 넘는다. 물론 이 수치는 세계 수많은 지역 간의 커다란 격차를 드러내지 않는다. 일본, 한국 등의 국가에서는 여성 1명당 자녀 수가 2명이 채 되지 않는다.* 저소득 국가 그리고 특히 취약국가fragile state**에서는 이 수치가 훨씬 높다.

인구 성장 둔화 측면에서 진척이 있기는 했지만, 유엔은 지금의 추세대로라면 세기말까지 세계 인구가 약 110억 명에서 정점에 이를 것이라고 전망한다.[63] 이 인구가 지구 시스템에 가하는 추가적인 압

---

* 한국의 경우 2022년 합계출산율이 0.78명으로 떨어졌다—옮긴이
** 정치, 경제, 치안, 복지 등의 부문에서 기본적인 역할을 이행하지 못하는 국가—옮긴이

박은 상당히 클 것인데, 이것이 사회의 성패를 좌우할 수도 있다. 유엔은 인구 증가가 주로 아프리카에서 일어날 것이라고 내다보고 있다. 서아프리카 일부 지역에서는 여전히 여성 1명당 자녀 수가 6~7명에 이를 정도로 높다. 현재 13억 명이 이 대륙에 살고 있다. 유엔은 이 수가 두 배로 늘어날 수도 있다고 예상하는데 이는 너무도 높은 수치다. 우리가 수립한 모델에 따르면 세계 인구가 2050년경 약 90억 명에서 정점에 다다를 것이라고 전망된다.

즉, 최악의 상황은 피할 수 있다는 것이다. 출산율은 더 나은 교육, 더 나은 건강, 여성과 여아를 위한 더 나은 일자리, 1인당 소득의 전반적 상승, 피임의 용이성 등 다양한 요인과 연관된다. 이 모든 요인이 여성 스스로 자녀 수를 선택할 더 많은 자유를 가져다준다.[64] 하지만 최근 자료에 따르면, 저소득 국가에 거주하는 여성 2억 2,200만 명이 가족계획의 필요성을 충족하지 못했던 것으로 추산된다. 사하라 이남 아프리카와 그 밖의 저소득 국가에서 앞서 열거한 요인들이 갖춰졌다면 1백만 명 이상의 영아 사망과 5,400만 건의 원치 않는 임신을 피할 수 있었을 것이다. 만약 그랬다면 의도치 않은 출산 2,100만 건, 유산 700만 건, 임신 중지 2,600만 건(그중 1,500만 건은 안전하지 않은 임신 중지)을 예방할 수 있었을 것이다.[65] '거대한 도약' 시나리오는 앞서 열거한 요인들이 충족되도록 촉진함으로써 열악한 가족계획 정책과 연관된 보건과 사회 측면의 몇몇 난제를 해결하는 것을 목표로 삼는다.

우리의 분석에 따르면, 권한 부여 전환을 이루는 데 영향을 미치는 주요 요인들(교육, 보건, 소득, 연금)은 가족 규모를 축소하고 수명을 연

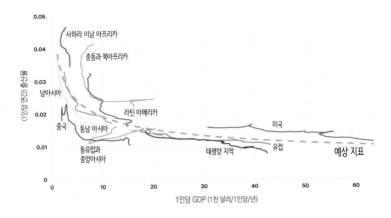

출처 : 펜월드테이블 및 유엔 인구국(UN Population Division) 자료를 토대로 계산한 어스4올 분석 자료

그림 5.2 모든 지역에 걸쳐 1인당 소득(가로축)이 높아질수록 출산율은 급격히 떨어졌다. 실선들은 1980년에서 2020년에 이르는 데이터 추이를 보여준다. 점선은 1인당 GDP 수준에 따른 2100년까지의 향후 출산율에 관한 예상 추이다.

장하는 한편, 2050년경에 세계 인구가 90억 명 아래에서 정점에 이르도록 이끌 것이다. 그 후로 21세기 하반기에는 인구가 서서히 그리고 안정적으로 감소해 나갈 것이다. 이렇게 더 안정적인 상태에 이르게 하려면 어떻게 해야 할까?

모든 것을 변화시키기

언뜻 보면, 이 전환 속에 한데 모여 있는 주요 과제(교육 재고, 모두를 위한 보건의료 제공, 인구 과잉 역전)들은 서로 아무 관련 없는 문제들이 마구잡이로 모여 있는 듯하다. 하지만 이 과제들은 본질적으로 성 평등이라는 하나의 중심 개념과 연결되어 있다. 더 나은 성 평등을 이

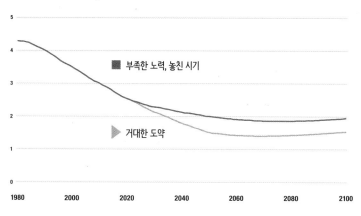

여성 1인당 자녀 수

부족한 노력, 놓친 시기

거대한 도약

출처 : 펜월드테이블 및 유엔 인구국 자료를 토대로 계산한 E4A-global-220501 자료

그림 5.3 소득이 높아질수록 여성들은 더 적은 수의 자녀를 갖기로 선택한다. 1980년에는 여성 1인당 평균 자녀 수가 4명이었지만, 2020년에는 평균 2.4명이었고, 2050년에는 양쪽 시나리오 모두에서 이 수가 2명 미만으로 떨어질 것으로 보인다.

루기 위해 힘을 기울이는 사회, 특히 경제적 기회와 사회적 유동성 측면에서 평등을 촉진하는 사회가 모두에게 더 나은 결과를 안겨준다는 것은 경험적으로 쉽게 확인된다.

이번 세기가 진행됨에 따라 사회는 점점 더 인구 고령화에 적응해야 할 것이다. 그러려면 근본적인 차원에서 경제 구조를 재조정해야만 한다. 게다가 사회는 환경 변화와 사회적 전환에도 적응해야 한다. 보편 교육과 보편 의료는 회복력 있는 사회를 만드는 데 토대가 되며, 전환의 여정에 함께하는 모든 시민이 정부를 신뢰하도록 이끄는 밑바탕이 된다. 간단히 말해, '모두를 위한 지구'는 더 적극적인 정부를 요구하는데, 그런 정부는 대다수의 사람들이 변화된 구조에서 혜택을 얻는다는 느낌을 줄 수 있을 것이다. 그리고 다행히도 우리는 맨땅에서 시작하지 않아도 된다.

우리가 논하려는 모든 전환 중에서 성 평등과 주체성 부문은 지난 50년 사이에 가장 큰 진적을 이뤘다. 분명 세계는 몹시 낮은 기준선에서 시작했으며 앞으로도 넘어야 할 산이 많은 것이 사실이다. 그럼에도 지난 50년간의 진전을 통해 대다수 지역에서 남녀 사이의 교육 격차와 심지어 임금 격차도 줄어들었다. 자녀의 성별과 관계없이 부모의 유산을 물려주는 일도 점점 더 흔한 일이 되고 있다.

하지만 '거대한 도약' 시나리오를 실현하는 데 있어 지금의 변화 속도는 확연히 느리다. 무엇보다도 새로운 추진력을 발휘하지 않는다면 전 인류에게 심각한 문제를 불러올 수 있을 정도로 인구 규모가 커질 수도 있다.

5가지 특별한 전환 모두가 저마다 성 평등과 주체성 부문을 향상시킴으로써 많은 추가 유익을 얻을 수 있다. 이를테면, 식료품과 에너지의 이용 가능성은 경제적 안정성을 높여 가정과 관련된 장기적인 의사결정에 영향을 미친다. 하지만 선택의 폭을 넓히는 데 영향을 미치는 가장 큰 요인은 다름 아닌 재정적 독립이다. 재정적 독립은 여성으로 하여금 남성에게, 존엄성을 해치는 노동에, 원치 않는 결혼에 "노"라고 말할 수 있는 자유와 힘을 가져다준다. 그리고 교육, 훈련, 경력개발, 자율적인 출산 관리에 "예스"라고 말할 수 있게 해준다.

세계 곳곳을 둘러보면 성 평등과 가정생활의 가치를 존중하는 것이 적어도 경제적 성공을 위한 비결인 듯 보인다. 덴마크, 핀란드, 아이슬란드, 노르웨이, 스웨덴 등의 부유한 북유럽 국가들은 웰빙과 행복에 관한 국제 여론조사에서 꾸준히 최상위를 지키고 있다. 이곳들은 시장경제를 바탕으로 하지만, 국가가 최선을 다해 가정에 투자하며 매우 효율적으로 움직이고 있다. 이들 북유럽 국가는 세계경제포럼이 발표한 세계 사회유동성 지수Global Social Mobility Index(2020)에서도 최상위를 차지한다. 덴마크에서 태어난 아동은 미국에서 태어난 아동보다 '아메리칸 드림American Dream'*을 실현할 기회가 더 높다. 물론 이 국가들은 소비발자국consumption footprint** 지수가 높으므로 결코 완벽한 나라들이라고는 할 수 없다. 하지만 흥미롭게도 이곳 시민들은 자국 정부에 대한 신뢰도가 높고, 덕분에 이 국가들은 모두에게 유익하고 효과적인 장기적 의사결정을 내릴 수 있었다. 일례로, 이 국가들은 탄소 배출 중립net zero carbon emissions***을 최초로 약속한 국가들에 속해 있다. 최근에는 다른 국가들도 이에 발맞춰 웰빙경제라는 개념을 더 적극적으로 받아들이기 시작했다. 핀란드와 아이슬란드뿐만 아니라 뉴질랜드, 스코틀랜드, 웨일스까지 합류하여 연합을 형성하였는데, 이들은 절대다수에게 이로운 새로운 형태의 경제 개념을 활성화하는 데 뜻을 모았다. 이 글을 작성하는 지금, 이 국가들은 정부 관료에서 성별 균형을 이뤄야 한다는 뜻을 치열하게 펼치고 있으며, 이들 정부는 모두 여성들이 주도하고 있다.

웰빙경제라는 개념에 다른 국가들도 관심을 보이고 있다. 코스타리카, 캐나다, 르완다 정부는 경제에서의 우선순위 수립에 이러한 접

---

* 균등한 기회가 보장된 사회에서 자신의 능력을 발휘해 부와 명예를 얻는 것-옮긴이

** EU 국가들의 소비가 환경에 미치는 영향을 평가하기 위해 마련한 일련의 지표-옮긴이

*** 탄소 배출을 줄이고 배출된 탄소는 제거하여 대기중에 존재하는 탄소량 순증가를 제로(0)로 만드는 것-옮긴이

근법을 적용하고자 탐색 중이다. 이 밖에도 몇몇 도시가 경제학자 케이트 레이워스가 주창한 '도넛' 모델과 같은 경제 모델을 탐색하기 시작하는 등 여러 진척이 있었다. 이들은 불평등, 건강, 교육, 성별 등과 관련된 사회적 기초와 지구 한계 안에서 경제를 운영하고자 노력하고 있다.

완벽한 경제 시스템이란 존재하지 않는다. 하지만 현재 실질적으로 효과를 보이는 강력하고 전환적인 경제 아이디어들로 이루어진 활력 있는 생태계가 존재한다. 이들 아이디어가 공통으로 인정하는 것은 성 평등과 주체성 부문에 모든 노력을 기울여 투자해야 한다는 것이다.

교육의 전환

인구 성장 문제를 해결할 가장 중요한 정책적 개입 중 하나는 교육에 투자하는 것이다. 교육은 족쇄에 묶인 삶에서 벗어나게 하는 최고의 탈출 수단이다. 교육은 사회 유동성과 경제 안정성을 제공하고 기회의 세계를 활짝 열어준다. 소녀들을 교육하면 그들의 평생 수입과 국민소득이 높아지고, 아동 사망률과 모성 사망률이 감소하며, 조혼을 예방하는 데도 유익하다. 지난 50년간 세계 여러 지역에서는 성 평등에 가까울 정도로 교육 부문이 크게 개선되었다. 이제 일부 지역에서는 교육에 참여하는 남아보다 여아의 수가 더 많다. 그러나 아프리카와 남아시아 지역은 지금의 고소득 국가들이 지난 세기 초반에 도달했을 정도의 교육 수준에 이제 겨우 도달했다.

교육 수준은 단순히 학교에 머무는 햇수로 측정할 때가 많다. 이것도 어느 정도는 일리가 있다. 일정한 소득 수준을 넘어서면 삶의 만족도가 더는 커지지 않는다는 증거가 있음에도 높은 소득을 더 나은 삶과 연관 지어 생각하듯이, 교육도 학교 교육과 대응시켜 판단하곤 하는 것이다. 하지만 산업혁명 이후로 학교는 놀라울 정도로 변한 것이 거의 없다. 지난 200년간 급격한 기술발전을 이뤘음에도 불구하고, 구글 검색창에 '교실classroom'이라는 단어를 입력하면 그 기본적인 개념이 그대로 남아 있음을 알 수 있다. 교실 앞 칠판 쪽을 향해 책상들이 줄지어 놓여 있는 보편적인 기본 구조가 이미지 검색 화면의 주를 이루기 때문이다.

시대에 뒤떨어진 학교 교육

가부장적인 19세기 사회에서 크게 벗어나지 않은 듯한 학교 교육 체계에 여성과 여아를 끌어들인다면 이는 정상적인 권한 부여 형태라고 여겨지지 않을 것이다. 학교 교육의 가장 흔한 모델에서는 여전히 일반적으로 규정된 시간, 이를테면 1시간 동안 아동들을 모아놓고 외울 내용을 내주면서 왜 그것을 외워야 하는지 확실히 일러주지 않을 때가 많다. 대개 시험에서는 제시한 내용을 잘 외웠느냐를 중심으로 평가한다. 학교에서 배우는 많은 내용은 통과의례처럼 주입되는 것에 가까우며 금세 잊힌다. 그러나 문해력과 산술 능력 외에 학교에서 이루어지는 진정한 학습은 학생들이 사회적으로 상호작용하고 성장이라는 어려운 일에 관해 배워가는 과정에서 일어난다. 물론 다수의 시골 학교들은 가르칠 수 있는 교사를 두고 쓸 만한 화장실을 갖춘 채 그 자리에 존재하는 것만으로도 날마다 제 역할을 다한다고 여겨질 수도 있다.

이를 넘어서는 곳에 꿈이 있다. 때로 고등교육까지 이어지는 학교 교육의 구조적 사다리는 값을 매길 수 없는 귀중한 무언가를 제공하는데, 그것이 바로 사회적 유동성이다. 학교 교육에 가치를 두는 이유도 여기에 있다. 사회적 유동성이 생기면 학습자 본인뿐만 아니라 온 가족이 더 나은 삶을 꿈꿀 수 있다. 그러나 그 사다리를 오를 수 있고, 칠판 대신 화이트보드를 사용하며, 학급마다 컴퓨터를 갖췄다고 해서 더 나은 **교육적** 성과를 거둔다고 볼 수는 없다. 우리가 제시한 5가지 전환이 분명히 보여주는 것이 있다면, 19세기 환원주의*와 선형적 인과관계에 기반한 사고방식, 즉 세계를 기계와 같은 것으로 보고 그것의 부분들을 따로따로 파악하여 전체를 알 수 있다고 가정하면서 지식을 대하는 태도야말로 문제의 핵심이라는 것이다.

모든 곳에서 교육을 재정비할 때 토대로 삼아야 할 것은 두 가지 (비판적 사고, 복잡계 사고)다. 아마도 오늘날 세계가 직면한 최대 난제는 기후변화도, 생물다양성 손실도, 심지어 팬데믹도 아닐 것이다. 비판적 사고 능력의 부족으로 사실과 허구를 구분하지 못하는 우리의 무능력이야말로 가장 큰 문제다. 민주주의 사회에서 잘못된 정보와 허위 정보는 대중매체를 통해 견제와 균형을 이룸으로써 적어도 어느 정도는 방지되어 왔다. 그런데 소셜 미디어가 이 모델을 산산조각 냈

---

* 다양한 현상을 기본적인 하나의 원리나 요인으로 설명하려는 경향을 말한다-옮긴이

다. 소셜 미디어는 세계 곳곳으로 잘못된 정보와 허위 정보를 퍼뜨리는 일을 산업화하여 사회를 분열시키고 신뢰를 떨어뜨렸다. 그리하여 공동의 난제 앞에서 힘을 모으거나 기본적 사실에 관한 해석에 합의를 모을 줄도 모르는 우리의 충격적인 무능력에도 일조했다. 팬데믹 기간에 일부 국가에서는 마스크 착용 여부가 정치적으로 극명하게 의견이 갈리는 문제가 되었다. 여기서 경험적 증거는 무시와 경멸과 조롱을 받았고, 이는 불필요한 죽음을 더 많이 불러온 원인이 되기도 했다. 이러한 실패의 뿌리에는 체계적인 문제가 놓여 있으므로 장기적인 해법이 필요하다. 교육 체계는 비판적 사고를 가르치고 강화함으로써 다음 세대가 정보의 지뢰밭을 현명하게 헤쳐 나가도록 도울 의무가 있다.

교육의 두 번째 토대는 복잡계 사고complex systems thinking다. 어스4올 모델은《성장의 한계》가 50년 전에 제창한 도구인 시스템 역학과 시스템 사고를 기반으로 한다. 해양, 기후, 도시화와 주식시장에 이르기까지 대다수 현실 세계의 시스템은 복잡한 동적 시스템을 이루고 있다. 따라서 대학 전까지 이러한 근본적인 특성을 대체로 무시하는 교육 체계는 쓸모가 없다. 많은 선주민 공동체가 사용하는 지식 체계들은 시스템 관점, 복잡성 관점, 학습에 대한 담론적 접근법을 수용한다. 이러한 접근법들을 통합해 시스템 사고를 기반으로 하는 새로운 교육 과정을 만들 수 있다. 이 모든 토대는 적응의 리더십, 또는 급변하는 상황에서 현명하고 결단력 있는 행동을 취하는 능력 등 미래를 살아가는 데 필요한 근본 기술을 기르는 데 중요하다.

여전히 수많은 아이들의 교육을 가로막는 비용의 문제

교육의 문제는 구조적인 경제 문제다. 1980년대에 아프리카 여러 국가가 부채 위기에 부딪히자 IMF와 세계은행이 개입해 자금난에 허덕이는 국가들에 돈을 빌려주었다. 하지만 여기에는 조건이 붙어 있었다. 지원받는 국가들에게 공공지출을 통제하라고 요구한 것이다. 이러한 국제적 요구 속에서 현장의 학교들은 '수업료'를 도입하기에 이르렀고, 돈을 내고 학교 교육을 받는 것이 널리 퍼지게 되었다. 당시 유니세프가 조사한 바에 따르면 조사 대상이었던 저소득 국가들의 약 절반에서, 하위 40%의 가정들은 자녀 두 명을 초등학교에 보내는 데만 연 소득의 10% 이상을 지출했다. 유네스코의 최근 통계에서도 갖가지 이유로 교육에서 배제된 아동이 세계적으로 2억 5,800만 명에 달하는 것으로 나타났다.[66] 세계적으로 확산된 팬데믹으로 인해 이 수치는 분명 늘어났을 테지만, 이 글을 작성하는 현재(2022년) 그 정확한 수를 아는 사람은 아무도 없다. 팬데믹 첫 2년간 저소득 국가의 휴교 기간은 고소득 국가의 두 배가량 지속되었다. 이러한 충격이 미치는 부정적 여파는 저소득 국가에서 더욱 커진다. 이들 국가의 학령기 아동 수가 고소득 국가의 거의 두 배에 이르기 때문이다.[67]

한 가지 좋은 소식은, 맘펠라 람펠레 박사가 지적했듯이, 대안적인 학교 교육 모델을 제공하는 다양한 프로그램이 존재한다는 것이다.[68] 이 프로그램들은 다양한 문화적, 지리적 맥락에 맞게 조정된 것들로서 과거가 아니라 현재와 미래의 필요사항을 충족하는 데 더 적합하다. 한 예로 남아프리카공화국의 립스쿨LEAP Schools을 들 수 있다. 남아프리카공화국은 지구상에서 경제적으로 가장 불평등한 국가 중 하나로 손꼽힌다. 립스쿨은 가장 소외된 공동체에 무상교육을 제공함으로써 불평등을 해소하고자 설계된 프로그램이다. 교과 과정도 개인의 주체성을 고취하고 참여를 유도하도록 짜여 있는데 이것은 세계시민 의식과 연결된다. 립 프로그램에 참여하는 학생의 약 80%가 학위나 졸업장을 취득하거나 고등교육까지 학업을 이어간다. 프로그램 운영자들은, "우리는 불가능한 것을 실현해내고 있습니다. 아무리 가난하다고 해도 남아프리카공화국의 많은 학생들이 고등학교를 졸업하고, 대학 학위를 취득하며, 만족스러운 미래를 꿈꿀 수 있도록 한다는 말이죠."라고 말한다. 람펠레에 따르면, 립 프로그램의 성공을 발판 삼아 남아프리카 전역으로 이 모델을 확산하기 위해 새로운 립 연구소LEAP Institute가 설립되었다고 한다.

재정적 독립과 리더십

고용 말고도 경제적 자유와 안정성을 만들어낼 방법은 많다. 한 지역사회의 모든 여성이 아무런 조건 없이 매월 현금을 지급받는다면 어떨까? 인도에서는 일종의 보편적 기본소득을 여성들에게 지급하는 제도가 시험 운영되었다. 이 제도의 목적은 보편적 기본소득이 빈곤에 어떤 영향을 끼치는지 알아보고 여성에 대한 권한 부여와 주체성 향상을 뒷받침하는 것이었다. 시험 운영한 내용을 평가해보니 보충 수입이 가져다주는 이점은 크게 세 가지였다. 여성이 속한 가정의 영양 상태가 개선되어 건강이 증진되고 아동들은 학교에서 더 오랜 시간을 보낼 수 있었다. 또한 경제성장에도 긍정적인 효과가 나타났고, 여성은 확보한 소득을 바탕으로 가계 지출에 관한 의사결정에서 더 큰 통제력을 발휘할 수 있었다.[69] 다른 수많은 가부장적 복지 프로그램과 다르게 이 접근법은 여성에게 무엇이 필요한지에 관해 다른 누군가가 판단하지 않았다는 사실이 매우 중요하다. 자산 조사 혹은 특정 조건이 따라붙지 않는 안정적인 수입원을 제공하면 주체성, 평등, 포용성이 촉진된다.

앞서 빈곤의 전환을 다루는 장에서는 가난한 국가들에서 자립적 번영을 이루어내는 것에 관한 통찰을 얻을 수 있었다. 이는 적절히 실행하기만 한다면 더 많은 정부 수입을 더 나은 학교 교육에 쓸 수 있다는 것을 의미한다. 교육은 어려움 없이 누리는 보편적 무상 서비스가 될 수 있다. 그러나 젠더 측면에서는 교실에 자리를 얻어 계속 수업에 참석하는 것보다 더 많은 난제가 있다. 세계 여러 곳에서 여성과 여아에게 부과하는 문화적 기대치와 의무는 상당히 무겁다. 교육을 받았음에도 다수의 여성과 여아들은 일자리에 대한 접근성을 얻지 못했다.

우리는 보편적 기본소득, 무상교육과 함께 더 나은 성 평등을 위한 구조적 해법으로서 보편적 보건의료 제공을 강력히 지지한다. 21세기를 살아가는 우리는 이것이 필수적인 인권이자 제대로 기능하는 사회의 토대라고 생각한다. 영국, 스웨덴 등의 국가에서는 무상의료를 효과적으로 제공하는 덕분에 국가의 부가 모든 시민에게 더 공평하게 공유됨으로써 정부에 대한 신뢰가 두터워진다. 이것이야말로 진정한 민주 국가commonwealth이다.

　보편적 보건의료는 사회의 모든 사람들에게 보건의료를 제공한다
는 시스템 접근법에 기반하므로 예방적 의료 개입에 더 많은 시간과
자원을 투자할 수 있다. '모두를 위한 지구' 전환경제위원회 위원인
앤드루 헤인스Andrew Haines에 따르면, 예방에 투자하는 것은 전체 보
건의료 지출 중 대개 적은 부분을 차지한다.[70] 더 수월하게 건강한 선
택을 내릴 수 있도록 사회 구조를 바꿀 뿐만 아니라 식생활과 신체
운동에 관해 교육하는 것도 예방적 보건의료에 투자하는 일이다. 이
러한 조치는 의료비를 전반적으로 낮추고, 사람들이 장기적으로 건
강에 유익한 선택을 내리도록 돕는다. 이는 또한 사회에서 가장 취약
한 계층에게 더 큰 경제적 안정성을 제공하는 것으로 나아간다.

　이 장에서 제시한 전반적으로 긍정적인 흐름이 향후 지속되고 강
화된다면, 리더십 부문에서 더 나은 성별 균형이 이루어지고, 재계와
정부 내각에서도 더 큰 권력 균형이 이루어지리라 기대할 수 있다.
경제와 정치 부문에서 중요한 역할을 담당하는 사람들 사이의 다양
성을 높이려면 더 많은 행동과 규제가 필요하다.

안정적인 연금과 존엄한 노년

　우리가 제시한 두 시나리오 모두에서 향후 몇 십 년간 세계 인구가
계속 늘어나는 주요 원인의 하나는, 많은 사람이 아직 젊고(2020년 세
계 평균 연령은 약 30세였다), 전보다 더 많은 사람들이 장수하기 때문이
다. 인구가 고령화될수록 건강과 장기적인 돌봄에 지출이 많아지고

질병에 대한 부담도 커지며, 높아지는 기대수명에 맞춰 연금 지급 연령을 높이지 않는다면 이는 노동인구의 부족으로 이어지게 될 것이다. 연금 격차가 존재하는 곳에서는 소득 불안이 불거지게 된다. 인구 고령화는 복지 제공에 더 많은 자금을 투입하도록 떠미는데 이 때문에 경제 부문에서는 노동자들이 부담을 떠안게 된다. 다만 고령화와 함께 자녀 수도 줄어들기에 이러한 압박도 감소해갈 것이다.

인구 고령화 문제를 해결할 간단한 출발점은 수명 증가에 맞추어 은퇴 연령을 높이는 것이다. 이로써 전체 노동자가 짊어지는 재정적 부담을 줄이는 데 도움이 된다. 물론 여기에는 몇몇 난제들이 뒤따른다. 지금까지 은퇴는 다른 이들의 경력을 증진하는 자연스러운 방편이 되어 왔다. 그뿐만 아니라 노년에는 재정적 안정성이 필수적이다. 우리가 연금 지급 확대, 특히 여성에 대한 연금 지급 확대를 지지하는 것도 그런 이유에서다.

연금 확대, 보편적 기본소득, 보편적 기본배당과 같은 중대한 아이디어를 실천할 날이 마침내 왔다. 이 제도들은 모든 국가에서 여성의 웰빙, 주체성과 권한 부여에 커다란 영향을 미칠 수 있다. 지금이야말로 이러한 제도를 시행하겠다고 과감히 결단해야 할 때다. 이는 소득과 부를 더 공평하게 재분배하는 데 유익할 뿐만 아니라, 경제적으로 격동의 전환기를 겪는 동안 필수적인 경제적 보호를 제공할 것이다. 이 아이디어들은 불평등과 에너지 부문의 특별한 전환과 연관되므로 이를 다루는 장(4장, 7장)에서 자세히 논의되며, 나아가 새로운 경제적 사고를 다루는 장(8장)에서도 논의된다.

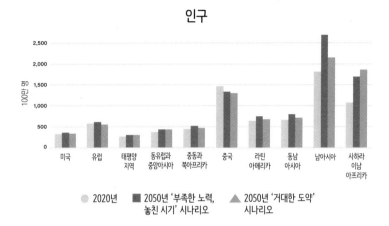

출처 : E4A-regional-220427, 펜월드테이블과 유엔 인구국

그림 5.4 2020년 지역별 현재 인구, '부족한 노력, 놓친 시기' 및
'거대한 도약' 시나리오로 내다본 2050년 지역별 인구

결론

우리의 미래를 가치 있게 여기는 출발점은 평등, 다양성, 포용성을
존중하는 것이다. 실증 자료를 보면, 더 나은 성 평등을 지지하는 경
제 시스템이 웰빙과 인간 발전에 관한 모든 국제 지표에서 최고점을
기록한다. 이러한 상황은 경제에서의 경쟁력도 높인다. 하지만 더 중
요한 것은, 이러한 상황이 금융위기, 팬데믹, 식품 가격 변동 등의 충
격에 대한 회복력을 강화한다는 점이다. 또한 공정과 정의의 가치가
존중되므로 사회 결속력을 구축하는 데도 유익하다. 우리가 바라는
미래를 이루려면 다가오는 수십 년간 전시 상태에서와도 같은 사회
결속력이 필요할 것이다.

전진을 가로막는 주된 장애물은 역시나 문화다. 그동안 너무도 오랫동안 가부장적 사회들이 지배적이었던 탓에 여러 사회의 예술, 음악, 상업, 정치 등 모든 측면이 남성적 위계질서에 물든 사고방식 속에 왜곡되어 있다. 이는 "이것이 자연스러운 인간의 질서다"라는 하나의 사고방식에 바탕을 둔 강력한 담론을 만들어낸다. 현재 가부장적 위계질서는 조금씩 허물어지고 있지만, 이러한 위계질서가 완전히 사라지려면 수세대가 지나야 할 것이다.

성 평등은 크나큰 추가 유익을 불러온다. 1800년부터 1975년까지 기하급수적 상승 곡선을 그렸던 인구 성장은 지난 50년 사이에 성장 속도가 둔화되고 있다. 이는 경제발전이 이룬 놀라운 성과다. 하지만 우리 앞에는 거대한 과제들이 남아 있다. 이중 가장 중요한 것은 지구 한계 안에서 모든 사람에게 좋은 삶을 제공하는 것이다. 이를 달성할 최고의 방법은 세계 인구가 2050년경에 반드시 90억 명 수준에서 안정화를 이루도록 하는 것이다. 그 이후로는 풍요로운 미래가 그려질수록 더 적은 수의 자녀를 가질 것이므로 2100년을 향해 갈수록 세계 인구수가 점차 줄어들 것이다. 이것이 '거대한 도약' 시나리오가 품는 포부이다.

식량 전환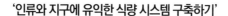

'인류와 지구에 유익한 식량 시스템 구축하기'

지난 50년간은 식량 안보 측면에서 놀라운 전환이 이루어진 시기였다. 1970년대에 들어서면서부터는 세계 인구가 두 배로 증가하던 상황 속에서도 기근으로 인한 사망자 수가 급락했다. 물론 너무도 많은 사람이 고통을 겪으며 사망했고, 지금도 식량 안보의 혜택을 누리지 못하는 사람이 무수히 많지만, 꾸준한 진척이 있었다는 사실만큼은 인정해야 한다.

그러나 이러한 진척에는 대가가 따랐다. 우리가 농사를 짓고 식량을 운반하여 소비하는 방식은 그 어떤 활동보다 지구 한계에 큰 영향을 끼친다. 농업은 온실가스 배출의 가장 큰 요인 가운데 하나다. 농업은 산림 파괴와 생물다양성 손실의 최대 원인이며, 지금까지 세계에서 담수를 가장 많이 소비해온 분야이기도 하다. 게다가 과도하게 사용되는 비료는 대기와 강, 호수, 해양으로 스며들어 거대한 데드존 dead zone*을 만들어내고 지구온난화를 심화한다.

따라서 지금의 농업은 지구에 적합한 방식으로 이루어지지 않고 있음이 분명하다. 또한 이러한 농업은 사람들에게도 유익하지 못하다. 우리는 농산물을 생산하고 생산한 지역에서 소비하는 구조에서 점점 더 벗어나 몇 안 되는 주요 식량 생산국에 놀랄 만큼 의존해왔다.

세계 인구 10명 중 거의 1명(9%)은 지금도 식량 안보를 위협받고 있고, 영양 부족 상태인 사람도 8억 2,100만 명에 달한다. 반대로, 지구 인구의 4분의 1에 해당하는 무려 20억 명이 과체중이거나 비만 상태다.[71] 2017년 전 세계 사망의 8%는 비만이 원인이었다.[72]

특별한 식량 전환은 크게 세 가지 해법에 중점을 둔다.

현재 우리가 식량과 그 밖의 산물을 재배하는 방식은 신속하고 광범위한 개혁이 필요하다. 재생농업과 지속 가능한 집약 농법은 농업의 효율화, 산출량 증가, 해로운 화학물질 투입 감소를 이끌 수 있다. 다양한 접근법 중에서도 '지속 가능한 집약 농법sustainable intensification'이라는 방식은 더욱 재생적인 관행을 유도하는 유용한 다리가 될 수 있다. 농장에서는 훨씬 적은 투입으로 더 많이 생산해낼 수 있다. 값을 매길 수 없는 생물다양성과 탄소 흡수원carbon sink**을 보호하려면 농토 확장을 멈추고 퇴화된 토지를 재생해야 한다. 농지 자체가 거대한 탄소 배출구가 아닌 탄소 저장소가 되도록 만들어야 한다. 공해公海에서는 어족 자원이 고갈되지 않게 하고, 연안 양식업을 운영할 때

---

* 수중 산소량이 희박해 생물체가 살지 못하는 영역-옮긴이
** 울창한 산림 지대처럼 대기 중의 이산화탄소를 흡수해 지구 온난화를 줄이는 지역-옮긴이

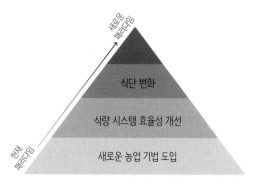

식량

그림 6.1 식량 전환: 재생농업과 지속 가능한 집약 농법이 토양과 생태계를 더 건강하게 만들기 시작하고, 소비자들은 곡물을 먹인 붉은 고기 위주의 식생활에서 탈피해 더 건강하고 영양가 있는 식생활을 추구하며, 농업계는 식량 시스템 전체에서 낭비 문제를 해결한다.

는 이로 인한 오염과 해양 서식지 잠식을 억제해야 한다.

충분한 영양가를 섭취하는 사람들은 건강하고 환경을 더 적게 훼손하는 식생활을 실천하고, 영양실조 혹은 영양 부족 상태인 사람들은 재생농업으로 재배된 더 건강한 식량을 공급받아 곤경에서 벗어나야 한다. 사는 곳과 관계없이 모든 사람은 지구 한계 안에서 생산된 안전하고 영양가 있는 식량을 구할 수 있어야 한다.

생산, 배분을 거쳐 매장에서 판매되어 소비자 식탁에 올라가 쓰레기통에 버려지기까지 식량 사슬의 전 과정에서 발생하는 식량 낭비 문제를 확실히 해결해야 한다. 전체 식량의 3분의 1가량이 들판, 어망 그리고 포크 사이에서 낭비된다. 이 중 단 25%만 줄이더라도 지구상의 모든 사람이 충분히 먹을 만큼의 식량이 마련될 것이다.

새로운 식량 시스템 패러다임으로 옮겨가는 이 필수적인 전환은 우리 종의 역사상 가장 극적인 변화 가운데 하나가 될 것이다.

지구의 생물권을 소비하다

미래에는 인구가 증가함에 따라 한 걸음, 한 걸음을 매우 조심스럽게 옮겨야 할 것이다. 인류는 인간을 위한 식량 생산과 물질적 소비를 위해 지구 생물권(우리의 생명 유지 시스템)을 깎아내고 조각내며 빈약하게 만들고 있다. 생물량으로 따져보면 지구 포유류의 약 96%는 인간(36%)이거나 가축(60%, 주로 소와 돼지)으로 야생동물이 차지하는 비율은 단 4%이다.[73] 달리 말하면, 우리가 기르는 가축과 야생 포유동물의 생물량이 15대 1이 될 정도로 가축의 비율이 압도적으로 높다는 것이다.

지구 생물권에 대한 이러한 독점적 사용과 소비 규모를 유지하려면 어마어마한 토지가 필요하다. 지구 전체 육지 표면의 약 10%는 빙하와 빙상이 차지한다. 약 19%는 노출된 암석, 사막, 솔트 플랫salt flat* 등의 불모지다. 나머지 땅(71%)은 거주가 가능한 토지로 알려져 있다. 인류는 이 거주 가능한 토지의 약 절반을 농업에 사용하고 있고, 나머지 절반의 대부분은 이런저런 방식으로 변경하거나 손상시켰다.[74] 가축 생산만을 위해 우리가 사용하는 토지 규모는 북아메리카와 남아메리카를 합한 것과 같다. 해양에서는 어족의 약 90%가 과도하게 또는 남김없이 잡히고 있다.[75] 급속히 성장하는 양식업은 매

---

* 호수나 연못의 물이 증발하면서 침전된 염분이 뒤덮인 평지-옮긴이

년 더 많은 연안을 차지하고 있다. 전체 조류 생물량 가운데 가금류로 사육되는 비율이 약 70%이고 나머지 30%만이 야생 조류에 해당한다. 우리는 어쩌면 닭의 행성에서 살고 있는지도 모른다.[76]

하지만 식량 생산과 산림 파괴의 여파는 지구상의 생명을 집어삼키는 것을 넘어선다. 전체 온실가스 배출의 4분의 1은 토지 사용에서 비롯된다. 농업은 전체 취수량의 약 70%를 차지한다. 마지막으로 중대한 영향은 오염이다. 수중에서 데드존이 늘어나는 원인은 과도한 비료 사용에 있다. 농업은 호수, 강, 바다, 해양에서 발생하는 부영양화의 78%와 직접 관련이 있다.

생각해보면 생물권에 이런 정도로 충격을 주는 것은 필요하지도 않을 뿐더러 특별히 건강한 식생활을 받쳐주지도 않는다.

오늘날의 식량위기는 우리가 해야 할 이야기의 반쪽에 불과하다. 미래에는 더 큰 도전에 맞닥뜨릴 것이다. 유엔 식량농업기구[FAO]의 추산에 따르면, 지금의 식량 시스템을 유지할 경우에 규모와 부의 측면에서 계속 늘어나는 인구에게 식량을 공급하려면 2050년까지 약 50%의 식량을 더 생산해야 한다.[77] 일각에서는 그렇게까지 많은 추가 식량이 필요할까를 놓고 논쟁을 벌이지만, 분명 향후 30년간 식량 수요는 의심할 여지없이 늘어날 것이며, 식량 시스템은 점점 더 극단적인 상황에 놓일 것이다. 이번 세기 동안 지구상의 습한 지역은 더 습해지고 건조한 지역은 더 건조해질 것이 사실상 확실하다. 즉, 홍수에 취약한 지역은 더 많은 홍수에, 가뭄에 취약한 지역은 더 잦은 가뭄에 시달릴 것이라는 말이다. 이 모든 사태가 점점 더 식량 생산에 큰 피해를 줄 것이다. 역사적으로 볼 때, 문명은 지도자들이 식량 생산을 위해 희소한 수자원을 어떻게 관리하느냐에 따라 흥망성쇠를 달리했다.

단일종 작물, 비료, 화석에너지를 중심으로 하며 공격적인 세계 무역에 의존하는 식량 시스템은 지속 가능하지 않을뿐더러 몹시 취약하다. 곡물, 육류, 기름과 같은 주요 식량 작물은 세계적으로 거래되며, 다수 국가가 러시아, 우크라이나, 호주, 아르헨티나, 미국 등 소수의 '곡창지대'에서 수입하는 식량에 크게 의존하고 있다. 인산질 비료는 모로코(서사하라), 미국, 중국에서 들어오곤 한다. 질소 비료는 러시아와 우크라이나처럼 천연가스가 풍부한 나라에서 들어오는 경우가 많다. 농기구 가동에 쓰이는 연료는 몇몇 국가에서 공급된다. 이들 국가에서 생산이 저조하거나 전쟁이 발발하는 등 일말의 차질이라도 생기면 식량 공급망에 병목현상이 일어난다.

이렇게 망가진 시스템은 식량 가격에도 영향을 미친다. 2022년 러시아의 우크라이나 침공 이후로 세계 식량 가격은 역대 최고치를 기록했다. 곡물 가격만 해도 한 달 사이에 17%나 상승했다. 세계 곡물과 경제 관련 모델들의 예측에 따르면, 즉각적이고 대대적인 탄소 배출 감축이 이루어지지 않을 경우 기후변화로 인해 2050년까지 곡물 가격이 29%까지 오를 것으로 전망된다. 하지만 더 중요한 것은, 오랜 가뭄과 같은 극단적인 사태는 연쇄적인 충격으로 이어진다는 점이다. 빵을 비롯한 여러 식량 가격은 사회 불안과 밀접하게 연결된다.[78] 2010년, 2011년에 아랍의 봄Arab Spring*이 일어났을 때, 사람들

---

* 2010년 12월 튀니지를 시작으로 중동과 북아프리카 여러 국가로 확산된 반정부 시위-옮긴이

이 거리로 뛰쳐나와 시위를 벌이고 급기야 곳곳에서 정부를 무너뜨리게 한 중요한 요인은 높은 식량 가격이었다. 당시 러시아, 우크라이나, 중국, 아르헨티나의 가뭄으로 밀 수확이 대폭 감소했고 캐나다, 브라질, 호주에서도 폭우가 쏟아져 비슷한 상황으로 이어졌다. 그 결과 곡물 가격이 천정부지로 치솟은 것이다.

사회적 긴장과 식량 가격 사이의 연결고리는 특히 저소득 국가에서 확연히 나타난다. 기름과 같은 생필품들이야 가격이 오르면 사용량을 줄일 수 있지만, 식품 소비는 '소득 탄력성이 없다.' 쉽게 말하자면, 먹는 일은 얼마를 벌어들이느냐와 관계없이 꼭 해야 하는 행동이다. 최근 연구에 따르면, 저소득 국가에서는 국제 식료품 가격이 상승하면 민주적 제도가 심각하게 악화하고 반정부 시위, 폭동, 내란 등의 사태가 현저히 증가하는 것으로 나타났다.[79] 2011년 아랍의 봄 봉기 당시 카이로 거리에 내붙은 슬로건에는 "빵, 자유, 존엄"이라고 순서대로 적혀 있었다. 물론 사회적 긴장이 높아지고 경제적 기회가 감소하며 갈등이 불거지면 사람들은 합법적인 대응책으로 이주를 택하기도 하는데, 이 또한 위험 요소로 작용한다. 이주는 다른 지역에서 사회적 긴장과 정치적 불안을 높이는 파급 효과를 일으킬 수 있기 때문이다.

2010년 여러 곡창지대에서 발생한 생산 실패는 충격이었다. 이 실패는 그저 이례적인 사건이었을까, 아니면 지구가 더 뜨거워짐에 따라 이런 일이 더 빈번해질 것이라고 생각해야 할까? 곡창지대의 생산 실패와 관련된 위험 요소들, 그리고 이것이 미래에 의미하는 것을 놓고 점점 더 많은 과학적 사실들이 드러나고 있다. 제트 기류는 아시아, 북아메리카, 유럽의 최대 곡창지역을 아우르는 북반구 상공에서 빠르게 움직이며 순환하는 공기 흐름의 띠를 말한다. 지구가 뜨거워지면서 이 기류가 속도를 늦추며 비정상적으로 움직이기 시작했다. 이에 따라 제트 기류 아래에서 끌려 올라가는 기상 시스템이 움직임을 멈춘 채 기상 상태를 격렬하게 만들 수 있다. 한때는 고기압 기상 시스템이 더운 날씨를 몰고 와 며칠간 유럽을 휩쓸었는데, 이제는 같은 고기압 시스템이 수주간 제자리에 머물며 혹독한 폭염을 일으키기도 한다. 하지만 더 중요한 것은, 이렇게 폭염이나 폭우, 가뭄을 몰고 오는 기상 시스템이 여러 지역에서 동시에 발생해 장기간 머무를 수도 있다는 사실이다. 세계 곳곳의 곡창 지대에서 일어나는 생산 실패는 이제 식량 생산의 최대 위험 요소 중 하나가 되어 기후학자들이 밤낮을 가리지 않고 촉각을 세우게 만든다.

우리는 농업 부문에서 3중의 난제, 즉 더 건강한 식량을 생산하고, 지구를 파괴하지 않고, 커지는 충격을 견뎌낼 회복력 있는 생산 시스템을 구축해야 하는 과제에 직면해 있다. 좀 더 멀리 내다보면, 식량에 대한 수요를 좌우하는 것은 인구 증가와 소득 증가라는 점을 우리는 알고 있다. 우리는 갈수록 소수의 식량 생산국에 의지하고 있다. 소득은 게걸스럽게 먹어치우는 서구 식단에 대한 선호를 키우기도 한다. 농업은 피하기 어려운 토지 부족, 물 접근성, 척박한 토양의 제한을 받는다. 기후변화는 산출량 감소, 나아가 곡물과 가축에 영향을 끼치는 질병 확산도 부추길 것이다. 여기에 '검은 백조'(예측이 어려우면서 큰 영향을 끼치는 충격들)를 몇 마리 풀어놓아 보자. 그러면 취약성, 불안정, 위험을 관리하고 회복력과 가격 안정성, 웰빙을 이루기 위해 반드시 식량 시스템을 전환해야 한다는 필요성이 커진다. 간단한 해법이란 없지만, 우리는 아래의 3대 제안이 대대적인 변화를 이끄는 가장 확실한 지렛대일 것이라고 믿는다. 물론 이것만이 유일한 지렛대라고 고지식하게 생각하는 것은 아니다. 하지만 인간의 웰빙을 이루고, 지구 한계를 존중하며, 사회적 긴장을 완화한다는 측면에서 이해법들은 비용 대비 가장 큰 효과를 가져올 수 있다.

해법 1 : 농사짓는 방식을 근본적으로 바꾸기

유명한 생물학자 에드워드 윌슨^{E. O. Wilson}은 인간의 필요를 채우는데 지구의 절반 이상을 사용하지는 말라고 제안하면서, "지구의 절반을 할애하자는 제안은 문제의 규모에 맞춘 일차적인 응급 대책이다. 나는 지구의 절반이나 그 이상을 보전 구역으로 설정해야만, 환경을 이루는 생물들을 구하고 우리 자신의 생존에 필요한 안정을 이룰 수 있을 것이라고 굳게 믿는다."고 말했다. 지구의 절반^{Half Earth} 제안의 타당성은 지구 한계에 관한 과학으로 뒷받침된다. 우리는 육지 자연 생태계의 약 50%를 변형하고 개발함으로써 토지 시스템 변화(숲), 화학적 오염, 생물다양성 손실, 비료 사용 부문에서 한계를 넘어섰다.

안전한 운영 공간으로 되돌아갈 유일한 방법은 남아 있는 산림과 습지대로 농업을 확장하는 것을 멈추고 물과 영양소를 더 효율적으로 사용하는 것이다. 지금 우리 앞에는 빨간불이 켜져 있다. 이제 앞으로 농사를 어떤 방식으로 지을지, 식량 시스템을 어떻게 회복력 있게 만들지, 나아가 궁극적으로 환경발자국을 늘리지 않고도 어떻게 더 많은 사람을 부양할지가 크게 중요해진 것이다.

우리는 인류세에서 식량 생산의 새 시대를 열어줄 6대 원칙을 제안한다. 무엇보다 먼저, 더는 숲과 습지를 포함한 자연 생태계로 농지를 확장해서는 안 된다. 더 적은 토지에서 더 많은 식량을 재배하고 퇴화된 토지를 재생해야 한다. 둘째, 향후 10년 이내에 농장은 거대한 탄소 배출구가 아니라 탄소 저장소가 되어야 한다. 셋째, 농장들은 생물다양성을 풍부하게 되살리고 강화해야 한다. 넷째, 문명의 미래는 토지의 건강에 달려 있다. 따라서 토양을 건강한 상태로 회복시켜야 한다. 다섯째, 해양과 담수 자원이 회복력을 가질 수 있도록 관리해야 한다. 여섯째, 가능한 한 현지 산물은 현지에서 소비하도록 더 많이 지원해야 한다.

이 원칙들을 실천한다는 것은 실패를 향해 나아가고 있는 식량 시스템을 근본적으로 바꾼다는 뜻이다. 현대의 농업은 고도의 통류通流* 시스템을 따른다. 비료와 그 밖의 화학물질, 그리고 물은 화석연료에서 얻은 에너지에 기대어 작동하는 시스템을 따라 흘러가면서 토양, 수로, 대기에 폐기물을 내보낸다. 이 시스템은 폐기물을 배출하고 말아버리는 선형線形적 방식이 아니라 순환하는 방식으로, 파괴하는 방식에서 재생하는 방식으로 바뀌어야 한다. 한 가지 좋은 소식은, 90억 명의 인구를 부양할 다수의 해법이 이미 존재하고, 최근 인기를 끄는 농업 방식에서도 이런 해법이 발견된다는 사실이다. 그러

---

* 원어는 through-flow로 토양에 침투한 물이 상부 토층에서 수평 이동하여 경사 하부에서 밖으로 빠져나가는 현상-옮긴이

나 5가지 전환 가운데서 식량 시스템의 미래가 가장 열띤 토론을 불러일으켰다는 점을 밝혀두고자 한다. 유기농법에 또는 소고기를 대신할 실험실 기반의 대체육에 얼마나 큰 강조점을 두어야 할까? 또 인공 비료와 기타 인공 화학물질의 해로운 영향을 최소화하면서도 이것들로부터 유익함을 얻으려면 어떻게 해야 할까? 이런 의문들을 풀기 위해 이 장 말미에서는 식량시스템 안정위원회 설립을 제안할 것이다.

우리가 기대해볼 만한 주요 접근방식은 재생농업과 지속 가능한 집약 농법이다. 둘 다 기존 농업보다는 지구에 끼치는 부담이 적다. 지속 가능한 집약 농법은 곡물 생산을 극대화하는 동시에 생태계 보호를 향상시키고, 현대적 기술을 적용하고, 폐기물을 줄이는 순환적 관행을 실천하는 데 중점을 둔다. '재생농업'은 토양 건강과 탄소 저장, 곡물 다양성을 구축하는 동시에 생태계를 복원하는 데 강조점을 두는 다양한 농업 시스템을 아우르는 개념이다. 자연자본해법Natural Capital Solutions의 대표 헌터 로빈스Hunter Lovins는 재생농업이 토양 건강, 농부와 공동체의 건강, 경제적 회복력, 수자원 보호를 향상하고, 토양 속에 탄소량을 극적으로 높이며 생물다양성을 증진한다고 말했다.[80]

재생농업을 실천하는 농부들은 사이짓기, 돌려짓기, 건강하게 살아 숨 쉬는 토양 구축을 위한 퇴비 사용 등 다양한 기술을 적용한다. 이들은 토양 안의 탄소가 빠져나가지 않도록 정성껏 보호하고 균류의 연결망, 미생물, 벌레, 그 밖에 흙 표면 아래 살면서 토양을 이루는 것들을 돌보고자 밭갈이를 거의 하지 않는다. 밭을 갈기보다는 흙 속에 씨를 심는다.

이러한 방법들을 도입하는 농부가 점점 더 많아지고 있다. 노스다 코타주의 농부 게이브 브라운Gabe Brown은 수년간 이어진 엄청난 폭풍우와 농작 실패를 경험한 후에 재생농업으로 바꾸어 농사를 되살릴 수 있었다. 그는 1에이커당 함유된 유기물질이 2%에 조금 못 미치는 수준에서 무려 11%를 넘어설 정도로 토양 안의 탄소 농도를 높였다.[81] 브라운은 20여 년간 기후변화의 영향을 억제하는 동시에 산출량을 늘리는 데 힘썼다.

재생농업을 실천하는 농부들은 생태계를 재생하는 목축 관행을 실천하기도 한다. 이를 위해 그들은 가축이 해당 지형에서 야생 유제류 동물의 역할*을 대신할 수 있는 환경을 조성하려고 애쓴다. 일부 농부들은 농지에 나무를 심어 토양 침식을 줄이고, 지하수를 보존하며, 가축들이 쉴 그늘을 마련하는 동시에 열매, 견과, 목재를 생산하는 등 여러 혜택을 거둬들인다.

이러한 기술들은 토질을 개선하고, 건강한 토양은 다량의 탄소를 보유하게 된다.[82] 재생농업을 올바로 실천하면 생물다양성을 높이고, 생태계를 통해 영양분을 순환시키며, 물을 여과하고, 그 밖에 여러 환경적인 혜택을 얻을 수 있다. 목초를 먹여 가축을 기르는 방식은 곡물을 먹여 기르는 공장식 축산의 대안이 될 수 있다. 공장식 축산이 환경, 건강, 동물복지에 미치는 악영향은 잘 알려져 있다.

재생농업은 식량 회복력도 증진한다. 토양의 비옥도를 높이고 지

---

* 한 장소에서 다른 장소로 이동할 때 토양을 뒤엎고, 발굽에 달라붙거나 배설물에 들어 있는 토종 종자를 퍼뜨리는 일-옮긴이

역 조건에 맞게 개량된 현지의 다양한 종자를 활용함으로써 농부들은 적은 투입으로 더 많은 산출을 거두고, 심해지고 있는 기후 변동에 따른 수확 실패에 덜 취약해진다.

2015년, 농무부에 몸담았던 퇴직 공무원 비제이 쿠마르Vijay Kumar는 소규모로 경작하는 농부들의 회복력과 수익성을 높일 방안을 모색하고자 인도의 소규모 자작농들과 협력하기 시작했다. 현재 그는 인도의 9개 주에서 농부 수백만 명과 협력하면서 그들이 이른바 '인도 공동체가 관리하는 자연농업'*이라는 재생농법으로 옮겨가도록 돕고 있다. 쿠마르는 소규모 자작농들이 토양 교란 최소화하기, 바이오매스로 토양 덮기, 흙 속에 살아 있는 뿌리 유지하기 등의 원칙을 도입하도록 돕는다. '인도 공동체가 관리하는 자연농업'이 거둔 큰 결실은 토양 수분이 높아졌다는 것이다. 덕분에 농부들은 한 해 내내 농작물을 수확함으로써 소득을 최대 세 배로 늘릴 수 있게 되었고, 동시에 다량의 탄소를 격리할 수 있게 되었다.[83]

아프리카의 밀리언 빌레이Million Belay[84]는 이와 유사한 접근방식을 가리켜 '농업생태학agroecology'이라고 부른다. 빌레이는 농업생태학이 아프리카 대륙 전역에서 빈곤한 농부들의 생산성을 두 배로 높이고, 실질적인 식량 안보를 제공하며, 전에는 기근에 취약했던 지역에서 탄소를 저장하는 데 유익하리라고 믿는다.

우리에게 요구되는 속도와 규모로 식량 전환을 달성하려면 다양한 농업 방식을 혼합하고 합리적인 기술들을 도입해야 할 것이다. 지속

---

* 원어명은 Indian Community Managed Natural Farming-옮긴이

가능한 집약 농법은 농업 산출량을 높이면서도 환경에 끼치는 부정적인 효과는 최소화하고 농업을 위해 토지를 추가로 전환하지 않게 해준다. 지속 가능한 집약 농법은 농업 생산과 관련하여 특정한 방식을 우선하여 추구하지는 않는다.[85] 이러한 농법의 목표들은 살충제와 인공 비료의 사용 여부와 상관없이 달성할 수 있다.[86] 바로 이 논점에 관해 한 가지는 분명하다. 고소득 국가에서는 인공 비료를 지나치게 사용하는 까닭에 생태계가 파괴되고 있으므로 이를 반드시 줄여야 한다. 그러나 저소득 국가에서는 산출량이 적고 적절한 비료가 없어 문제가 되고 있기에 적어도 식량 안보가 확보되고 토양이 완전히 재생되기까지는 더 많은 비료가 절실하다. 새로운 농업 접근법들은 비료 투입량을 대대적으로 감소시킬 수 있으므로 고소득 국가에서는 비료를 줄이고 그 대신 저소득 국가에서는 비료 사용을 높인다면, 이에 따른 발자국을 늘리지 않으면서도 식량 생산을 높일 수 있다. 진정한 윈-윈 전략인 것이다. 또한 지속 가능한 집약 농법은 기후 탄력적인 기술들을 우선시하는데 이는 가뭄과 홍수가 빈번할 미래에 더없이 중요하다.

현재 인공위성, 수분 탐지용 드론, 로봇 등의 기술이 농업을 근본적으로 바꿔놓고 있다. 이제 인공위성으로 실시간 데이터를 농부에게 제공함으로써 정확한 목표 지점에 비료를 줄 수 있어 하천으로 비료가 흘러나가는 것을 줄일 수 있다. 또한 농장에서 관개용수를 최대한 효율적으로 사용할 수 있도록 물의 흐름도 더 주의 깊게 살피고 관리할 수 있다. 가장 빠른 효과를 보인 기술 하나는 트랙터에 GPS를 설치하는 단순한 방법이었다. 이로써 농부들은 작업이 완료된 곳과 완료되지 않은 곳을 언제든 알 수 있게 되었다. 도시와 시내에서는 수직농법 덕분에 경작 시간을 줄이고 물도 적게 쓰면서 좁은 면적에서 더 높은 생산성을 얻을 수 있다. 그렇다면 이제 우선에 두어야할 것은, 더 낮은 식량발자국을 남기는 건강하고 지속 가능한 식생활을 지원하고 촉진하는 데 이러한 기술혁명을 활용하고, 세계 곳곳의 수백만 소규모 경작지에서 이를 적정 가격에 이용하도록 만드는 것이다.

'모두를 위한 지구' 모델에서는 이러한 지속 가능하고 재생적인 농업 방식들이 해를 거듭할수록 더 광범위하게 도입되어 산출량을 높이고 토질과 생물다양성에 여러 유익을 가져올 것이라고 본다. 이는 농업 정책에 변화를 꾀함으로써 달성할 수 있다. 이를테면, 보조금을 지급해 이러한 농업 방식을 촉진하고, 농부들과 농업 부문 전반에 걸쳐 행동 변화를 유도하는 교육을 진행하며, 가격 하락에 맞춰 신기술에 대한 정보와 지식을 빠르고 널리 확산시키는 것이다.

어스4올 모델은 기존의 농업 관행에서 벗어나 화석 비료 사용이 제로에 가까운 재생적인 관행으로 바꾼 농지 비율을 높이는 방식을 택하게 한다. 어떤 방식을 취하느냐에 따라 이 전환의 속도(목표에 도달하기까지 걸리는 햇수)는 크게 달라질 수 있다. '거대한 도약' 시나리오를 실현하려면, 2020년 최저선을 기점으로 2050년까지 전체 농지의 80%를 전환해야 한다. '부족한 노력, 놓친 시기' 시나리오를 따른다면 2100년까지 겨우 10%가 바뀔 뿐이다.

해법 2 : 식생활 바꾸기

가공육, 포화지방, 소금, 옥수수에서 추출한 과당 시럽, 다량의 알코올로 씻어낸 정제 곡물 등으로 가득한 서구 식단이 전 세계를 장악하고 있다. 과일과 채소 섭취가 적은 서구 식단은 비용도 적게 드는데다 선망 받는 식단이 되었다. 중산층 식단이라고 대대적으로 광고하고 있어 성공과 부의 상징으로도 인식된다. 산업혁명에 기원을 둔 서구 식단은 비만, 당뇨, 암, 심혈관 질환과 연관된다.

따라서 우리의 목표는 해로운 서구 식단에서 벗어나 질환의 발병 위험을 줄이고 지구의 안정성을 해치는 위험 요소를 줄여주는 더 풍부하고 다양한 식단으로 옮겨가는 것이다. 이 변화에는 더 공정한 분배가 함께 이루어져야 한다. 그래서 식량이 부족한 도시 지역, 그 밖의 취약 지역 거주민도 건강한 음식을 적정 가격에 손쉽게 구하도록 해야 한다.

우리 분석에 따르면, 지구상에는 농지를 더 확장하지 않고도 최소 90억 명에게 영양가 있는 건강 식단을 제공할 공간이 존재한다. 실제로 우리의 연구는 지속 가능한 식량 시스템에 기반한 건강한 식단에 관해 잇-랜싯 위원회EAT-Lancet Commission가 실행한 중요한 분석을 토대로 한다. 궁극적으로 이 분석은 일부 지역에서 육류와 유제품의 과소비를 억제해야 한다는 점을 보여주지만, 그렇다고 누군가에게 비건이나 베지테리언 식단을 강요하려는 것은 아니다.

앤드루 헤인스에 따르면, 전형적인 서구 식단을 탈피해 지구를 생각하는 건강한 식단으로 옮겨가는 것은 단순히 산업 측면에서 육류

소비를 줄이는 것보다 훨씬 더 많은 것을 의미한다. 여기에는 과일, 채소, 콩류, 견과류, 씨앗류 소비를 대폭 늘리는 것이 포함된다. 이 변화들은 건강에 많은 유익을 불러온다. 이를 실천한다면 2040년까지 해마다 약 1천만 명의 조기 사망을 예방할 수 있다.[87] 더욱더 중요한 것은, 지금도 수억 명이 빈약한 영양 섭취로 고통 받고 있다는 사실이다. 따라서 지구를 생각하는 건강 식단에서는 소비 과다만큼이나 소비 부족 문제도 중요하게 다루어야 한다.

해양은 건강한 음식의 또 다른 중요한 원천이다. 현재 30억 명이 동물성 단백질 섭취량의 20%를 해산물에서 얻고 있다. 지속 가능한 수산 식량은 1억 6,600만 명이 미량 영양소 결핍을 겪지 않도록 예방할 수 있는 잠재력을 지녔다. 〈네이처〉 지에 발표된 '2021 해산물 평가2021 Blue Food Assessment'에 따르면 2050년까지 전 세계 해산물 수요는 약 두 배로 늘어날 것으로 보인다.[88] 이 수요는 포획 어업보다는 주로 양식 생산을 늘림으로써 충족될 것이다. 단, 양식은 지속 가능한 방식으로 이루어져야 한다.

지구를 생각하는 건강 식단으로 이행하는 데는 혁신이 중요한 역할을 맡게 될 것이다. 한 예로, 나날이 인기를 더해 가는 식물성의 대체 우유는 선망할 만한 식품이라는 광고와 함께 사람들의 인식을 바꾸고 있다. 소고기와 닭고기를 대신할 식물성 식품으로 '연구실에서 개발한' 대체 식품들도 주목받고 있다. 또한 우리는 '정밀발효와 세포농업' 분야에서 혁신적인 변화를 향해 나아가고 있다. 이 기술들을 활용하면 주로 소고기, 생선, 가금류에서 얻을 만한 단백질 종류를 미생물로부터 직접 생산할 수 있다. 정밀발효는 효모, 균류, 균사체, 미세조류 등 다양한 생물체를 숙주로 활용해 달걀 흰자위나 유제품 같은 동물성 단백질과 똑같은 성분을 만들어낸다. IPCC가 내놓은 2022년 보고서에서는 세포 발효, 배양육, 동물성 기반 식품을 대체할 식물성 식품, 환경 제어 농업 등의 신흥 식량 기술들이 식량 생산으로 인한 온실가스 배출량을 대폭 줄일 수 있다고 결론지었다. 물론 하나의 해법을 과대평가하지 않도록 조심해야 한다. 항상 식량 시스템 전체를 생각하면서 전체론적인 해법을 도입하고, 지구 한계 안에서 최대한 많은 사람에게 영양가 있는 식품을 제공하도록 보장해야 한다.

이러한 다양한 아이디어와 혁신은 자신이 무엇을 왜 먹는지에 관해 사람들이 더 폭넓게 생각하도록 이끈다는 점에서 유익하다. 일부 지역에서 이러한 새로운 사업이 부상한다는 것은 의미심장한 전환이 시작되었음을 보여주는 확실한 징조다. 어스4올 모델은 목초로 사육한 고기든 '새로운' 종류의 고기든 기후 중립적인 육류가 미래에 차지할 비중에 관한 다양한 선택지들의 효과를 가늠할 수 있게 한다. '거대한 도약' 시나리오상의 목표를 달성하려면, 2050년까지 전체 붉은 고기의 50%는 기후 중립적이어야 한다. 하지만 '부족한 노력, 놓친 시기' 시나리오대로 진행된다면 2100년까지 고작 10%만이 바뀔 것이다. 매우 미미한 정도만 새로운 육류로 대체된다는 뜻이다. 농경지와 비료의 사용에 따르는 결과는 그림 6.2에 제시되어 있다.

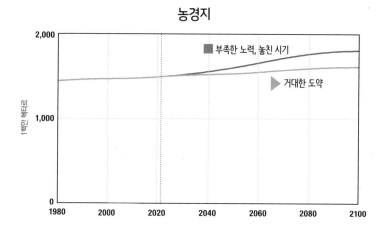

농경지

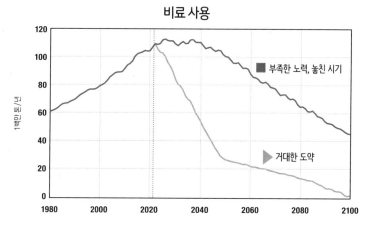

비료 사용

그림 6.2 식량 전환을 실천하면 안정된 농경지를 운영하고 비료 사용을 줄이면서도 전 세계 인구에 충분한 식량을 공급하게 된다. '거대한 도약' 시나리오에서 농업은 남아 있는 자연 지역으로 더 이상 확장되지 않으며, 산림이 다시 자라나도록 이끈다. 지속 가능한 집약 농업의 경우처럼, 곡물로 사육해서 얻은 붉은 고기의 섭취를 줄이는 방향으로 식생활을 바꾸고 재생농업 규모를 단계적으로 늘린다면, '거대한 도약' 시나리오에서 화석 비료 사용은 급격히 줄어든다.

해법 3 : 음식물 손실과 쓰레기 없애기

인구 증가로 세계 인구가 90억 혹은 100억에 다다를 수 있는 상황에서 우리의 식량 생산과 소비 규모를 걱정하는 것은 지극히 당연한 일이다. 여전히 매년 수억 명이 굶주리는 지금, 지구는 새로 추가될 10~20억 명의 인구에게 충분한 식량을 제공할 수 있을까? 유엔 식량농업기구에 따르면 전체 식품의 약 3분의 1은 손실되거나 낭비되며 이는 세계 온실가스 배출량의 5%를 차지한다. 이렇게 산더미처럼 썩어가는 음식은 계속 늘어날 것이다. 정책, 행동 측면에서 대대적인 변화를 이루지 않는다면, 2050년까지 음식물 쓰레기는 두 배로 늘어날 것으로 예측된다.[89]

식량 전환의 해법에 관한 한, 손실과 낭비를 줄이는 것이야말로 가장 낮게 매달려 손쉽게 수확할 수 있는 열매다(말장난 같은 표현을 이해해주길 바란다). 무엇이 문제인지는 분명하다. 부유한 국가의 까다로운 소비자들은 필요한 것보다 많이 사고, 조금이라도 결함이 있으면 그냥 버리곤 한다. 소매업자들은 소비자가 과소비하도록 길들이는 한편, 지속 불가능하고 때로는 종잡을 수 없는 소비자의 욕구를 맞추려고 애쓴다. 이러한 상황에서는 규제와 교육이 낭비를 줄이는 데 도움이 될 수 있다.

소비량보다 많은 식량을 생산한다는 것은 더 큰 생물다양성을 이룰 수 있는 토지를 다른 용도로 쓴다는 뜻이다. 대개 우리는 식량 생산 과정에서 토지를 화학물질 범벅이 되게 하면서 토양을 고갈시키고 토지와 수로를 오염시키고 있다. 정말로 무익한 일이기에 낭비를 줄이는 것이 무엇보다 중요하다. 따라서 남은 음식은 매립지로 보낼 것이 아니라 우선은 음식이 부족한 사람들에게 제공되어야 한다. 토질을 높이는 퇴비나 동물을 위한 보충 사료로 쓰거나, 바이오가스 발전에 이용하여 에너지를 만드는 데도 쓸 수 있다. 바이오가스가 음식물 쓰레기 측면에서 최우선에 두어야 할 사항은 아니지만 그래도 중요한 에너지원이 될 수 있다. 산소가 없는 반응장치로서 박테리아를 이용해 유기물질을 분해하는 혐기성 소화조는 매일 100톤의 음식물 쓰레기를 바이오가스로 변환시켜 연간 800~1,400가구에 전력을 공급할 수 있다.[90]

저소득 국가에서는 의도치 않게, 혹은 저장 상태가 열악하거나 수송이 어려워 음식물 쓰레기가 발생하기도 한다. 음식물을 저장, 처리, 수송, 배분하는 더 나은 기반시설을 갖춘다면 이런 문제를 개선할 수 있다. 새로운 식품 기업을 설립해 대량 공급된 수확물 초과량을 적절히 처리할 수도 있다. 이를테면 신선한 망고를 말려 망고 칩으로 만드는 것이다. 바이오가스와 같은 기술을 동원해 영양분을 다시 포집하여 퇴비로 만든다면, 배출량을 줄이는 동시에 영양분을 토양으로 되돌려놓을 수 있다. 하지만 세계의 한쪽 구석에서 버려진 식량을 가져다가 다른 지역의 굶주린 사람들에게 제공할 수는 없다.

'거대한 도약' 시나리오는 2050년까지 음식물 쓰레기를 30%까지 줄여야 한다고 촉구한다. 이 속도를 늦춰서 2100년까지 10%만 줄이게 된다면 '부족한 노력, 놓친 시기' 시나리오의 결과를 맞이할 것이다.

장벽들

회복력 있는 농업 시스템을 구축하는 데는 여러 장벽이 존재한다. 단순한 관성도 하나의 문제다. 사실 농부들이 변화에 회의적인 것은 충분히 이해할 만하다. 변화를 잘못 관리하면 소득에 막대한 피해가 발생하기 때문이다. 하지만 변화는 꼭 필요하다. 맛좋은 아몬드를 예로 들어보자. 전 세계에서 생산되는 아몬드의 대부분은 햇살 좋은 캘리포니아에서 재배되며 농부들은 110억 달러 규모의 수입을 벌어들인다. 하지만 아몬드 재배에는 매우 많은 물이 들어가며 캘리포니아는 점점 더 물이 부족해지고 있다. 1,200년 만에 들이닥친 최악의 대형 가뭄을 겪고 있기 때문이다. 이 가뭄은 향후 수십 년 안에 개선되기는커녕 악화될 확률이 더 높다. 정밀 관수precision irrigation가 도움이 되겠으나 궁극적으로는 농부들이 기후에 맞춰 더 적합하게 곡물을 개량해야 한다. 하지만 수세대에 걸쳐 내려온 지혜를 포기하기란 쉽지 않은 일이니 이는 시간이 오래 걸릴 수도 있다.

두 번째 장벽인 소비자 행동은 모든 장벽 중에서도 가장 큰 문제일 것이다. 소득이 오르면 식생활이 바뀌는데, 현재 사람들이 선망하는 식단은 서구 식단이다. 소비자 수요는 교육과 인식 제고 캠페인을 통해 관리가 가능하다. 결국 대다수 사람은 건강한 식단을 따르기를 원하니 말이다. 정부도 가격정책, 선택 유도, 그 밖의 여러 규제를 통해 소비자 행동에 영향을 줄 수 있다. 설탕에 세금을 부과하자 탄산음료 섭취량이 줄어든 예를 들 수 있다. 하지만 적어도 민주주의 국가에서는 정부가 나서서 시민들에게 무엇을 먹거나 먹지 말라고 말하기를 주저한다. 지속 가능하며 건강한 식단을 의무화한다는 것도 현실적인 제안은 아닌 듯하다.

세 번째 장벽은 비용이다. 기존 방식에서 재생적인 방식이나 지속 가능한 방식으로 바꾸려면 큰 비용이 들 수 있다. 농부들은 전환 자금을 마련하는 데 도움이 필요하다. 회복력 있는 농업을 위한 대출을 우대 금리로 장려하고, 환경오염을 유도하는 터무니없는 보조금을 제거하는 것을 출발점으로 삼을 수 있다. 세계 여러 지역에서는 종자 공급을 통제하거나 지역 농부들을 빈곤에 빠뜨리고 농업 공동체를 불안정하게 만드는 농업 독점기업으로 인해 소규모 농부들은 더 큰 경제적 어려움에 빠진다.

다른 모든 전환에서와 마찬가지로, 농업 부문의 전환도 경제 운영 시스템을 좌우하는 정치 시스템을 근본적으로 변화시키는 데 달려 있다. 식량 전환을 실현하려면 식량 부문에 투자를 유도하는 금융 모델을 도입해야 한다. 또한 농지를 관리하고, 생태계를 강화하며, 안전하고 건강한 식량을 생산하는 사람들에게 마땅한 보상을 해야 한다. 그러면 농사 방식이 환경 친화적으로 바뀌어 갈 것이다. 일례로, 재생농업을 실천해 탄소 배출을 멈추고 오히려 토양 속으로 포집한다면 새로운 사업 기회들이 생겨난다. 탄소 포집이나 생태계 서비스 향상을 사업화할 수 있게 금융 지원을 받은 농부들은 사회에 유익함으로 되돌려줄 것이다. 현재 세계 각국 정부는 산업형 농업에 1분당 1백만 달러에 달하는 보조금을 지급하고 있다. 돈은 그곳에 몰려 있다. 그러한 지원의 방향을 바꾸기만 하면 된다.

우리는 모두 먹어야 산다. 하지만 식량을 얻는 데는 지금보다 더 높은 값을 치러야 마땅하다. 이른바 값싼 식량은 건강하지 못한 지역 사회, 만성질환, 생태계 붕괴를 대가로 치르고 얻는 것이다. 이를 바로잡으려면 정의와 불평등의 문제를 해결해야 한다. 정부는 건강한 먹거리를 적정 가격에 구할 수 있도록 지원해야 한다. 새로운 경제정책을 시행한다면 저소득 가구라도 건강한 식단을 꾸릴 수 있다. 또한 산업화된 식량 생산업자들이 사회에 떠넘겼던 막대한 비용, 이를테면 오염과 폐기물 처리 비용, 마케팅이 악화시킨 건강 문제 등을 책임지도록 강제할 수 있다. 나아가 그렇게 함으로써 더 나은 기업 행동을 장려할 수 있게 된다.

마지막으로 넘어야 할 장벽은 거대한 규모의 단일재배와 산림 파괴, 낭비를 조장하는 부적절한 규제 체계이다. 전환 속도를 높일 수 있도록 정부는 농업 보조금과 세제 혜택을 근본적으로 고쳐야 한다. 그리하여 현지 환경에 적합한 종자와 품종을 기반으로 현지에서 자란 저탄소 건강식품을 장려하여 지속 가능한 재생농업 기술을 활성화해야 한다. 정부는 또한 정밀발효와 세포농업 등의 혁신적인 식품 기술의 발전을 가로막는 시장 장벽을 제거함으로써 새로운 동물성 단백질이 신속하고 안전하게 시장에 진입할 수 있도록 나서야 한다. 이러한 조치를 이행하는 동안 정부는 전환의 시기를 지나는 식품업, 농업 부문의 노동자들을 보호해야 한다. 적어도 공급망 전체에서 노동자의 권리가 실현되도록 식품 기업들을 규제하는 것만큼은 반드시 실행해야 한다.[91] 또한 정부는 세계 식량 공급을 좌우하고 특히 식량을 생산해 판매하는 농부들의 권리를 침해하는 농업 독점기업들

1인당 식량

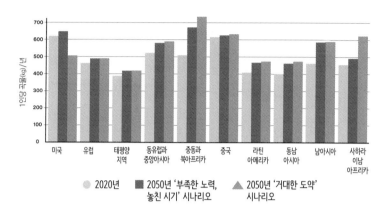

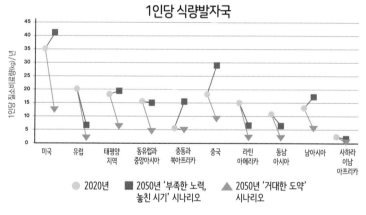

그림 6.3 지역별 식량 생산(위), 그리고 2020년 1인당 식량발자국 및 '부족한 노력, 놓친 시기', '거대한 도약' 시나리오에 따른 2050년 식량발자국(아래). 여기서 식량발자국이란 세로축에 표시한 대로 1인당 질소비료량(kg)으로 정의한다.

의 통제력을 약화시켜야 한다. 이러한 행동에 대해 민주적 지지를 얻는 것이야말로 실질적인 도전과제가 될 것이다.

결론

유엔 식량농업기구는 "현상 유지는 더 이상 선택지가 될 수 없다"고 표명했다. 식량 시스템이 재앙적인 경로에 놓여 있다는 의미다. 이를 그대로 둔다면 세계는 서구 식단이 지배할 것이다. 금세기 어느 시점에서는 지구 인구의 절반 이상이 과체중이나 비만 상태가 되는 한편, 다른 지역 사람들은 극심한 기근에 시달리는 극한 상황에 처할지도 모른다. 이러한 현상의 수혜자는 우리의 식량 시스템을 장악하고 있는 다국적 기업들이다. 하지만 기업들은 지구를 망가뜨리지 않는 건강한 식단을 제공해도 같은 이점을 누릴 수 있다.

식량 시스템을 확실히 전환할 유일한 방법은 지속 가능하고 재생적인 농업 관행을 중심에 두는 경제 시스템을 구축하기 위해 정부가 적극적으로 나서는 것이다. 그렇게 한다면 국가의 식량 안보도 증대할 것이다. 식량 시스템 전환은 사람과 지구 모두가 상생하는 길이다. 하지만 이를 위해서는 왜곡된 보조금 지급 관행을 근절하고, 그 자금을 재생농업에 재할당하며, 해로운 식품들은 철저한 규제로 최대한 금지해야 한다. 나아가 몹시 불확실한 상태에서 어려운 의사결정을 내릴 줄도 알아야 할 것이다.

불확실성, 세계 식량 안보를 위협하는 요소들, 적극적인 정부의 필요성, 더 나은 협력에 대한 열망 등을 고려하여 우리는 정부가 '식량 시스템 안정위원회'를 꾸리길 제안한다. 기후위기가 심화하고 유행병이 더 빈번해지며 갈등이 증가하는 시대를 대비해 이 위원회는 위기 상황에서는 확실한 단기적 해결책을 마련하고, 장기적으로는 식량 시스템 전환을 주도하는 일을 맡을 수 있을 것이다. 세계적인 금융위기의 여파 속에서 G20 회원국들은 금융안정위원회Financial Stability Board를 조직했다. 몇몇 지표를 살펴보면 이 위원회가 구조적 위험을 완화하는 데 어느 정도 성공을 거뒀음을 알 수 있다. 그 이후로 금융 시스템은 뒤따르는 충격(코로나19 팬데믹)에 더 잘 대비할 수 있었다. G20이나 아니면 다른 국제단체가 감독하는 식량시스템 안정위원회는 식량 시스템을 위한 공동의 안정성이라는 토대 위에 더욱 지속 가능한 정책을 개발하고 무역, 탄소 저장, 건강한 식단, 가격 충격 등에 관한 규제를 실행할 수 있다.

식량 시스템은 이미 전환의 길에 들어섰다. 사방에서 그러한 징후가 보인다. 세계 농장의 거의 3분의 1(29%)이 우리가 제안하는 주요 방침들, 즉 병충해 종합 관리, 생태계 보존 농업, 곡물 및 생물다양성 통합 시스템, 혼농임업, 농업용수 관리, 소규모 또는 소구획 시스템 등을 실천하는 농업 기술 중 적어도 일부를 도입하고 있다. 나아가 세계 모든 농지의 약 10분의 1에서 시스템 전환이 이루어지고 있는 것으로 추산된다.[92] 이러한 추세는 아마도 더욱 순환적이며 재생적인 농업 시스템으로 가는 티핑포인트에 들어섰음을 보여주는 징후일 것이다. 물론 아직 이것만으로는 음식물 쓰레기를 대폭 줄인다거나 건강한 식단을 장려하는 일과는 거리가 멀다. 특히 무엇보다도 세계 여러 지역에서 겪고 있고 고소득 국가에서도 점점 늘어나는 굶

주림 문제를 해결하려면 적정한 생산 규모도 고려되어야 한다.

요약하면, 우리는 세계 식량 시스템을 전환함으로써 지구 한계 안에서 90억에 가까운 사람들에게 영양이 풍부하고 질 좋은 음식을 안정적으로 제공하는 과제를 해결해야 한다. 이는 현실적으로 가능한 일이다.[93] 하지만 그러면서도 더 이상 농지를 확장하거나 바다를 훼손하지 않고 남아 있는 야생 환경을 보존해야 한다. 또한 부유한 국가에서는 담수 활용을 줄이고 질산과 인산 비료의 과도한 사용을 줄이는 한편, 다른 온실가스 배출을 늘리지 않으면서 '넷 포지티브net positive*'의 방향으로 이산화탄소 배출 문제를 해결해 나가야 한다.[94] 궁극적으로 이는 우리의 농부들을 생물권의 관리자로 대우하고 '보상해야' 함을 뜻한다.

---

* 기업이 자사의 영향을 받는 모든 사람, 지역, 국가, 나아가 미래 세대와 지구 등 모든 이해관계자의 삶의 질을 고려하면서 사회환경적 책임을 다하는 것-옮긴이

• 7장 •

에너지 전환
'모든 것을 전력화하기'

　사람들은 종종 지금 요구되는 속도와 규모에 맞게 세계 경제에서 화석연료를 제거하지 못하고 있다는 데 망연자실하며 불만을 표출한다. 현재 우리에게 필요한 것은 전체 산업경제의 바탕을 완전히 다시 구성하는 것임을 기억해야 한다. 화석연료는 산업혁명의 중심에 있었고 지금도 빈곤을 벗어나기 위한 경제성장의 기초이다. 이런 까닭에 행동을 촉구하는 것이 전적으로 옳은 일임에도 전환은 늘 어려운 일로 여겨졌다. 게다가 화석연료 산업이 사회에서 매우 큰 비중을 차지하고 있는데 이는 다시 말해 지구상에서 가장 강력하고 영향력 있는 산업이라는 뜻이기도 하다.

　이에 마지막 다섯 번째 전환은 우리 경제의 한 토대인 에너지 부문을 완전히 재구성하는 것으로 삼았다. 지구의 평균 온도 상승폭을 산업화 이전 대비 2℃보다 훨씬 아래로 유지하겠다는 파리협약의 목표를 이루려면, '탄소의 법칙Carbon Law'[95]에 따른 경로를 밟아야 한다. 그리하여 2020년부터 10년마다 (전 세계) 온실가스 배출량을 대략 절반으로 줄여 2050년대에는 배출 제로에 가까워져야 한다. 의무여서가 아니라(파리협약은 지금도 자발적 참여로 이루어진다) 이렇게 하는 것이 꼭 필요하기 때문이다.

지금의 경제 패러다임에서 가장 중요한 조치는 효율성을 높이는 것이다. 식량과 마찬가지로 우리가 생산하는 에너지의 많은 부분이 헛되이 낭비되고 있다. 에너지를 그냥 내버리고 있는 것이다. 하지만 한 분석에 따르면, 에너지 효율성에 관한 모든 조치를 이행할 경우, 2050년 세계 에너지 수요를 지금보다 최대 40%까지 낮출 수 있다. 이는 모든 사회에 에너지를 충분히 공급하는 가운데 달성할 수 있는 목표다.[96]

새로운 경제 패러다임으로 나아가기 위해서는 모든 에너지 사용을 전력화하는 한편, 풍부한 에너지를 제공할 수 있을 만큼 재생에너지와 에너지 저장 규모를 신속히 늘려야 한다. 지금까지 화석연료를 태워야만 움직일 수 있었던 모든 것은 이제 사라져야 한다. 연기를 뿜어내는 발전소, 오염을 일으키는 시끄러운 내연기관, 비효율적인 보일러와 난방기는 이제 수명이 다했다. 그 자리를 태양광과 풍력 발전 등 깨끗한 재생에너지가 채워가고 있다. 전기차와 대규모 수송 체계도 이미 등장했다. 에너지 저장 방법도 배터리 방식부터 양수발전*까

---

* 수력 발전의 하나로 높이 차이가 나는 두 개의 저수지를 활용해 전력이 남을 때 아래쪽 저수지에서 위쪽 저수지로 물을 퍼 올려 저장해 두었다가 전력이 필요할 때 발전에 이용하는 방식-옮긴이

지 다양해졌다.

이 전환에서 중요한 부분은 생산과 소비를 더 의식적으로 감소시키는 것이다. 꼭 필요한 전기차는 차체도 작아져야 하며, 도로 위를 달리는 차량 수도 줄어야 한다. 이 여정에서 화석연료 업계는 싸움에 나설 것이다. 그러므로 전환을 실현하려면 국가가 적극적으로 나서서 에너지 시스템 이행에 합당한 경제적 여건을 조성해야만 한다. 화석연료 보조금 폐지, 재생에너지가 부딪히는 시장 장벽 제거, 그리고 가정, 지역사회, 기업이 청정에너지를 더 쉽게 공유하고 거래하도록 이끄는 것은 지금이라도 실행할 수 있는 조치다. 또한 경제 영역 전체에 걸쳐 순환적 제조 관행으로 바꿈으로써 물건을 재활용할 뿐 아니라 제조 과정 전반에 사용되는 자재의 양도 줄여야 한다.

에너지

그림 7.1 에너지 전환은 기존의 에너지 시스템 전체에 걸쳐 효율성을 추구하는 데서부터 시작한다. 동시에 열, 산업 공정, 수송 부문을 재생 가능한 전기와 그에 맞는 에너지 운반체(energy carrier)로 전환해야 한다. 녹색수소가 그러한 예다. 저장력을 갖춘 풍부한 재생에너지에 대규모로 투자한다면 한계비용이 들지 않으므로(예, '비용이 들지 않는 태양광') 전력을 지속적으로 저렴하게 생산할 수 있다.

좋은 소식은, 이미 세계가 역사상 가장 근본적이고 신속하게 세계 에너지 시스템을 전환하는 지점에 와 있다는 것이다. 세계 곳곳에서 청정 발전 기술이 기하급수적으로 늘어나고 있다. 놀랍게도 2021년 풍력과 태양광은 세계에서 생산되는 전체 전력의 10%를 차지했다. 2016년에 이 비율은 고작 5%에 불과했다. 이런 속도로 에너지 비율을 두 배로 높인 것을 볼 때, 2030년대 초반에는 전체 전력의 절반을 풍력과 태양광으로 공급할 수 있다는 계산이 나온다. 여기서 중요한 문제는 이러한 전환이 **충분히** 신속하고 **공정하게** 이루어질까 하는 점이다.

도전과제

에너지 전환의 첫 번째 주요 도전과제는 공정성이다. 화석연료로 인한 이산화탄소 배출은 지금도 해마다 350억 톤을 웃돌고 있다. 하지만 정확한 상황을 알려면 이 숫자를 분해해 봐야 한다.

부유한 국가들은 세계 인구의 극히 일부를 차지하지만 전 세계 이산화탄소 초과 배출량의 85%에 책임이 있다.[97] 이산화탄소 배출로 인한 위험을 세계가 몰랐다고 주장하는 사람들도 있다. 하지만 산업혁명을 기점으로 볼 때 화석연료와 시멘트로 인한 전체 이산화탄소 배출의 절반 이상은 1990년 이후에 배출되었다.[98] 이는 1950년대 말과 1960년대 초에 과학자들이 첫 번째 경종을 울린 것보다 훨씬 이후의 일이다. 이러한 우려가 매우 커져 1988년 IPCC가 조직되었고, 1994년에는 유엔 기후변화협약UNFCCC이 체결되었다.

현재 부유한 국가들이 2050년을 목표로 내건 '탄소중립 선언net zero commitments'은 이산화탄소 배출 역사에 나타나는 거대한 격차를 고려하고 있지 않으며, 기본적으로 부유한 국가들이 자국의 소비재 대다수를 생산하는 중국, 베트남 등의 국가로 배출량을 떠넘기고 있다는 점도 고려하지 않는다. 이는 불공정하고 부당할 뿐만 아니라, 향후 30년 사이에 소수의 부유국이 자국의 배출량을 제로에 가깝게 줄인다 해도 이들 국가로 인해 해외에서 발생하는 탄소 배출량은 계속 늘어난다는 뜻이기도 하다.

저소득 국가들의 정당한 문제제기를 고려하지 않는다면 건강한 행성, 또는 '정의로운' 행성을 지향하는 에너지 전환은 있을 수 없다.[99] 달리 말해 투자 흐름을 변화시켜야 한다. 하지만 세계 금융 시스템은 이미 고소득 국가, 부유한 엘리트 계층, 화석연료 기업들에 우호적인 방향으로 기울어 있다. 빈곤의 전환을 다룬 장에서 분명히 제기했듯이, 세계 금융 시스템은 저소득, 중간소득 국가들의 에너지 전환을 지원하도록 변해야 한다. 즉, 부당하게 낮은 신용등급을 받는 저소득 신흥 시장에서 터무니없이 높은 대출 이자율을 부과함에 따라 발생하는 투자 위험성을 없애야 한다.

공정성은 다른 측면에서도 중요하다. 예를 들어 남성은 여성보다 더 큰 탄소발자국을 남기는 경향이 있다. 민족성도 하나의 요인이다. 미국에서는 백인들의 거주 지역이 아프리카계 미국인들의 거주 지역보다 탄소발자국이 높게 나타나는 경향이 있다.[100] 탄소발자국은 소득과도 밀접하게 연관되곤 한다. 부유한 국가에 사는 최빈층은 상대적으로 작은 탄소발자국을 남기는 반면, 저소득 국가에 사는 억만

장자들은 매우 높은 탄소발자국을 남긴다. 세계에서 가장 부유한 상위 10%는 하위 50%와 같은 정도로 탄소발자국을 남긴다. 특히 최상위 1%의 사치스러운 탄소 소비는 세계 탄소 배출량의 15%를 차지한다. 이러한 사치스러운 탄소 소비는 성공, 활력, 웰빙의 상징으로서 선망의 대상이 되도록 광고된다. 경로를 바꾸지 않는다면, 인류에게 남아 있는 얼마 되지 않는 탄소 예산을 개인전용 제트기에 다 써버릴지도 모른다.

이러한 불평등에 더해 화석연료 업계는 부당한 혜택을 누리고 있다. IMF에 따르면, 대기오염으로 인한 건강 비용과 기후변화 비용을 포함해 직간접 비용을 모두 따졌을 때 석탄, 석유, 가스를 태우는 화석연료 산업에 무려 5조 9천억 달러의 보조금이 지급되고 있다.[101] 더 청정한 대안이 촉진되는 방향으로 정책을 바꾸어야 한다. 이 모든 과제를 해결하려면 정부가 적극적으로 나서서 기꺼이 시장을 재구성하고(그릇된 보조금 제도를 없애고 탄소세를 공정하게 매기는 것부터 시작한다), 장기적인 에너지 계획을 수립해야만 한다.

마지막 과제는 에너지 시스템 전환기에 사회를 불안정하게 만들 수 있는 매우 실질적인 위험에 대한 대처이다. 화석연료 보조금이 없어지거나, 그 밖의 이유로 에너지 비용이 상승했을 때 가장 큰 타격을 받는 것은 대다수 빈곤층이다. 이들은 당연히 에너지 정책에 반대하고 나설 것이다. 엠마뉘엘 마크롱 프랑스 대통령 임기에 그런 일이 일어났다.* 석탄업계가 문을 닫을 때면 각국 정부는 현재 스페인과

---

* 2018년 연료세 인상을 발표하자 '질레 존', 일명 노란 조끼를 입은 사람들이 거리로 몰려나와 시위를 벌인 일-옮긴이

독일이 시도하는 것처럼 재교육과 지역 재개발에 투자해야 한다. 화석연료 기업들은 '자산이 좌초될' 실질적인 위협 앞에 놓여 있다. 즉 송유관, 광산, 석유 굴착 장치 등 수조 달러에 달하는 자산이 가동을 멈추거나, 금융자본이 이 산업에서 빠르게 빠져나가면서 모든 가치를 잃어버릴 수도 있다. 이는 금융부문의 안정성에도 심각한 영향을 끼치게 된다.

위를 보지 말라 Don't Look Up

이 모든 것은 지난 두 세기 동안 우리가 위를 올려다보며 태양광과 풍력을 활용하는 대신, 아래를 내려다보고 땅속에서 에너지를 찾았던 이유를 설명해줄지도 모른다. 이러한 사고방식을 바꿔야 한다. 청정에너지로 업그레이드하는 것에 관한 몇 가지 잘못 알려진 미신을 깨뜨릴 필요가 있다.

미신 1. 에너지 전환은 더딘 일이다

바이오매스에서 석탄으로, 석탄에서 석유로 이행하는 데 약 60년이 걸렸다. 우리는 맨땅에서 시작하지는 않는다. 우리는 이미 지난 30년간 재생에너지 전환의 길을 걸어왔다. 더욱이 중요한 것은 여러 지역에서 재생에너지 가격이 화석연료와 비슷하거나 더 저렴한 변곡점에 도달했다는 사실이다. 이에 더해 정부의 자금 지원과 최근 기술 분야에서 이루어진 획기적인 성과들이 있다. 따라서 올바른 정책 인센티브만 갖춰진다면 지금의 추세는 더욱 빠르게 나아갈 것이다.

미신 2. 전력화하기 어려운 부문이 많다

장거리 화물 운송, 선박, 시멘트, 강철 제조업은 한때 가장 탈탄소화하기 어려운 부문으로 여겨졌다. 하지만 이 업계들에서 탄소를 거의 모두 제거하면서도 효율성을 증진할 새로운 해법들이 존재한다.

미신 3. 사람들의 행동을 바꾸기란 어려운 일이다

최근 발생한 세계적 유행병은 사람들의 행동과 비즈니스 모델을 매우 빠르게 변화시키면서도 많은 이점을 얻을 수 있다는 것을 잘 보여주었다. 일례로 적절한 지원이 뒷받침되기만 한다면, 재택근무는 통근 시의 탄소 배출과 교통 혼잡을 줄여줄 뿐 아니라 일과 가정생활을 병행하는 데도 유익하다.

미신 4. 전기차는 내연기관보다 성능이 떨어진다

현재 전기차는 속도와 가속 측면에서 화석연료 차량보다 더 나은 성능을 보이기도 한다. 전기차는 더 주기적으로 업그레이드할 수 있으며 오염도 적다. 심지어 부품 측면에서도 전기차는 더 신뢰할 만하다. 최대 2,000개의 부품이 들어가는 내연기관과 달리, 전동기와 동력 전달 장치에는 단 20개의 가동 부품이 들어간다. 그만큼 고장 날 일이 적다는 뜻이다.

미신 5. 청정에너지는 공급에 단절이 생기므로 믿을 만하지 못하다

다수의 연구에 따르면, 태양광과 풍력이 지닌 불안정성은 필요량보다 큰 발전 용량을 마련하고, 에너지 저장 시스템을 사용하며, 넓은 지역에 에너지를 전송하는 슈퍼그리드super grid*를 구축함으로써 상쇄할 수 있다. 안정적인 공급을 보장할 다른 요소들도 있다.

몇 가지 미신을 파헤쳐보았으니 이제 해법을 탐색해보자.

해법 1 : 시스템 효율성 높이기

강철, 시멘트, 휘발유가 필요한 사람은 없다. 사람들에게 필요한 것은 안락한 집, 사무실, 그 밖의 건물들과 그 사이를 오갈 방편이다. 사람들은 자기 일을 수행하고, 친구들과 만나며, 각종 서비스에 접근할 수 있어야 한다. 다시 말해 사람들에게 필요한 것은 에너지와 물질이 가능케 하는 **기능**이다. 2018년 아르눌프 그루블러Arnulf Grubler와 동료들은 에너지 효율성에 관한 획기적인 시나리오를 내놓았다. 그들은 에너지의 공급보다 최종 용도의 수요에 초점을 맞췄다. 사람들은 에너지를 가지고 무엇을 하려는 걸까? 연구자들은 전 세계적으로 나타나는 삶의 질 향상에 대한 욕구, 그리고 현재 기술 분야에 나타나는 기하급수적 추세, 이를테면 다양한 서비스(TV, 인터넷, 지도 도구 등)를 통합하면서도 에너지 수요가 적은 스마트폰으로의 이동 추세를 기반으로 시나리오를 구성했다. 북반구와 남반구 양쪽의 수요를 살펴보고, 저소득 국가에 사는 사람들도 고소득 국가의 사람들과 같은 서비스 접근권을 원한다고 가정한 상태에서 계산한 결과, 인구가 증가하고 풍요로움이 커지더라도 이런 유형의 기술 확산을 정부가

---

* 생산된 전력을 대륙 혹은 국가 사이에서 상호 공유하는 광역 전력망-옮긴이

장려한다면 2050년 최종 에너지 수요량은 지금보다 약 40% 낮아질 가능성이 있었다.[102] 이는 놀라운 발견이다. 수요가 계속 늘어날 것이라는 에너지에 관한 지금의 주요한 견해는 유일한 것도 아니거니와 가장 바람직한 결론도 아니다.

더 큰 효율성으로 최적화된 구조는 에너지를 아낄 뿐 아니라 물질 사용을 줄이고 대기오염을 낮추는 데도 효과적이다. 효율성은 어디서나 찾을 수 있다. 도시에서는 전체 이동의 절반이 3㎞(또는 2마일) 미만일 정도로 대개는 짧은 거리를 이동한다. 혼잡한 도시에서 운전자 한 사람이 대형 차량을 끌고 다니는 것은 효율적인 이동 방법이라고 할 수 없다. 도시에서의 운송 체계를 재구성해 자전거 통행, 도보, 효율적인 대중교통 이용, 이동수단 공유 등을 가능하게 한다면 통근 시간을 늘리지 않고도 탄소 배출을 줄이고 건강을 개선할 수 있다. 2장에서 언급했던 '돔형 학교'는 필요치 않을 것이다. 부유하든 가난하든 모든 사람이 도시에서 더 깨끗한 공기를 호흡할 수 있다. 가정에서는 에어컨이나 히터 수를 늘리기보다 단열 성능을 개선하는 것이 더 나은 해법이다. 철거보다는 수선과 재활용이 낫다. 건물에서는 햇빛이 잘 들어오도록 하는 것이 전구를 켜는 것보다 현명한 방법이며, 이 밖에도 해법은 많다. 운송, 건물, 난방, 자재 등 에너지를 소비하는 모든 부문에서 시스템의 효율성을 대폭 늘릴 잠재력은 엄청나게 크다.[103]

그러나 내연기관을 전기차로 바꾸는 것은 운송 부문에서 최적의 해법은 아니다. 이 역시 교통 혼잡을 일으킬 것이고 완전한 교체를 이루기까지 큰 발자국을 남기기 때문이다. 시스템 수준에서의 교체란, 전기차 그리고 높은 찬사를 받는 자율주행차량이 나름의 입지를 가지되 다른 여러 이동수단 중 **하나의** 선택지여야 한다는 뜻이다. 전기든 다른 동력이든 날아다니는 택시를 기다리지는 말자. 그런 수단이 생긴다 해도 지상의 혼잡을 해결해주지는 않으며, 그 상황에서도 새로운 문제는 생겨날 수 있다. 아마 상공에서 혼잡이 커질 것이다. 도보 생활이 가능한 도시에서 자전거 도로와 대중교통 체계 등 더 밀도 있는 기반시설을 마련하는 데 집중해야 한다.

우리가 살고 있는 첨단기술 시대에서는 청정에너지 기술을 다른 신흥 기술과 혼합해 잘 조율한다면 복합적인 효과가 발생해 더 큰 효율성을 이끌어낼 수도 있다. 차량의 예를 다시 들어보자. 유럽인들의 차량은 평균적으로 전체 보유 기간의 92% 동안 주차되어 있다. 그것도 주차 공간을 찾기 어려운 도심에 주차된 경우도 많다. 휴대전화 기술을 활용해 디지털 키를 공유하는 자동차 공유 시스템은 자동차 소유에서 이동 서비스로 소비자 수요를 전환할 잠재력을 지니고 있다. 운전자가 따로 없는 자동차가 주류가 되면, 이동 서비스로 더 빨리 수요가 옮겨가 도시의 도로 위를 오가는 자동차 수도 줄어들 것이다. 물론 이는 파키스탄 남부 도시 카라치보다 캘리포니아에서 더 상상하기 쉬운 시나리오지만, 여러 기술을 결합해 만들어낸 스마트폰 덕분에 부유한 국가뿐만 아니라 저소득 국가에서도 인터넷 접근성이 가속화되었다는 첨단기술 옹호자들의 말은 충분히 새겨들을 만하다.

해법 2 : (거의) 모든 것을 전력화하기

기후위기에 맞서는 제1원칙은 간단하다. 석탄과 석유, 가스 사용이나 나무에 불붙이는 것을 하루속히 멈추면 된다. 빌 맥키번Bill McKibben은 여기에 다음과 같은 두 번째 룰을 추가하자고 제안한다. "불꽃과 연결되는 그 어떤 **새로운** 것도 절대 세우지 말라."[104] 대신 에너지가 필요한 어느 곳이든 탄소 분자를 전자로 대체해야 한다.

해법 1이 효율성 부문을 다루었다면, 두 번째 해법은 대체로 오늘날 탄소를 연소시키는 모든 것을 전력화하자는 것이다. 분자에서 전자로 옮겨가는 것이다. 이것이 실현되면 효율성이 높아질 때도 많다. 도시에서는 에너지 수요의 대부분이 운송과 건물에서 생겨난다. 우리가 제시하는 해법들은 바로 상용화할 수 있다. 내연기관에서 전기 이동수단으로 완전히 바꾸고, 난방은 연소기보다 열펌프를 사용하자. 전기 엔진은 이미 화석연료 엔진보다 3~4배 높은 효율성을 보이고 있다. 히트펌프도 화석연료 난방보다 훨씬 효율적이다. 더 많은 것을 전력화할수록, (1차) 에너지에 대한 수요가 낮아진다. 물론 이는 대강의 일반 법칙이고, 철강 생산이나 선박을 포함해 모든 산업부문에 통용되는 간단한 전기적 해결법이 있는 것은 아니다. 하지만 녹색수소와 암모니아는 이러한 부문에서 화석연료를 대체할 수 있으며 철강, 비료, 선박 부문의 주요 다국적 기업들은 이미 이러한 해법에 전념하고 있다. 그럴더라도 이 전환을 계속 유도하려면 정부의 대대적인 지원이 시급히 필요하다. 아직은 재생에너지로 바꿀 때 드는 초기 비용이 종래의 연료 비용보다 훨씬 비싸기 때문이다.

여러 산업을 새로운 청정에너지 시스템으로 바꿀 때는 태양광, 풍력, 배터리의 막대한 잠재력을 지렛대로 활용할 수 있다. 여기서 배당금은 장기적으로 운용비를 신속히 낮출 기회를 제공한다. 이 시스템에서는 1년 중 대부분의 기간에 제로에 가까운 한계비용으로 청정에너지가 생산된다. 요컨대 지금은 일시적인 비용 장애에 부딪히지만, 일단 이를 넘어서면(이와 연관된 초기 투자 비용 포함), 에너지 단위당 더 적은 비용이 드는 놀라운 전기 세상에 가까워질 것이다.

그러나 이러한 전환에 존재하는 위험 요소들도 인정해야 한다. 새로운 채굴 작업에서 인력을 착취하지 않고 이러한 전환을 이룰 방법은 무엇일까? 광업을 비롯한 채굴산업이 일으키는 파괴적인 확장과 오염 없이 전환을 실천하려면 어떻게 해야 할까? 새로운 기술로의 교체를 지향하는 방향으로 보상과 정의가 구현되고 규제되어야 한다.

해법 3 : 새로운 재생에너지의 기하급수적 성장

에너지 패러다임의 전환은 화석연료 업계를 청정 녹색 에너지로 거의 완전히 대체할 것을 요구한다. 이제 세계 대다수 지역에서 재생에너지는 새로운 전력 발전의 가장 저렴한 원천이다. 에너지의 전 기간 비용을 고려하면 이를 이해할 수 있다. 재생에너지 시장도 성숙 단계에 도달했고, 앞으로 재생에너지는 가격과 성능 면에서도 현재 사용되는 화석연료를 능가하고 오염도 대폭 감소시킬 것이다.[105] 하지만 재생에너지의 초기 투자 비용을 화석연료 비용보다 떨어뜨리려면 정부의 보조금 지원이 필요하다. 다행히 이런 정책이 현재 실행되고 있다. 전 세계적으로 에너지원 구성에서 풍력과 태양광이 차지하는 비율이 5년마다 두 배로 늘고 있다. 게다가 갈수록 많은 에너지 전문가들이 첨단기술 변화가 이미 일어나고 있다고 지적하고 있다.[106]

재생에너지 기술은 '학습곡선'의 궤적을 따라가면서 계속 더 저렴해지고 있다. 총 설비 용량이 두 배로 늘어날 때마다 비용은 약 20~25% 감소한다. 그러나 화석연료 기술에서 얻은 전력은 이러한 학습곡선을 따라가지 **않는다**. 석탄화력 발전소와 관련된 기술은 이미 충분히 발전된 탓에 지난 수십 년간 거의 변화가 없었다. 혁신 속도에 차이가 나는 데는 화석연료 기반시설과 발전소들이 소규모 시설이 아니라 부피가 큰 거대 시설이라는 점도 한몫한다. 스마트폰이나 전기차 등의 소형 입상 기술granular technologies은 혁신과 마케팅의 순환 주기가 매우 빠르다. 풍력과 태양광도 마찬가지다. 그러므로 재생에너지는 향후 수십 년간 화석연료보다 더 저렴해져 날이 갈수록 많은 실용 부문과 산업 영역에서 화석연료를 능가할 것이다.

기하급수적 변화는 단순히 태양광 패널이나 풍력 터빈을 늘리는데 그치지 않는다. 이 변화는 어떻게 하면 다수의 디지털 입상 기술들이 체계적이고 자기강화적인 방식으로 상호작용하며, 이로써 어떤 결과가 나오는지를 예의주시하는 것과 관계있다. 스마트그리드와 슈퍼그리드(광역 전송 네트워크)에 병행하여 투자한다면 태양광, 풍력, 배터리를 의미하는 이른바 SWB(solar, wind, and battery) 해법으로 세계 대다수 지역의 전기 수요를 100% 충족시킬 수 있다. 즉, 이미 존재하는 기반시설에 전송 장치와 에너지 저장 기술을 통합해 '모든 곳에' 태양광 패널을 설치하는 것이다. 에너지는 다양한 방식으로 저장할 수 있다. 이를테면 화학 및 중력 기반 배터리, 양수발전, 열, 압축 공기를 사용할 수도 있고 이 모든 방식을 결합할 수도 있다.

물론 금속과 자재를 추가로 구하고 증축 비용을 마련하는 일 등은 상당한 과제로 남아 있다. 인간 문명의 유지를 전제로 하는 현실적인 산업 변화라면 이러한 장애물을 반드시 넘어야 하겠지만, 분명 이러한 변화를 불의와 착취 없이 달성할 수 있다.[107] 그러나 이 과정을 가속화하는 데는 정부의 지원이 꼭 필요하다. 그래야만 지구가 더 뜨거워지기 전에 전환을 이룰 수 있다.

해법에 관한 논의를 마무리하고 장벽들을 짚어보기 전에, 에너지 과잉의 가능성도 살펴보려고 한다. 새로운 재생에너지 생산이 가속화할 때 어느 시점에서 흥미진진한 반전이 일어난다. 이는 현재의 수요를 넘어설 정도로 새로운 에너지 공급과 연결망을 **과도하게 구축**하는 데서 오는 결과다. 태양광, 풍력, 배터리의 비용이 떨어질수록 우리는 한계비용이 제로에 가까운 수준에서 청정에너지의 **과잉** 지점에 도달한다. 공급이 간헐적으로 이루어질 거라는 우려와 달리, 이렇게 에너지 여분이 생기는 지점에서 태양광, 풍력, 배터리에 기반한 청정에너지는 전에는 본 적 없는 새로운 에너지 시스템으로 나아갈 가능성을 예고한다. 이 경우 인류는 현재의 에너지 필요량을 지속 가능하게 충족할 뿐 아니라, 현행 시스템으로는 경제적으로 불가능한 방대한 다른 영역도 전력화할 수 있을 것이다. '직접 공기 포집direct air capture' 같은 탄소 포집 및 저장 시스템에도 전력을 공급해 과도한 대기중 이산화탄소를 줄이는 데 도움을 줄 수 있다. 탄소 중립을 넘어 기후 친화적인 시스템을 구축해 이산화탄소 농도를 산업화 시대

이전 수준까지 낮추려면 이런 조치가 필요하다.

'모두를 위한 지구' 전환경제위원회 위원인 나피즈 아메드^{Nafeez}
^{Ahmed}는, 폐수 처리와 담수화부터 재활용, 나아가 광업과 제조업에
이르기까지 방대한 영역의 산업부문을 전력화하면 1차 에너지 소비
를 줄이고 저렴한 청정 전력으로 교체할 수 있다고 지적한다. 이렇게
되면 완전에 가까운 순환경제를 이룰 수도 있다. 폐기물을 정화해 업
사이클링 할 충분한 전력이 존재하기 때문이다. 새로운 시스템이 생
성한 추가 전력의 방대한 양 덕분에 사상 처음으로 전에는 상상하지
못했던 방식으로 순환경제에 요구되는 광범위한 새로운 산업 공정
을 청정하게 유지할 수 있을 것이다.[108]

어스4올 분석에서 살펴본 에너지 전환

위에서 제시한 3대 해법은 에너지 전환을 세계적으로 얼마나 멀
리, 얼마나 신속하게 추진시킬 수 있을까? 화석연료를 얼마나 빠
르게 감축하느냐는 재생에너지의 배치 속도가 좌우할 것이다. 그
림 7.2~7.5는 추가적인 조치를 취하지 않던 데서 벗어나 시스템 효
율성, 모든 것의 전력화, 풍부한 재생에너지 확보 등에 투자를 늘리
는 등 강력한 전환을 이행할 때 나타나는 효과를 보여준다. 2025년
~2050년에 전 세계 에너지 비용(투자와 운영 양쪽의 연간 총비용)은 '부
족한 노력, 놓친 시기' 시나리오보다 '거대한 도약' 시나리오에서 더
높게 나타난다. 하지만 2050년경에 가까워지면 화석연료를 이용한
전력 생산이 초래하는 전 세계 이산화탄소 배출량이 훨씬 낮아지고,

재생에너지

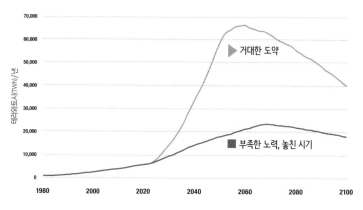

출처 : E4A-global-220501

그림 7.2 '거대한 도약' 시나리오에서는 저장 가능한 재생에너지 생산이 전 세계적으로 급격히 늘어나, '모든 것'을 전력화하고 모든 인간이 사용할 청정 전력을 생산하도록 이끈다.

에너지와 산업 생산이 배출하는 이산화탄소

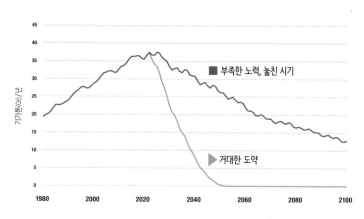

출처 : E4A-global-220501

그림 7.3 '거대한 도약' 시나리오에서는 탄소의 법칙에 따라 2100년까지 지구의 평균 온도 상승폭이 2℃ 아래로 유지되면서, 에너지와 산업 공정이 초래하는 전 세계 이산화탄소 배출량이 급격히 감소한다.

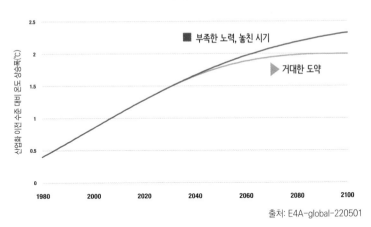

지구 온난화

출처: E4A-global-220501

그림 7.4 '거대한 도약' 시나리오에서는 탄소의 법칙에 따라 2100년까지 지구의 평균 온도 상승폭이 2℃ 아래로 유지되면서, 에너지와 산업 공정이 초래하는 전 세계 이산화탄소 배출량이 급격히 감소한다.

총 에너지 비용

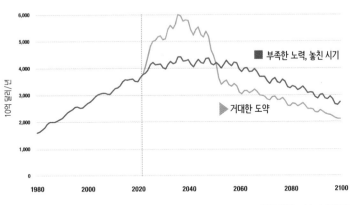

출처: E4A-global-220501

그림 7.5 에너지 투자 방식을 기존의 화석연료 중심에서 '거대한 도약' 시나리오의 해법 중심으로 전환할 경우, 초반 수십 년간은 '부족한 노력, 놓친 시기' 시나리오보다 높은 에너지 비용이 발생하지만, 장기적으로는 이 비용이 급격히 낮아진다. 단위 :10억 달러(2017년 구매력평가지수 불변가격 기준)

같은 시기에 연간 총 에너지 비용도 대폭 낮아진다. 그즈음 에너지 시스템은 비용이 들지 않는 태양광과 풍력 기반의 막대한 재생에너지가 확보되기 때문이다.

장벽들

에너지 전환이 이미 진행 중이라는 사실은 분명하다. 이제 태양광과 풍력을 비롯한 청정에너지가 지닌 기술적 문제나 약점은 더 이상 최대 걸림돌이 아니다. 현재 대다수 주요 경제국들도 2050년까지 탄소 중립을 달성하겠다고 약속했고, 중국과 인도는 그 정도까지는 아니어도 각각 2060년, 2070년까지는 같은 목표를 달성하겠다고 발표했다. 한층 업그레이드된 전환 혹은 경우에 따라 완전한 전환으로 속도를 내면, 이 국가들도 앞서 발표한 것보다 더 일찍 목표 수치를 달성할 것이라고 기대할 수 있다. 하지만 이러한 대대적인 발표에도 불구하고, 대다수 정부는 2030년경 배출량을 절반으로 줄이겠다는 약속은 내놓지 않았다. 자신들의 정치적 지평 너머로 목표를 한참 더 늦추어 잡으려는 것이다. 이는 우리를 '부족한 노력, 놓친 시기' 시나리오에 묶어두는 것이나 다름없다. 정부들의 입장은 충분히 이해할 수 있다. 초기 투자 비용을 낮추려면 막대한 보조금을 지급해야 하는데 이를 위해서는 세금을 늘리거나 정부 부채를 동원해 자금을 마련해야 하기 때문이다. 하지만 세계적인 관점에서 멀리 내다보면, 에너지 안보와 지구의 안정성을 이루는 데 있어 이러한 보조금은 극히 미미한 부분이다.

두 번째 장벽은 화석연료 업계가 어마어마한 보조금을 받고 있으며, 이들 기업이 초래하는 피해에 대해 마땅한 책임을 지지 않는다는 것이다. 대부분의 보조금을 계속 지급해야 할 논리적 근거가 거의 없다. (물론 일부 보조금은 저소득 계층에 에너지 접근권을 제공하고자 정해둔 것이므로 이를 고려하여 재설계해야 한다.)

세 번째 장벽은 탄소 배출에 공정한 가격을 매기지 못하고 있다는 것이다. 지난 수십 년간 기후와 에너지 정치에서는 탄소 배출에 대한 가격 책정이 주된 화두였다. 탄소가격제는 복잡한 문제에 우아한 답을 제공한다. 즉, 탄소를 대기 중에 배출하는 것에 대한 비용을 높게 물리고 그 다음 일들은 에너지 시장에 맡겨서 처리하자는 것이다. 기존의 경제적 사고에서 보면 이 정책은 이론적으로는 훌륭해 보이지만, 사실 현실 세계에서는 불충분하다는 점이 입증되었다. 탄소거래제도가 생겨난 때부터 연간 오염 허용량은 대개 전체 오염보다 꾸준히 높게 책정되었다. 그리고 이 문제에 관한 정책을 도입한 지 30년 후, 2020년 전 세계 온실가스 배출량의 단 20%만이 일부 탄소가격제도의 적용을 받았다. 하지만 이 20% 중에서도 파리협약에서 정한 온도 목표를 달성하는 수준으로 가격이 책정된 것은 채 5%가 되지 않는다(세계 총배출량의 1% 미만).[109] 탄소 가격을 공정하게 책정하려면 이제 생각을 바꿔야 한다.

탄소 가격의 결정은 네 번째 장벽과 연결되어 있다. 다수의 민주주의 국가에서 에너지 부문에 야심찬 의제를 가진 정치인들은 지금까지 국가 수준에서 권력의 자리에 오르려고 고군분투해왔다(주와 도시 수준에서는 상황이 좀 나은 곳도 있다). 수많은 여론조사에서 대중이 지금의 위기를 타개하려는 정부 방침을 지지한다는 결과가 나왔음에도 말이다. 물론 일반 시민들이 가스 요금이나 전기세 인상에 반대한다거나 대다수 국가에서 에너지 빈곤은 매우 심각한 사안이 된다는 점이 정치적 문제로 불거진다. 이런 까닭에 기후행동에는 그동안 심각한 정치적 제약이 따랐다. 때로 사람들이 불만을 나타내는 이유는 기후행동의 필요성에 의구심을 품어서가 아니라, 저소득 계층에 너무 무거운 짐을 지우는 해법에 거부감이 들어서다. 사람들은 정치인, 관료, 엘리트 집단을 불신하며, 지배 계급이 자신들을 업신여긴다고 느낀다.[110] 프랑스의 노란조끼 시위부터 이란, 터키, 나이지리아, 멕시코, 요르단, 카자흐스탄에서 일어난 시위까지 사람들의 저항은 충분히 예견할 만했다. 간단히 말해, "세금을 싹둑 깎아내자! Axe the tax!"는 식의 슬로건들은 정치인들에게 놀라운 효력을 발휘했다.

그렇기에 앞선 장들에서 여러 번 언급한 사용료와 배당금 접근법은 더 논의할 만한 가치가 있다. 다음 장에서는 '사용료와 배당금' 개념을 좀 더 충분히 살펴보고 이것이 모든 지구 공유지, 즉 인간이 가하는 압력 탓에 불안정해질 위험에 놓인 모든 자연자원에 어떻게 적용되는지를 논의할 예정이다. 하지만 지금은 대기와 탄소 문제에 집중하기로 하자. 우리는 부자들이 모든 것을 훨씬 많이 소비한다는 것을 잘 알고 있다. 탄소 배출에 부담금을 부과해 여기서 거둬들인 모든 금액을 모든 시민에게 공평하게 분배하여 되돌려주는 것은 공정한 일이며, 우리 모두가 대기라는 '지구 공유지'의 관리인이라는 원칙을 반영하는 것이기도 하다. 게다가 이런 접근에 따르면 탄소를 다량 소비하는 사람일수록 많은 사용료를 내야 하므로 불평등을 줄이는 효과도 있다. 소비량이 거의 없는 사람은 보상을 받게 된다. 놀랍게도 많은 경제학자가 입을 모아 이 아이디어가 훌륭하다고 말한다. 2019년 〈월스트리트저널〉의 발표에 따르면, 3,500명의 경제학자들이 탄소 가격 책정과 관련하여 "현재 필요한 수준의 규모와 속도로 탄소 배출을 줄이는 가장 비용 효과가 큰 지렛대"로서 탄소 사용료와 배당금 접근법을 지지했다.[111] 사용료와 배당금 접근법은 일반 조세general tax 자금으로 재원을 유지하기도 한다. 거둬들인 사용료는 재분배에만 쓰일 뿐, 그 밖의 많은 다른 정책 목적을 실행하는 데 쓰이지 않는다. 사안의 핵심이 신뢰에 있기 때문이다. 투명성을 유지하는 것이 관건이다. 돈이 어디로 흘러가는지 사람들 눈에 뚜렷이 보이고, 사회적인 행동 변화가 가져다주는 혜택을 똑똑히 확인하면서 실제로 그 혜택을 누리는 것이 중요하다.

위에서 언급한 장벽들을 넘어서지 **못한다면**, 2050년 탄소 중립을 달성하기 위해 모든 해법을 동원하고 강화시켜 나가기란 커다란 포부로만 남을 뿐 실현은 불가능할 것이다. 한편으로는 고소득 국가와 저소득 국가 사이에 나타나는 탄소발자국과 에너지 접근권 상의 두드러진 불평등 문제를 해결하고, 다른 한편으로는 국가 안에 존재하는 정치적 제약들을 넘어서야 하는 것이다.

이러한 이유에서 탄소 배출과 불평등을 동시에 줄이려면, 위에서 제시한 실질적이고 기술적인 해법들에 대해 신뢰 받는 적극적인 정부의 조정력이 필요하다. 이는 세계적으로 나타나는 기존의 불평등을 인지하고 바로잡는다는 것을 의미한다. 미국, 유럽연합, 중국과 같은 세계 최대 경제국들은 재생에너지 생산 능력에 대한 연간 국내 투자를 빠른 속도로 증가(최소 3배)시켜야 한다. 이들 세 지역에서 배출하는 온실가스 양을 모두 합하면 전체 배출량의 거의 절반에 달한다. 이와 함께 세계 대다수 사람이 거주하는 저소득 국가의 에너지 전환 속도를 높이려면, 다음의 3대 국제 영역에서 대응 행동을 강화해야 한다.

- 대폭 늘린 기후 재원을 바탕으로 탄소발자국 불평등 문제 교정
- 부채 해결과 녹색투자 장려를 위한 새로운 금융 구조 수립
- 녹색경제 경로를 밟을 수 있도록 특별인출권과 무역 규칙 개혁

첫 번째 영역에 관해 말하자면, 막대한 규모의 기후 재원을 투입하는 것이 시급하다. 부유한 국가들은 연간 1천억 달러의 기후 재원을 마련하겠다던 2012년의 약속을 어떤 변명으로도 어길 수 없다. 이 국가들은 목표 수치를 계속 지키지 않았으므로 그동안 빠뜨린 액수를 모두 지급해 약속한 재원에 채워야 한다. 별도의 비용 없이 이를 즉각 제공할 방법은 IMF에서 만든 국제 준비통화인 특별인출권을 확대하는 것이다. 발행 규모를 최소 연간 2~3조 달러 이상 늘려야 하는데, 그리 어려운 일이 아니며 이를 통해 청정에너지 시스템에 대한 투자를 뒷받침할 수 있다. 게다가 고소득 국가들이 자국의 특별인출권 할당량(어차피 사용될 가능성이 적으므로)을 이용해 청정에너지 투자를 위한 다자개발은행에 투입할 수도 있다.[112]

둘째, 저소득(1인당 GDP 1만 달러 미만) 국가들이 상환할 수 없는 부채 부담을 급격히 줄여줄 수 있도록 국가 부채 해결을 위한 국제적 구조를 만들어야 한다. 이러한 재조정 메커니즘에는 양자, 다자 대출

기관뿐만 아니라 의무적 규제와 법률 변경을 통해 민간 대출 기관도 포함해야 한다. 또한 '회색의' 탄소 집약적 부문에 대한 민간 대출 기관과 채권 소유자들의 투자를 방지하고 녹색투자를 장려하도록 민간 금융시장에 더 엄격한 규제를 부과해야 한다.

셋째, 필요한 지식과 기술이 북반구 기업들에 몰려 있는 것은 모두에게 매우 위험한 일이다. 이는 중요한 청정기술의 보급을 가로막는다. 저소득 국가가 녹색 전환을 향해 비약적으로 도약하는 데 필수적인 핵심 기술에 대해서는 WTO가 수립한 전 세계 지식재산권 시스템을 적용하지 말아야 한다. 이 시스템은 더 많은 발명과 혁신을 장려하기는커녕 공공의 이익을 저버리고 지식 독점과 '지대rent 추구'를 초래했다. 이는 모든 국가가 백신부터 태양광에 이르기까지 중요한 기술에 접근할 가능성을 가로막고 있다. 저소득 국가들은 보조금을 통해 자국 제조업자들에게 재생에너지 사용을 장려하려고 해도 금세 WTO에서 소송에 걸리곤 한다. 지구 생명 유지 시스템의 구조적 파괴를 피하는 일이 지식을 통제하는 소수 강대국의 변덕과 이익에 좌우되어서는 안 된다. 특히 그 지식이 대체로 공적 연구에 의해 창조된 것이라면 더더욱 그렇다.

결론

에너지, 운송, 식량 부문에서 탄소 집약 산업들이 정리되면 세계 물류와 운송에 대한 막대한 수요가 사라지고, 수십억 헥타르의 토지가 풀려나며, 해양이 재생되고, 대기오염이 사라질 것이다. 올바른

1인당 전력 소비량

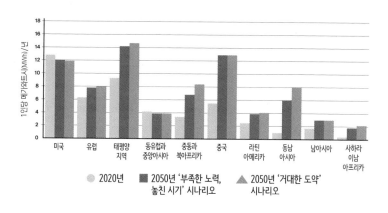

1인당 배출량

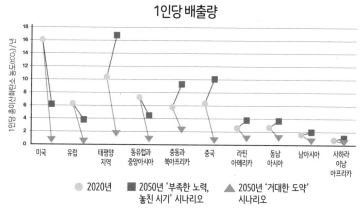

출처: E4A-regional-220427

그림 7.6 지역별 에너지 발자국 간의 큰 격차. 2020년 10개 지역의 전력 소비량과 1인당 CO_2 배출량, '부족한 노력, 놓친 시기' 시나리오와 '거대한 도약' 시나리오에 따른 2050년 예상 수치

선택을 내린다면 새로운 에너지, 운송, 식량 시스템이 자리 잡으며 인류 문명의 물질집약도materials intensity*를 크게 낮출 것이다.

---

* 재화나 서비스를 생산하고 소비하는 데 드는 물질량의 크기-옮긴이

화석연료 시대는 끝내 막을 내릴 것이고, 위험한 기후붕괴에 직면한 인류 문명은 살아남을 수 있을 것이다. 이는 오늘 우리가 내리는 사회적 선택에 전적으로 달려 있다. 구체적으로 어떤 도구를 택하든지 간에, 각국은 생산성 전체를 사회적, 환경적 정의와 결합하는 것을 목표로 삼아야 한다. 지금 올바른 선택을 한다면 2030년대 후반에는 청정에너지가 풍부한 유례없는 시대를 열 수 있다. 새로운 가능성들을 모색한다면 인류를 가장 곤혹스럽게 했던 몇몇 문제들을 해결할 힘이 생길 것이다. 나아가 에너지 희소성과 변동성, 지속되는 식량 불안과 영양실조 문제, 그리고 세계 빈곤의 고착화와 불평등 심화도 해결할 수 있을 것이다.

• 8장 •

'승자독식' 자본주의에서
어스4올 경제로

새로운 경제 운영 시스템

따라서 결론은 다음과 같다. 바로 5가지 특별한 전환을 달성하면 21세기의 다음 수십 년은 우리가 현재 나아가고 있는 경로보다 훨씬 더 안전하고 평안한 경로로 갈아탈 수 있다는 것이다. 엄청난 포부라고 생각한다면, 틀린 생각은 아니다. 하지만 우리가 절대로 달성할 수 없을 것이라고 의심한다면 다시 한 번 생각해보기를 바란다. 이번 세기 안에 인류가 안전한 운영 공간 안으로 되돌아갈 수 있게 하는 일은 복잡한 일이자 기념비적인 일임에 틀림이 없다. 하지만 이와 유사한 다른 많은 과업과 마찬가지로, 이 일에 헌신하는 사람들의 집단과 함께 올바르게 선택한 몇 가지 지렛대를 활용하면 그 일에 착수할 수 있을 것이다.

이 지렛대들은 눈에 잘 띄는 곳에 있으면서 누군가 눌러주기만을 기다리고 있다. 또한 모두 한 부분에 모여 있는데, 바로 경제이다. 그리고 아마 독자들도 이미 알아차렸을 것이다. 이 지렛대들이 앞선 장들에서 논의한 5가지 전환에 포함되어 있다는 것을. 그 중 핵심적인 것을 꼽아보면 다음과 같다.

- 시민기금 조성:지구 공유지에서 생성된 부를 모든 시민에게 공정하게 분배
- (보조금, 인센티브, 규제 등을 활용한) 정부 개입:전환 속도 증가
- 국제 금융 시스템 전환:'거의 대부분의 세계'에서 빈곤을 빠른 속도로 경감
- 저소득 국가에 대한 투자 위험을 제거하고 부채를 탕감
- 효율적이고 재생적인 식량과 재생에너지 시스템에 투자

전통적인 경제학자들은 여기에서 잠시 숨을 고를 것이다. 그리고 이러한 변화가 대규모 경제 전환을 이끌어내는 촉매로 작용할 것이라는 점을 곧 인지할 것이다. 하지만 분명하게도 일부 경제학자들은 이러한 변화 탓에 경제성장이 갑작스럽게 멈춘 뒤 경제붕괴로 이어질 수 있다고 우려할 것이다. 이런 우려는 기우일 수 있다. 그 이유를 이해하는 데에는 지렛점이 무척이나 놀라운 일을 얼마나 자주 일으키는지 아는 것이 도움이 될 것이다.

《성장의 한계》의 주요 저자인 도넬라 메도즈의 지렛점 묘사는 유

명하다. 지렛점은 "복잡계(예: 기업, 경제, 살아 있는 신체, 도시, 생태계) 안에 자리 잡은 지점이다. 지렛점에서는 한 가지 사물의 작은 변화가 모든 사물에 큰 변화를 일으킬 수 있다." 정말 간단해 보인다. 하지만 도넬라 메도즈는 또 다른 현실에 대해서도 언급했다. 사람들은 지렛점이 있는 장소를 직관적으로 알아차리곤 하지만 지레를 잘못된 방향으로 눌러서 의도치 않은 결과를 연쇄적으로 일으키는 경향을 보인다는 것이다. 바로 그것이 성장과 관련해 일어나고 있는 일이라고 도넬라 메도즈는 말했다. "전 세계 지도자들은 경제성장이 사실상 모든 문제에 대한 해답이라고 제대로 짚고 있다. 그러나 그들은 있는 힘을 다해 경제를 잘못된 방향으로 몰아가고 있다."[113]

그러다보니 빈곤을 경감하기 위해 만든 전 지구적 경제정책은 수십 년 뒤 빈곤의 덫으로 변질되어 국가 경제 전체를 노예 상태로 전락시키고 민주주의 국가를 불안정하게 만들며 환경적 재앙을 '불러들이고' 있다. 경제의 목적 역시 우리의 미래를 가치 있게 여기는 것에서 완전히 무시해버리는 것으로 변질되어 버렸다.

시민들의 분노가 점점 더 커지는 것도 무리는 아니다. 이제 시민들은 경제에 대한 전통적 사고방식이 더 이상 자신이나 가족에게 경제 안보를 지켜주지 못할 뿐 아니라 힘이 되어주지도 못한다는 사실을 직시하게 되었다. 그리고 경제에 대한 전통적 사고방식을 뒤집을 필요가 있다는 말에도 전혀 놀라지 않게 되었다. 하지만 그렇게 사고방식을 뒤집는 것이 곧 갑작스럽게 성장이 멈춘다거나 경제붕괴라는 위험을 맞이하게 됨을 의미할까? 절대 아니다.

에너지 전환만으로도 경제성장을 이끌어낼 수 있다. 왜 그럴까?

에너지 전환은 경제 시스템의 기초를 완벽하게 재조직하는 것이나 다름없기 때문이다. 에너지 전환은 모든 부문에서 경제적 낙관주의, 투자 기회, 일자리를 창출할 것이다. 만일 에너지를 공정하게 전환하여 에너지와 관련된 모든 사람의 이해관계가 충족될 수 있다면 에너지 전환은 필요한 정치적 안정을 확보하여 경제붕괴라는 위험을 피하는 데 기여할 것이다. 그렇기에 우리는 대체로 성장에 대해 불가지론적 태도를 가져야 한다. 문제는 성장 자체가 아니라 성장하는 것이 무엇인지이기 때문이다. 분명한 것은 순환 모델로 이행함으로써 경제의 물질발자국을 줄일 필요가 있다는 것이다. 궁극적으로 경제는 웰빙의 성장에 초점을 맞추는 방향으로 이동해야 한다. 그리고 그런 전환이 시작되고 있다. 몇몇 국가의 정부와 지방정부가 새로운 경제 모델을 실험하고 있기 때문이다. 예를 들어, 이미 언급한 뉴질랜드, 핀란드, 아이슬란드, 스코틀랜드, 웨일스의 웰빙경제 얼라이언스뿐 아니라 암스테르담, 브뤼셀, 코펜하겐 같은 도시들 역시 지금까지 경제에 부여되어온 가치에 의욕적으로 도전하면서 그것을 바꿀 방법을 찾아 나서고 있다.

그런데 재앙을 피하는 비용이 감당할 수 없을 만큼 높은 것은 아닐까? 우리가 주저하는 이유가 비용 문제 때문은 아닐까? 생각해보자. 우선, 그것은 비용이 아니다. 미래를 위한 투자다. 우리는 그 투자 비용이 전 세계 연간 소득의 대략 2퍼센트에서 4퍼센트 사이가 될 것으로 추정한다. 가장 큰 투자가 필요한 부문은 지속 가능한 에너지와 식량 안보 부문이다. 그리고 이 추정치는 다른 연구 결과와도 부합한다.[114] 사실, 저술가이자 학자인 유발 노아 하라리Yuval Noah Harari

와 그가 이끄는 연구팀이 많은 경제 보고서와 기후 보고서를 면밀히 조사하여 밝혀낸 사실은 에너지 전환에 필요한 투자 비용이 전 세계 연간 GDP의 약 2퍼센트에서 3퍼센트로 추정된다는 것이었다. 코로나-19 감염병 대유행의 충격에 대응하기 위해 정부들이 지출한 비용은 전 세계 생산의 10퍼센트 이상과 맞먹었다. 이를 통해 우리의 미래를 위한 투자의 규모가 그리 크지 않다는 것을 이해할 수 있을 것이다.

비교적 적은 투자로 막대한 이익을 누릴 수 있는 상황이라면 우리를 가로막는 것은 대체 무엇인가? 궁극적으로는 우리의 사고방식에서 그 이유를 찾을 수 있을 것이다. 바로 온 사방에 만연한 승자독식 세계관이다.

불로소득 자본주의^{Rentier Capitalism}의 부상

과거, 특히 제2차 세계대전 이후 우리 경제는 대규모 전환을 겪었다. 그와 함께 사고방식도 서서히 바뀌어 불완전하게나마 공공선에 부응하기 위해 조직된 경제로 나아가게 되었다. 그러다가 1980년대부터 전 세계적으로 한 줌에 불과한 소수 엘리트 집단의 이익에 부응하는 지배 경제^{dominant economy}로 전환되었다. 이 '불로소득' 계급의 부는 금융자산의 소유를 통해 불어난다. 시스템 이론의 용어로 말하자면 악순환이 시작된 것이다. 자산을 통해 더 많은 자산을 취득하게 되면서 점점 더 소수의 손에 자산이 집중된다. 우리는 이러한 이행이 세 가지 경제 담론, 특히 부유한 국가들이 내세우는 경제 담론을 통해 이루어져왔다는 사실을 확인할 수 있다. 왜냐하면 부유한 국가들의 경제 담론이 탈바꿈하면서 세계의 경제 지형이 극적으로 바뀌었기 때문이다.

첫 번째 경제 담론은 제2차 세계대전이 끝난 뒤(1945년~1975년) 서구를 지배했던 담론이다. 이 시기의 경제는 전 지구적인 것이라기보다는 각 국가 안에 국한된 것이었다. 의사결정은 기업, 조직 노동자, 정부라는 세 주체에 의해 세 갈래로 이루어졌다. 은행부문과 금융부문은 2차적인 역할, 즉 전반적으로 경제를 지원하는 역할을 담당했을 뿐 주도하지는 않았다. 이 시기 경제의 핵심 목적에는 완전 고용이 포함되었는데, 완전 고용이 실현되면 사회안전망이 더욱 튼튼하게 될 터였다. 정부는 인프라를 공급하고 이윤, 소득, 소비에 대해 과세했다. 이 경제 시스템은 세계의 일부 지역에서 안정성, 번영, 더 큰 평등을 이끌어냈다. 그러나 시간이 지남에 따라 이 경제 시스템에는 해결해야 할 과제가 생겨났다. 바로 인플레이션과 신흥 산업 국가들과의 경쟁, 노동 불안이었다.

이에 따라 두 번째 경제 담론이 등장하여 시장 자유화 시대(약 1980년~2008년)를 이끌었다. 지배적인 서구 국가들은 세계화를 수용하여 효율성을 높였다. 정부가 수행하던 기능은 점점 더 민영화되었다. 정부와 조직 노동자의 힘은 약화된 반면 기업의 힘은 확장되었다. 경제를 지배하는 부문으로 부상한 금융부문은 고도의 탈규제 혜택을 받으면서 전 지구로 확장해 나갔다. 국내에서 정부의 우선순위는 시장의 원활한 작동을 지원하고 인플레이션을 억제하며 정부의 직접적인 경제활동을 제한하는 방향으로 이행했고 이에 따라 이윤과 자본에 대한 세금은 낮아졌다. 그러자 새로운 문제가 등장했다. 바로 민간 부채 확대, 인프라 약화, 금융에 대한 단기적인 의사결정, 불평등 증가였다.

2008년 금융위기가 닥치기 전까지 두 번째 담론은 시민과 정부 사이에서 사회계약으로 확립될 수 있을지를 검증하는 시험대에 올라 있었지만, 끝내 통과하지 못했다. 금융위기를 겪으면서 두 번째 담론의 시기에 대부분의 정부가 최우선으로 추구했던 것의 정체가 드러났다. 바로 자산 가격과 금융 시스템 보호였다. 이 시기에는 유동성 공급, 낮은 이자율 유지, 위험 자산의 매입이 강조되었다. 더 나쁜 점은 긴급 구제에 투입된 비용이 국고에서 나왔다는 점이었다.

2008년 이후 부채를 빌미로 공공부문의 긴축을 강요하는 방식으로 두 번째 담론을 다시 일으켜 세우려는 시도가 이루어졌다. 경제의 구조적 힘이 건재하면서 불평등과 경제 불안정 수준이 높아졌고, 중산층 규모가 줄어들었으며, 성장의 기반이 약화되었다. 2015년과 2016년 사이에 특히 영어권 세계에서 여러 형태 포퓰리즘의 그늘이 빠른 속도로 퍼져나갔다. 그러다가 코로나-19 감염병이 대유행하면서 수조원에 달하는 새로운 달러가 금융 시스템에 무엇보다 우선적으로 유입되었다. 역사가 되풀이되고 만 것이다.

세 번째 담론은 자유시장이라는 미명 아래 기생적인 불로소득 경제의 꾸준한 부상을 이끌어왔다. 대부분의 사람들이 떠올리는 경제, 즉 생산, 소비, 교환을 중심으로 조직된 경제는 자취를 감췄다. 이제는 돈으로 돈을 벌고 주식과 채권, 부동산 같은 다양한 자산의 가치를 지식재산권과 암호화폐로 이전하는 방식으로 돈을 번다. 오늘날 전 지구에서 이루어지는 경제 의사결정을 지배하는 것은 바로 이러한 금융자산의 조작이다.

맘펠라 람펠레 박사는 이렇게 "지속 가능하지 않은 독점 게임의 실체를 밝혀야 한다"고 말한다. "이 게임에 참여하는 사람들은 선수인 동시에 심판이다. 이런 시스템은 게임에 참여한 선수들이 자기 잇속만 차릴 수 있도록 지원하는 경기장이나 다름없다."[115]

당연하게도 불로소득 자본주의로 이행하는 과정에서 수십억 명의 사람들이 기회, 안보, 웰빙을 상실하고 말았다. 그리하여 사회정의와 환경정의가 치른 대가가 그 어느 때보다 분명해지고 있으며 새로운 경제 논리를 요구하는 목소리는 점점 더 커지고 있다.

인류세 시대의 공유지 재고찰

대안 모델을 찾기 위해 경제의 역사를 거슬러 올라가 근대 세계를 더 깊이 들여다보자. 그러면 오늘날 불로소득 자본주의와 정반대로 경제를 조직하는 방식을 확인할 수 있을 것이다. 이런 방식의 바탕에는 인류가 공유하는 공유지를 보호함으로써 사람들의 웰빙을 확보하는 데 초점을 맞추는 근본적인 담론이 자리 잡고 있다.

간단한 예를 들어보자. 네팔의 여러 계곡 상류에 자리 잡은 마을 주민들은 하류의 수로를 유지하는 데 기여했고, 하류의 주민들은 상류에 지어진 제방을 유지하는 데 기여했다. 이런 방식으로 모든 주민들은 공동 자원인 물에 접근할 수 있었다. 주민들은 이 시스템이 만들어낸 이익을 분배한 배당금을 받았고 이러한 문화자산과 자연자산을 유지하기 위해 공동으로 노력을 기울였다.

세계는 이렇게 현명한 공유지 관리 사례로 가득했던 시절이 있었다. 이 공유지 관리 시스템에서 토지는 미래 세대의 이익을 위해 현재 세대가 관리해야 하는 공익의 대상으로 남을 수 있었다.[116] 선주민 사회와 전통문화에서는 아직도 가장 진정한 형태의 공유지 관리 사례를 찾아볼 수 있다. '공유지' 관념은 인류의 역사를 관통하며 이어져왔다. 공유지는 대체로 강제 이주와 강탈의 역사로 점철되었지만 결코 사라지지는 않았다. 공유지 관리는 21세기에 부활하면서 거의 모든 곳에서 등장하고 있는데, 런던 교외에 우뚝 서 있는 어느 나무와 그것을 둘러싼 토지의 사례도 포함된다.

영국 서리Surrey 주에 우뚝 서 있는 앵커위크Ankerwycke 주목나무는 수령이 약 2,500년에 달한다. 이 주목나무는 영국의 삼림헌장이 조인된 1217년에도 이미 수령이 오래된 나무였다. 영국의 삼림헌장은 숲을 이용하는 지역 주민의 권리를 빼앗을 수 없는 권리로 인정했다. 덕분에 지역 주민들은 다양한 과일을 수확하고 장작이나 토탄, 부러진 나뭇가지를 모으며 가축을 방목하는 등, 숲을 합법적인 생계유지 수단으로 이용할 수 있었다. 다시 말해 봉건제 사회에서 다른 사람들이 소유했던 토지를 공동의 유산으로서 접근할 수 있게 된 것이다. 사실 이러한 조치는 현명한 것이었다. 왕으로서는 식량 폭동, 도적질, 세금을 낼 수 없는 인구 발생 같은 위험을 감수할 필요가 없을 뿐더러 대지주들이 권력 투쟁 과정에서 활용할 수 있는 수단을 무력화할 수 있었기 때문이다.

지역 주민들은 토지에 자리 잡은 모든 교회에서 1년에 네 번 삼림헌장을 낭독했다. 그럼으로써 "공유지는 이윤을 위해 존재하는 것이 아니라 생계수단으로 활용하기 위해 존재한다."는 사실을 의기양양하게 선포했다. 그러나 이후 역사는 다른 방향으로 흘러갔다. 1760년에서 1870년 사이 거의 400개에 달하는 의회 법령이 제정되어 (영국의 5분의 1에 해당하는) 거의 280만 헥타르의 토지를 몰수했다. 이상한 것은 삼림헌장이 신자유주의 경제학이 구체화되기 시작한 1971년, 즉 제정된 지 754년이나 지난 뒤에야 비로소 폐지되었다는 것이다. 아무튼, 그런 변화에도 아랑곳없이 앵커위크 주목나무는 여전히 그 자리에 굳건히 서 있다. 삼림헌장 제정 800주년을 맞은 2017년 사람들이 다시 한 번 이곳으로 모여들어 공유지의 부활이야말로 우리 미래를 가치 있게 만든다는 또 다른 사실을 세상에 알리는 행사를 열었다.

토지는 공동 유산에 대한 공격의 첫 번째 목표에 불과했다. 결국 전 지구에서 이용자 중심의 관습과 실천이 말살되고 말았다. 몰수, 식민주의, 노예제도가 자립의 삶을 대체했고 노동과 임금을 교환하는 불안정성과 빈곤이 독립적인 생계를 대체했다. 재산권과 인권은 모든 시대에서 긴장 관계에 있었는데, 이때부터 재산권이 인권보다 더 소중한 가치로 여겨지게 되어 우리 시대까지 이르렀다.

초기 산업 자본주의의 행태가 극에 달하며 도전받게 되었다. 18세기 말부터 이루어진 사회 진화, 그리고 혁명이 가한 압력으로 노예제가 가장 먼저 폐지되었다. 19세기 중반에 일어난 정치적 격변 이후에 부상한 노동운동은 대항력을 행사하려고 애썼다. 20세기로 접어들면서 세계 여러 지역에서 사회주의가 등장하여 자본주의와 대립

했다. 민중의 이름을 내세워 국가가 핵심 자원을 통제하는 사회주의는 또 다른 지도 원리로서 자본주의 정치에 도전하기 시작했다. 특히 제1차 세계대전 이후 서구에서는 서서히 자리 잡은 공공부문이 공유지 관념을 '복지'라는 사고로 대체했다. 전일제 노동을 하는 시민들은 세금을 내고 그 대신 연금과 실업수당을 받을 수 있었다.

이러한 사회계약에서 공공투자는 사회에 필수적인 재화와 서비스(예:교육, 운송 인프라, 보건의료, 개방 공간, 주택 등)를 저렴한 비용으로 제공한다. 기업은 지구가 인간에게 제공한 유산을 봉쇄하고 독점적으로 접근하는 대신 세금을 부담함으로써 공공부문에 기여한다. 이렇게 공유지라는 사고는 살아남았지만 수면 아래로 가라앉고 말았다. 그러는 사이 과거의 사회들로부터 물려받은 지구의 유산을 잠식하는 경향이 지속되었다.

심지어 지식도 저작권과 특허, 즉 지식재산권의 확대를 통해 봉쇄되었다. 공유지 전유는 20세기 후반에도 계속 심화되어 디지털 영역(예:개인 데이터의 가치 점유)은 물론이고 생물학적 세계로까지 확장되었다. 전 세계의 씨앗과 유기체에 대한 사유화가 이루어지는 가운데 온전한 상태의 환경을 장기적으로 유지하는 데 필요한 유전적 공유지마저 남용되기에 이르렀다.

유용한 공적 도구인 화폐마저도 변질되었다. 이제 신용은 정부가 아니라 느슨한 규제를 받는 민간은행들이 주로 창출하게 되었다. 점점 더 많은 신용이 은행이 우선순위로 여기는 것에 부여되었다. 그리하여 기존 자산을 구매할 용도로 돈을 빌려주는 은행이 압도적으로 많아졌다. 이제는 독립적인 경제활동과 교환이 가능하도록 돕는 현금의 기능마저 급격히 축소되고 있다. 즉, 모든 사람이 이용할 수 있던 공유지의 대부분이 기업에 의해 봉쇄되고 만 것이다.

그 과정에서 풍부한 자원을 보유했지만 현금은 부족했던 국가의 시민들은 공유지를 빼앗기거나 착취당하는 상황을 경험했다. 국가가 광물, 하천, 목재를 비롯한 여러 자원에 대한 채굴권을 매각하거나 부채 상환 계획에 따라 소유권을 넘겨주었기 때문이다. 방대한 규모의 농경지가 수천 마일 떨어진 곳에 사는 사람들의 손아귀로 흘러들어갔다. 심지어 세계화로 인해 지역 경제가 무너지면서 인적 자본마저 이탈하고 있는 실정이다.

현재의 과제는 공유지를 가치 있게 여기고 21세기의 맥락에서 작동하는 경제 운영 시스템을 재건하는 것이다. 맘펠라 람펠레 박사는 다음과 같이 말한다. "지역에서 생산하여 지역의 소비 욕구를 충족하는 공동체 기반의 경제 시스템을 갖춘 지역 경제로 돌아갈 필요가 있다. 모두의 웰빙을 보장하고 생태계를 보호하기 위해서는 잉여를 이웃 공동체와 상호호혜적인 방식으로 교환하는 체계를 부활시켜야한다. 서로 밀접하게 연결된 마을 공동체 모델을 통해 모든 사람이 장소감과 소속감을 회복할 수 있을 것이다."

그리고 그러려면 경제 경기장에 큰 변화가 필요하다.

기존의 경제 경기장

불로소득 자본주의가 오늘날 세계에서 작동하는 유일한 경제 시스템은 아니다. 중국은 중앙정부가 주로 국영기업을 통해 토지, 화폐 시스템, 주요 핵심 사업(철강, 시멘트, 철도, 공익사업, 신용 창출)을 통제하는 국가 자본주의 모델을 운영한다. 중국이 지향하는 방향은 불로소득 자본주의와는 사뭇 다르다. 중국은 2021년 자산 거품을 완화하고, 지나치게 입바르고 부유한 기술 거물을 몰아내며, 지도자가 제시한 "공동 번영 창출"이라는 주문을 외우면서 사회의 불평등 완화에 나섰다.[117]

그러나 이렇게 서로 다른 체제 사이에도 유사성이 보인다. 덕분에 이 근대 경제들 각각에서 이루어진 몇 가지 중요한 단계를 묘사할 수 있다. 첫 번째 단계는 국내 시장을 개척하고, 신용을 창출하며, 인프라에 투자하고, 농업경제에 반대되는 산업경제의 성장을 지원하는 단계이다. 생산성과 기회가 확대됨에 따라 도시화가 진행되어 인구가 도시에 집중하고 생산 규모와 효율성이 증가한다. 이에 따라 (예컨대 식민지를 확장하거나 다른 곳에서의 시장 점유율을 확보하는 등의 방법으로) 다른 시장을 활용할 수 있는 상황이 아닌 한, 이내 과잉 생산에 빠지면서 이익이 감소하게 된다. 노동력은 1차 부문에서 2차 산업부문을 거쳐 3차 서비스부문으로 이동한다.

(사회와 환경에 미치는 영향을 제대로 고려하지 않는다는 전제 하에 말하자면) 대규모 산업은 다음과 같이 매우 높은 효율성으로 움직인다. 임금과 소득이 먼저 증가하고(그러면 빈곤이 감소한다), 다음으로는 국내 수요와 저축이 증가한다. 투자기관뿐 아니라 저축을 한 사람들도 수익을 낼 다른 곳을 찾아 나선다. 생산성이 높았던 경제에서 투자수익률[ROI]이 둔화되면 두 번째 단계가 시작된다. 즉, 기존 금융자산 특히 부동산, 주식, 채권으로 투자가 이동한다. 마지막 단계로 접어들면 복잡

한 파생상품과 선물상품을 활용한 통화와 원자재 투기가 나타난다.

금융부문의 확장 역시 특정 부문 안에서 경쟁자의 수를 감소시키는 결과를 불러온다. 사모펀드 회사는 틈새 부문에서 활동하는 소규모 회사의 소유권을 가져온다. 그 결과 독점이 심화되고 기술회사가 새로운 부문을 독점하기 위해 온갖 희생을 감수하면서 '전격 확장'하는 현상이 나타난다. 따라서 시스템은 자유롭고 공정한 시장에서 효과적으로 경쟁하는 방식과는 정반대로 작동한다. 불로소득 경제는 자원에 대한 접근에 비용을 청구하고, 경쟁을 제한하며, 간단히 말해 자신이 창출한 가치보다 더 많은 가치를 추출하는 경제이다. 그러고 나면 이러한 경제적 지대(불로 잉여)는 경제학자 마이클 허드슨^{Michael} Hudson이 FIRE 부문이라고 부른 금융(F), 보험(I), 부동산(RE) 부문의 이익으로 전환된다. 이러한 현상은 현재 시스템에서 특수하게 발생하는 오류가 아니다. 불로소득 자본주의라는 경기장의 구조상 필연적으로 나타날 수밖에 없다고 충분히 예측할 수 있는 결과물이다.

이런 흐름 속에서 노동자를 고용하는 비용은 높아진다. 노동자들에 대한 간접비가 높아지기 때문이다. 주택 담보 대출과 신용에 대한 접근 및 여기에 연관된 부채 상환 비용도 필요 이상으로 높아져 시간이 흐를수록 부채 관련 비용이 가계의 예산에서 차지하는 비중이 점점 더 높아진다. 이에 따라 노동자는 더 많은 로봇과 인공지능으로 대체된다. 그리고 그럼으로써 1980년 이후 줄곧 그래온 것처럼 국민소득에서 노동 소득이 차지하는 비중이 감소하고 노동자의 전반적인 삶의 질이 떨어진다. 긱 노동과 복지 침식, 불평등, 불안정이 만연한다. 거기에 점점 더 심화되는 생태계 교란(예:기후붕괴, 전염병, 생물다양성 손실)이 더해지면서 지대를 추구하는 행태는 사회붕괴를 앞당긴다. 그리고 높아지는 사회긴장지수에서 확인할 수 있는 것처럼 너무 늦지 않게 시스템을 재설정하여 사람들의 이익에 부응할 가능성은 점점 더 적어진다.

그러나 우리가 경제 경기장에 대한 지식을 갖추고 활용할 수 있는 체계적 도구 가운데 몇 가지에 대해 살펴본다면, 이 책이 초점을 맞추고 있는 5가지 특별한 전환을 공동선이라는 관점에서 머릿속에 떠올리고 현실에서 구현할 수 있게 될 것이다.

그림 8.1을 살펴보자. 이 그림은 어스4올 모델의 흐름을 반영하여 경제 경기장을 묘사한 것이다. 가운데에는 경기에 참여하는 2명의 주요 선수가 표시되어 있다. 경제학 입문 교과서에서는 이 두 선수를 경제를 대표하는 주요 주체로 다루고 대부분의 사람들도 그렇게 생각한다. 하나는 생산자(기업 등)이고 다른 하나는 소비자(가계, 노동자, 시민)이다. 이 두 주체는 시장에서 교환을 수행한다. 불로소득 경제에서는 경기에 참여하는 주요 선수가 2명 더 등장한다. 하나는 금융과 은행 부문이고 다른 하나는 자산과 부동산 소유자, 독점 거래 계약자이다. 정부는 이들을 감독하려고 애쓰지만 신자유주의 이데올로기에 의해 약화되어 궁지에 몰려 있는 실정이다.

이 경기장 그림은 돈이 어디에서 출발하는지, 경제를 거치면서 어떻게 이동하는지, 마지막으로 떨어져 내리는 곳은 어디인지를 보여준다. 그곳은 바로 수많은 가난한 사람들이 아니라 부유한 사람들이다. 이제 경기장에 자리 잡은 두 그루의 '돈을 창출하는 나무'를 먼저 살펴보자. 오른쪽 상단에는 민간부문의 돈을 창출하는 나무가 자리 잡고 있다. 은행의 '비밀'은 대부분의 돈이 무에서 창출된다는 것이다. 새로운 대출이 이루어질 때마다 신용이 창출되기 때문이다. 여기에서 돈을 창출하는 주체는 신용을 통해 돈을 창출하고 부채라는 어두운 그림자를 남기는 민간은행이다. 바로 그 부채가 금융부문을 먹여 살리는 것이다.

왼쪽 상단에는 공공부문의 돈을 창출하는 나무가 자리 잡고 있다. 주권 경제를 운영하는 모든 정부는 이 나무를 활용할 수 있다. 그러나 빈곤의 전환을 다룬 3장에서 이미 설명한 것처럼, 자국 통화가 약하거나 주권 통화가 없는 많은 국가에서는 아예 이 나무를 찾아보기 어렵다.

오늘날 현재 경기장을 지배하는 주체는 오른쪽 상단에 자리 잡은 금융부문이다. 두 번째로 지배적인 부문은 독점계약과 부동산, 지식재산, 광물자원 같은 기존 자산을 소유한 최상위 부의 소유자들이다. 바로 그들은 신용을 창출하는 주체와 긴밀한 동맹 관계를 맺고 있다.

오늘날의 경제에서는 경기장을 지배하는 이 두 선수가 항상 승리한다. 이 두 선수는 나머지 선수한테 끊임없이 먹잇감을 받아먹는 짐승이 되었다. 이 두 선수는 '덩치가 너무 커진 나머지 게임에서 질 수 없는 상태'에 이르렀다. 돈은 소수의 최상위 부의 소유자들에게 흘러 들어 간다. 그럼에도 기억해야 할 것은 돈은 결국 사회적 구성물이라는 점이다. (최소한 국내에서는) 정부가 금융 및 은행 면허를 부여하고 규제한다. 즉, 게임이 앞으로도 계속 현재와 같은 방식으로 진행되어야 하는 것은 아니라는 말이다.

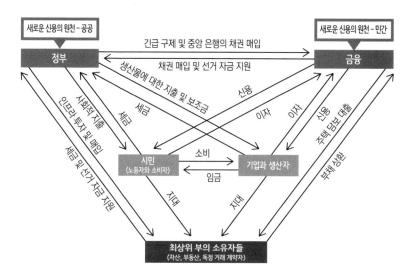

그림 8.1 현재의 경제 경기장에는 낙수효과가 작용하는데, 돈이 주로 부유한 사람들에게 흘러내린다. "2020년 금융자산은 250조 달러에 달하면서 전 세계 부의 52퍼센트를 차지했다. 거기에 실물자산이 더해지면 그 규모는 바로 두 배가 된다. 부동산 소유가 주를 이루는 실물자산은 235조 달러에 달하면서 전 세계 부의 48퍼센트를 차지했다." Anna Zakrzewski et al., When Clients Take Lead: Global Wealth 2021, BCG(June 2021). 또한 다음도 참고하라. Sean Ross, "Financial Services: Sizing the Sector in the Global Economy", Investopedia, September 30, 2021.

경기장 재설계

만일 우리가 세 가지 지렛대를 누른다면 경기장이 어떤 모습으로 변하는지 살펴보자.

첫 번째 지렛대는 보편적 기본 배당금을 분배하는 시민기금이다. 보편적 기본 배당금은 부를 뽑아가고 인류가 공유하는 공유지를 사용하는 대가로 지불하는 사용료에서 발생한다. 첫 번째 지렛대는 또 하나의 돈나무인 자연을 경기장에 추가한다. 자연은 모든 부의 보이지 않는 원천으로서 항상 자기 자리를 지키고 있었다. 하지만 자연을 가치 있는 것으로 여기지 않았기 때문에 언제나 쉽사리 무시되고 파괴되었다. 과거 공유지의 사례에서 확인할 수 있는 것처럼, 자연에서 얻은 이익을 시민들이 공유하게 된다면 부는 노동자, 지역사회, 가계로 되돌아가기 시작할 것이다.

두 번째 지렛대는 금융을 규제하여 불평등, 기후변화, 그 밖의 위기를 해결하는 전략에 투자하는 것이다. 이 지렛대는 민간부문의 돈나무를 새로운 방식으로 흔들어서 돈이 떨어지게 한다. 규제를 활용하면 화석연료와 지속 가능하지 않은 농업에 제공되던 대출을 청정에너지와 재생농업에 제공되도록 유도할 수 있다. 또는 고급 아파트 단지 구입에 제공되던 대출을 저렴하고 회복력 있는 공동체 중심 건물 구입에 제공되도록 유도할 수 있다. 이를 실현하기 위해서는 두 명의 선수가 깨어나야 한다. 정부는 더 강력한 방식으로 이행을 장려하는 역할을 해야 하고, 시민들은 스스로를 공공으로 인식하면서 공공의 미래에 투자할 가치가 있음을 인식해야 한다.

이 두 가지 지렛대를 더욱 활성화하기 위해 주권 통화를 보유한 정부는 공공부문의 돈나무를 흔들어 거기에서 나오는 자금으로 장기적인 환경 안보와 인간의 안보를 보장할 수 있다. 기억해야 할 것은 자국 통화를 완전히 통제하는 정부 그리고 금 같은 상품을 중심 기준으로 삼지 않은 통화를 보유한 정부는 자신들이 벌어들이거나 차입한 것 이상의 돈을 지출할 수 있다는 것이다. 실제 수용력이 경제 안에 남아 있는 한, 사실상 정부는 돈을 지출하면서도 과도한 인플레이션을 유발하지 않을 수 있다.

세 번째 지렛대는 불공정한 부채의 탕감이다. 이 지렛대는 경기장을 극적으로 뒤집는다. 정부가 개입하여 채권자가 부당한 조건으로 보유하고 있는 부채는 탕감되어야 한다고 주장하게 될 것이다. 저소득 국가에 부담을 주는 9,000억 달러의 국제 부채를 탕감하면 저소득 국가는 코로나-19 감염병 대유행을 극복한 이후 시대에 빈곤을 해결하고 자원을 보충하거나 유지하는 데 사용할 지출을 확보할 수 있다.[118] 이런 조치의 영향을 받는 사람은 거의 10억 명에 달할 것으로 보인다.

그렇게 되면 이제 경기장의 자산은 더 이상 금융부문과 소유자들에게만 집중되지 않는다. 경기장의 자산은 경기장 중간에 자리 잡은 선수들, 즉 생산자와 소비자 그리고 정부에게로 되돌아가기 시작한다. 또한 경기장의 자산은 이전에는 보이지 않았던 기초, 그러나 과감한 투자가 필요한 기초, 즉 자연과 사회를 지원한다. 근대 경제 용어를 사용해서 바꿔 말하면 바로 자연자본과 사회적 자본이다.

이러한 맥락에서 근대 경제의 성배인 경제성장은 완전히 새로운 성격과 목적을 갖게 된다. 지금까지는 진보를 측정하기 위해 협소한 의미의 연간 생산과 소비의 흐름에 초점을 맞춰왔다면 이제는 거기에서 벗어나 인류가 공유하는 광범위한 부의 성장을 측정하는 데 초점을 맞춰야 한다. 이때 그 부가 지닌 의미가 무엇인지 설명이 필요할 것이다.

생산적 공유지에는 인간이 만든 자산이 포함된다. 그리고 인간이 만든 자산은 돈과 시장가격으로 측정되고 평가될 수 있다. 기계, 도로, 인터넷, 전력망, 물, 항구, 특허, 대중이 접근할 수 있는 모든 종류의 건설 인프라를 예로 들 수 있는데, 무엇보다 교육을 받은 유능한 노동력을 빼놓으면 안 된다. 자연적 공유지는 토지, 토양, 안정적인 기후, 강, 연안, 심해, 해조류, 숲, 구름, 산악 생태계, 광물 매장지, 안전한 오존층, 그밖에 지구의 다른 생명 유지 시스템으로 구성된다. 자연자본의 가장 중요한 형태는 생명에 유익한 조건을 형성하고 스스로 복구할 수 있는 온전한 생태계의 능력이다. 사회적 공유지에는 예술과 문화, 인류가 공유하는 지식, 전통, 법, 데이터베이스, 소셜 미디어 데이터, 유전자, 오픈소스 알고리즘, 언어, 규범, 인류가 공유하는 세계관이 포함된다. 이 모든 것이 사회적 자본의 핵심인 사람들 사이의 신뢰와 제도적 신뢰의 축적에 영향을 미친다.

즉, 경제 시스템이 금융자본을 우선시하는 방식으로 저량stock*과 유량flow**을 관리한다면 GDP와 국부는 증가하지만 환경 안정성과 사회의 웰빙은 침식되고 말 것이다. 바로 이것이 기존의 경기장에서 경제 시스템이 작동하는 방식이다.

생산이 자연자원과 조화를 이루고, 물질을 생산할 때 사용하고 재사용하는 자원의 양을 점점 줄일 수 있다면 생태발자국이 줄어들고 진정한 녹색성장을 경험할 수 있을 것이다. 그러려면 자원 생산성의 증가 속도가 자원 고갈이나 온실가스 배출 속도를 앞지를 만큼 빨라야 한다. 한편 자산과 기회를 공정하게 분배하고 사회적 자본을 유지함으로써 인간의 웰빙을 고려하지 않는다면 진정으로 건강한 경제

---

* 경제에서 특정 시점에 파악된 재화, 자본 등의 전체 양-옮긴이

** 일정 기간에서 소득, 소비, 투자 등 경제활동의 변화량-옮긴이

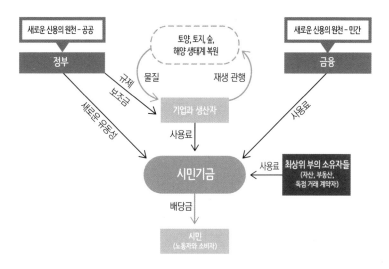

그림 8.2 시민기금을 통해 모든 시민에게 더 공정하게 부가 흘러내린다. 공동 자원(생산적, 자연적, 지적, 사회적 공유지)에서 부를 뽑아가는 사람들은 사용료를 지불하고 그 사용료는 시민기금으로 들어간다. 이러한 기제는 그림 8.1에서 확인한 신자유주의의 불공정한 경기장을 수정한다. 그리고 경제가 전환되는 기간 동안 시민들에게 필수적인 안전망을 제공한다.

에 도달할 수 없을 것이다.[119]

많은 사람들이 건강한 경제를 웰빙경제라고 부른다(69쪽, 웰빙이란 무엇인가 박스글 참고). 건강한 경제에서 미래의 번영은 GDP로 측정되는 경제활동의 연간 상승이나 하락과 거의 관계가 없다. 대신 시간이 지남에 따라 경제활동이 공유지, 즉 폭넓은 의미에서 축적된 모든 자본을 얼마나 잘 이용하고 유지하는지 여부가 미래의 번영을 좌우할 것이다. 따라서 한 국가의 부의 변화는 모든 자본의 연간 변화를 시간의 흐름에 따라 균형 잡힌 방식으로 측정함으로써 가능할 수 있을 것이다.

경제 운영에 대한 이러한 접근법에서는 최상위 부의 소유자들이 벌어들이는 소득과 그들이 지닌 부의 증가를 더 이상 중시하지 않는다. 대신 모든 사람이 누릴 수 있는 광범위한 부의 균형 잡힌 성장을 강조한다. 다시 말해 슈, 사미하, 아요톨라, 칼라에게로 흘러내리는, 진정한 의미의 부이다. 이미 2장에서 소개한 '거대한 도약' 시나리오를 통해 이 네 명이 걸어가게 될 길에 대해 상상해본 바 있다. 이들은 성장하는 과정에서 시민기금을 통해 배당금을 받음으로써 지구 공유지에서 생성된 부에서 자기 몫을 제공받았을 것이다. 이 배당금을 통해 이들은 삶을 긍정적인 방식으로 시작했을 뿐 아니라 훌륭한 교육을 받을 수 있었고 건강에 유익한 식단을 누림으로써 건강한 생활을 영위할 수 있었다. 그 이후 도시가 전환되는 과정에서도 시민기금 덕분에 경제 안보를 누릴 수 있었다. 일부 산업은 축소되고 일부 산업은 성장하는 와중에도 이들은 시민기금 덕분에 노동자 재교육을 받을 수 있었다. 또한 부모 세대와 다르게 정부가 대부분의 기간 동안 자신들의 이익을 위해 일하고 있다고 느낄 수 있었다.

단기주의 : 기생 금융 시스템으로 가는 길

그렇다면 우리가 현재의 경제 시스템에 이토록 고집스럽게 매달리는 이유는 무엇일까? 현재의 경제 시스템이 공유지에 대한 재투자를 통해 장기적인 가치를 창출하는 일에는 눈 감고 오직 자연자본과 사회적 자본에서 가치를 뽑아내는 일에만 몰두한다는 사실을 알면서도 이렇게 된 이유는 악한 마음에서 나온 것이 (적어도 대체로는) 아니다. 오히려 단기적인 이윤 창출과 단기적인 의사결정에 초점을 맞추는 기존 시스템 때문이다. 그 때문에 공유지의 자원을 장기적으로 축적할 수 없게 되었고 미래에 발생할 수 있는 충격과 스트레스에 대해 회복력을 키우는 것에 초점을 맞출 수 없게 되었다. 문제는 대부분의 경제 관리자가 단기주의에 빠진다는 것이다. 경제 관리의 성과가 1년, 3년, 5년 단위로 평가되는 경향이 있기 때문이다. 게다가 대부분의 펀드 매니저들은 기후위기의 결과가 먼 미래에나 나타날 것이라는 잘못된 가정에 사로잡혀 있다.[120]

지난 20년도 넘는 시간의 특징으로 줄기차게 지목된 것은 중앙은행이 이자율을 꾸준히 낮춰왔다는 것이다. 중앙은행이 이자율을 낮은 수준으로 유지해온 배경에는 두려움이 자리 잡고 있다. 바로 이자율의 급격한 상승이 엄청나게 쌓여 있는 불안정한 부채에 충격을 가해 기업의 파산이 급증하고 그것이 큰 경기 침체를 불러올 것이라는 두려움이다. 저금리는 실제 생산 능력에 투자할 자금 차입을 장려하기 위한 것이었다. 그러나 저금리를 활용한 차입은 대부분 현금이나 증권 같은 '종이' 자산 취득 증가와 자본 수익 추구 증가로 이어졌다. 또한 저금리로 인해 다소 단순한 가정이 나타나게 되었다. 즉, 차입 비용이 매우 낮은 상황이기에 주권 통화를 보유한 정부는 미래에 지게 될 이자 부담 없이 원하는 만큼의 자금을 쉽게 차입할 수 있다는 가정이다(그리고 2008년과 2020년에 실제로 그런 일이 벌어졌다).[121]

이러한 근본적인 역학이 시스템 실패를 불러온다. 지나치게 금융화된 경제 시스템은 기생적으로 변질된다. 재생될 수 있는 것보다 더 큰 규모를 공유지에서 추출하고 인간의 안보를 지원하는 광범위한 부를 훼손하는 것이다. 거기에 더해 불평등이 심화되면 웰빙과 신뢰가 훼손되고 사회적 긴장이 고조된다.

시스템 변화 실행하기

따라서 이제 우리는 정부가 이 책에서 묘사한 5가지 특별한 전환을 실행에 옮기려고 마음먹는다면, 변화를 이뤄내는 데 필요한 막대한 규모의 자금을 마련함으로써 경기장 내의 저량과 유량을 조정할 수 있다는 사실을 이해하게 되었다. 이 자금은 과거의 방식을 혁신한 새로운 방식으로 웰빙경제를 구축하는 가운데 공유지를 보충하고 유지하는 데 사용할 수 있다.

그러나 이러한 자원과 혜택을 새로운 운영 시스템에 통합하려면 어떻게 해야 할까? 웰빙경제가 제대로 작동하려면 시민들이 공유지로부터 혜택을 받아야 한다. 우리의 공유지는 봉쇄('약탈'로 이해하는 사람도 더러 있다)되었다. 따라서 분명 우리에게는 공유지의 공유를 요구하거나 봉쇄에 대한 보상을 요구할 자격이 있다. 이 배당금은 '복지이전welfare transfer'이 아니라 시민으로서 우리가 지닌 권리를 바탕으로 기존의 경제활동들에서 얻게 될 것이다.

노동정책 및 사회정책 전문가 가이 스탠딩Guy Standing은 《공유지의 약탈Plunder of the Commons》(창비, 2021)에서 세금을 부과할 수 있는 세 가지 주요 공유지 유형을 확인하고 있다.[122] 첫 번째는 광물과 화석연료처럼 재생이 불가능한 "고갈되는 공유지"이다. 우리는 이 공유지를 공동의 자연자본 자산으로 취급해야 한다. 두 번째는 "보충할 수 있는 공유지"이다. 이 공유지를 위해서는 보충에 필요한 별도의 기금을 마련해두어야 한다. 마지막은 "재생 가능한 공유지"이다. 이 공유지는 물과 대기처럼 유형의 것도 있고 생각idea처럼 무형의 것도 있다. 이 모든 공유지에서 얻는 사용료는 공유지 봉쇄에 대한 보상으로서 모두에게 즉시 분배될 수 있을 것이다.

또한 네팔의 사례와 영국의 삼림헌장 사례와 마찬가지로 공유지는 생계를 위한 기본적 필요를 충족하는 데 기여할 수 있어야 한다. 따라서 공유지의 자원이나 자산의 가치를 유지한다는 기치 아래에서 공유지에 대한 접근이나 가벼운 이용을 반드시 장려해야 한다. 공유지에서 우리는 우리의 필요와 지역사회의 필요를 충족할 수 있는 경제활동에 참여할 방법을 찾을 수 있다. 그러나 이 경제활동은 대개 매우 소규모로 이루어질 뿐 아니라 종종 개인 대 개인peer-to-peer 사이에서 이루어지기 때문에 포착되지 않는 경우가 많을 뿐이다.

초국적 연구소Transnational Institute는 공유지를 토대로 하는 웰빙경제를 뒷받침하는 기준들을 들고 있다. "(1)집단적이고 민주적으로 관리되는 물질적 또는 비물질적 자원, (2)협력 관계를 촉진하고 심화하는 사회적 과정, (3)새로운 생산 논리와 일련의 새로운 생산 과정, (4)패러다임을 전환하여 공유지를 시장/국가 또는 민간/공공이라는 고전적인 이분법을 넘어서는 진전된 이해."[123] 시장이냐 국가냐라는 마지막 기준은 되풀이되어 온 주제인데, 아마도 웰빙경제는 그 둘보다 더 나은 무언가에 의해 실현될 것이다.

물론 새로운 공유지는 사회적 기업이든 신탁 조직이든 협동조합이든 아니면 그냥 이용자 집단을 통해서든 충분히 효과적으로 조성되고 관리될 수 있다. 최근 몇 년 동안 많은 단체들이 디지털 인프라를 통해 구체화되었다. 다양한 공유지에는 종자 공유 협동조합, 오픈소스 소프트웨어 개발자 공동체, 지역경제 활성화를 위한 보완통화의 생성과 사용, 공동체 지원 농업 같은 로컬푸드 사업, 생태계 복원, 슬로우푸드, 지역사회 토지 신탁이 포함된다. 이러한 단체들은 모두 사적 부문이나 국가 거버넌스 외부에서 접근 가능한 자원과 수단을 마련하여 가치를 창출하는 측면을 반영한다. 개인 대 개인 경제학에 초점을 맞추는 P2P 재단의 설립자인 미셸 바우웬스^{Michel Bauwens}는 새로운 공유지를 "민주주의를 위한 학교"라고 묘사한다. 즉, 새로운 공유지는 참여와 협력을 실행에 옮길 수 있는 장인 것이다.[124]

시스템 실패를 해결하는 방법

불로소득 경제는 주식과 주식 가치에 대해 주식 소유자에게만 이익이 되도록 접근을 제한하는 시스템이다. 자원에 대한 과세는 토지와 광물의 남용을 막는 일에 별로 효과가 없다. 따라서 사용료의 형태로 경제적 지대의 일부를 거둬들여 시민 배당금으로 사용하기 위해서는 추가 수단이 필요하다.

이러한 예로는 경제학자 제임스 보이스^{James Boyce}와 기업가 피터 반스^{Peter Barnes}가 탄소 오염과 대기 소비 문제를 해결하기 위해 제안한 배당금을 꼽을 수 있다. 그들은 가능하다면 공급망까지 거슬러 올라가서 사용료를 부과할 것을 제안한다. 탄소 배출에 따른 대기오염에 대해 (예를 들어) 탄소 배출 상한선을 톤당 충분히 높은 가격과 연

동시켜야 한다. 그럼으로써 오염자가 안정적인 기후라는 우리의 공동 자원을 덜 오염시키도록 강제해야 한다. 이러한 조치는 탄소 배출 가격을 높일 것이다. 여기까지는 매우 익숙한 내용이다. 그러나 여기에는 사실상 공유지에 관한 내용이 없다. 즉, 단순히 '나쁜 행위'(오염, 또는 경제 용어로 '외부성')에 일종의 세금을 부과한 것일 뿐이다. 이러한 세금 부과는 분명 좋은 아이디어다. 그러나 에너지 가격이 크게 높아지면 가난한 사람들과 지구 온난화를 유발하는 데 별로 영향을 주지 않은 '거의 대부분의 세계'에 속한 사람들에게 부당한 영향을 미칠 것이다. 그 때문에 과거에도 자원세 부과는 그다지 매력적인 방법이 아니었는데, 그럴만한 이유가 있었던 것이다.

만일 여기에 사용료와 배당금 접근법이 도입되면 탄소 가격이 크게 상승하여 발생한 수익금은 공동 소유자인 모든 사람에게 재순환될 것이다. 즉, 보편적 기본 배당금이 되는 것이다. 그러면 부유층에 비해 탄소를 지극히 적게 배출하는 저소득층에게 보상할 수 있을 뿐 아니라 탄소를 많이 배출하는 기업의 활동을 억제하는 데도 도움이 될 것이다. 사용료와 배당금 접근법은 어디에서나 생태계 보존 지향적인 선택을 하도록 이끄는 인센티브가 될 수 있다. 정부나 기업에 대한 신뢰가 거의 없는 경우에는 사용료 징수와 배당금 분배를 시민기금에서 처리하여 이 접근법의 진정성과 신뢰성을 높일 수 있다. 시민기금은 중앙은행과 더불어 수탁 신탁fiduciary trust으로 설정된 조직이다. 새로운 기관인 시민기금은 사용료와 배당금 분배라는 한 가지 업무만을 처리할 것이다. 시민기금이 잘 관리된다면 신뢰를 얻을 수 있을 것이다. 오늘날의 시각에서는 대담한 한 걸음으로 보일 수 있다. 그러나 중앙은행은 이미 모든 사람의 계좌와 연결된 전자화폐 사용에 대해 모색하고 있고, 그 밖에도 다양한 반半자율적 기관이 이미 활동하고 있다.

탄소 사용료/배당금은 노동을 통해 얻은 소득이 아닌 불로소득 또는 경제적 지대에 대한 과세 방법의 한 사례이다. 이 방법은 개인들의 인적 사항만큼이나 다양할 수 있는 자산 계급을 구체적으로 인식하는 과정이나 다름없다. 예컨대 좋은 입지로 인한 토지 가치 상승, 금융 인프라, 정부에서 창조했지만 개인 소유자들이 전유해 온 인터넷 같은 중추 네트워크를 꼽을 수 있다. 불로소득 또는 경제적 지대에 대한 과세는 경제정의 실현을 위한 핵심 수단이다. 이를 활용한다면 큰 정치적 지지가 뒤따를 것으로 보인다.

알래스카의 영구기금은 모든 남성, 여성, 어린이가 각자의 몫을 받을 자격을 가지는 진정한 보편적 기금이다. 배당금은 매년 징수되는 사용료에 따라 달라지므로 시장 상황에 민감하다. 알래스카 영구기금은 복지 수당이 아니다. 따라서 기존의 소득과 혜택에 배당금이 추가된다고 보면 된다. 알래스카 영구기금은 경제정의를 실현하고 모든 시민을 포함함으로써 대중의 지지를 받고 있다.

사용료/배당금이라는 기본 개념은 2019년 미국에서 베이커-슐츠 Baker-Schultz 계획이라는 이름으로 정당을 초월해 제안된 것으로, 당시 3,000명이나 되는 경제학자들의 지지를 받았다. 사용료/배당금이라는 기본 개념이 실제보다 덜 알려져 있다면 그것은 적어도 지지를 받지 못하기 때문은 아닐 것이다.

《우리의 당연한 권리, 시민배당 *With Liberty and Dividends for All*》(갈마바람,

2016)[125]에서 피터 반스는 탄소, 금융 인프라 거래, 지식재산권과 관련하여 주로 부과되는 포괄적인 사용료와 배당금 체계를 통해 미국 시민 한 명당 매년 5,000달러를 지급할 수 있을 것이라고 제안한다. 미국에서 시민기금이 운영된다면 4인 가족이 20,000달러를 추가로 받을 수 있는 셈인데, 참고로 미국의 중위소득은 연간 약 80,000달러이다.

그 덕분에 시민들은 화석에너지 같은 자원의 과소비를 공정한 방식으로 줄이는 동시에 갑작스러운 변화의 기간 동안 상당한 금액의 소득을 추가할 수 있을 것이다. 시민기금과 관련된 정책을 훌륭하게 설계한다면 분명 판도를 바꾸는 경제혁신으로 작용하여 위기의 시기에 신뢰, 선의, 경제 안보를 구축할 수 있는 힘이 될 것이다.

이와 같은 시나리오는 배당금보다 공유지의 관점을 더 강조하는 것이다. 공유지의 공동 소유자(및 수탁자)에 대해 생각할 때 필요한 것을 이해하기란 어렵지 않다. 크게 세 가지 갈래만 기억하면 될 것이다.

- 도구와 자원에 대한 접근을 통해 경제에 참여하고 직원이나 고객 신분이 아니더라도 누구에게나 가치를 추가할 수 있는 기회 제공
- (공동 소유자는 배당금을 받을 권리가 있으므로) 모든 봉쇄의 결과에 대한 지분 또는 배당금 수령
- 자본 유지 또는 자본을 제공하는 자원의 향상을 통해 이 배당금이 지속되도록 보장하겠다는 약속

결론

이 책에서 논의된 많은 전환은 오늘날 경제 시스템 내의 흐름을 재조정하는 데 초점을 맞추고 있다. 에너지 전환의 경우에는 기술, 행동 변화, 가격이라는 세 가지가 조합될 때 변화의 속도가 빨라지고 공공부문과 민간부문을 통한 투자를 유치할 수 있다. 식량 전환 역시 에너지 전환과 동일한 양상을 띤다. 재생농업, 정밀발효, 세포농업 분야에서 혁신 속도가 높아지면 투자 유치에 도움이 될 뿐 아니라 가격을 낮추는 데 기여하므로 더 많은 수요가 창출되는 선순환이 나타날 것이다. 5가지 전환 가운데 세 가지는 재분배에 관한 것이다. 빈곤의 전환, 불평등의 전환, 여성에 대한 권한 부여 전환, 이 세 가지가 함께 이루어질 때 더욱 포용적인 경제가 되고 사회적 자본이 강화될 것이다.

또한 우리는 우리가 경험하는 경제가 점점 더 화폐적 현상으로 탈바꿈하고 있다는 사실을 인식하고 있다. 그래서 공유지를 기반으로 하는 웰빙경제로의 이행을 제안했다. 그럼에도 이 이행을 가능하게 하는 많은 수단이 기존 시스템에 뿌리를 두고 있다는 점에 주의를 기울일 필요가 있다. 그래야만 현실주의와 이상주의, 개선과 변형, 진화와 혁명 사이에 섬세한 균형을 이룰 수 있을 것이다.

빈곤을 해결하기 위해서는 화폐 경제의 역할이 매우 중요하다. IMF와 세계은행 같은 국제기구는 특별인출권 같은 기존 수단을 이용할 수도 있고 또 새로운 수단을 만들 수도 있다. 그리고 저소득 및 중간소득 국가에게 부담이 되는 부채를 탕감하여 해당 국가의 국내 개발 기반을 보호할 수 있다. 이것은 무역 규칙의 개혁과 결합될 수 있다. 이러한 이행은 모두 가까운 과거의 관습에 내재되어 있는 것이다.

여성에게 권한을 부여하고 불평등을 줄이는 일에 초점을 맞춘 전환에도 기존 사회 프로그램 확대, 세금 조정과 적절한 입법이 포함된다. 이러한 조치들은 수십 년에 걸쳐 이루어져왔지만 여전히 불충분한 데다가 진전은 더디기만 하다. 그럼에도 더 많은 노력을 기울이면 상당한 변화를 불러올 수 있을 것이다.

그러나 이 모든 변화는 경제적 관계와 경제 자체의 본질을 보다 깊이 들여다보게 만든다. 이는 도넬라 메도즈[126]가 "한 가지 사물의 작은 변화가 모든 사물에 큰 변화를 일으킬 수 있는 … 복잡계 내에 자리 잡은 지점"이라고 묘사한 것과 바로 연결된다. 공유지에 대해 새롭게 다시 상상하는 것에 초점을 맞추고, 그것을 이 지렛대들과 결합하여 잘 활용한다면, 추출주의 경제 시스템의 고리를 끊어냄으로써 순환적이면서도 재생적인 시스템을 만들고 급격한 이행을 이룰 수 있을 것이다. 그럼으로써 우리는 물질발자국을 줄일 수 있을 뿐 아니라 지구를 삶의 터전으로 가꾸어 가며 경제를 사람들의 삶에 부응하는 존재로 되돌릴 수 있을 것이다.

우리는 그것을 전환적 웰빙경제라고 부른다. 그것이 바로 '모두를 위한 지구'로 가는 길이다.

9장

행동 촉구

이제 마무리에 접어들었다. 여기까지 함께해준 친애하는 독자 여러분께 감사드린다.

독자들은 이 책을 덮으면서 이런 생각이 들 것이다. 우리는 실로 엄청난 과제에 직면해 있다. 장벽은 높고 위험은 깊다. 시간은 얼마 남지 않았다. 우리는 역사상 가장 빠른 속도로 경제를 전환해야 한다고 논의하고 있다. 그리고 이번 10년 안에 몹시도 어려운 과제들을 해결하기 위해 나서야 한다. 그러려면 지금 바로 행동해야 한다.

따라서 우리의 경제 시스템을 개선하고 다시 가동함으로써 무엇을 얻을 수 있을지 예상해보는 일이 의미가 있을 것이라고 생각한다.

한 세대 안에 빈곤 종식

빈곤 종식이 가시권에 들어온다. 2050년까지 모든 국가의 평균 국민소득이 1인당 연간 15,000달러를 넘을 것으로 추정되기 때문이다. 만일 2050년까지 이러한 성과를 내지 못한다면 다시 한 세대를 기다려야 한다. 즉, 빈곤 종식이라는 기념비적인 목표를 달성하려면 2100년까지 기다려야 할 것이다.

더 평등해진 사람들과 국가들

우리 사회가 과도한 불평등으로 분열되는 일은 없을 것이다. 국가 안에서 그리고 국가 사이에서 부의 재분배를 통해 미래 세대가 가족이나 출신 국가에 관계없이 자신의 꿈을 실현할 수 있는 더 많은 기회를 가지게 될 것이기 때문이다.

건강한 지구에서 건강하게 생활하는 사람들

모든 사람에게는 잘 먹을 권리가 있다. 건강에 좋은 음식은 건강하게 장수하는 삶의 기초이다. 또한 지구를 살기 좋은 행성으로 만드는 토대이기도 하다. 대안을 추구하지 않으면 이번 세기가 지나기 전에 지구에서 생활하는 사람 가운데 절반 이상이 과체중이나 비만에 시달리고 다른 수억 명의 사람들은 굶주리는, 인정하기 어려운 티핑포인트에 도달하게 될 것이다.

깨끗하고 저렴하며 풍부한 에너지

2050년이 되면 대부분의 국가는 사상 처음으로 풍부한 청정에너지를 오늘날보다 훨씬 더 저렴한 가격에 쓸 수 있을 것이다. 그리고 사상 처음으로 대부분의 사람들이 에너지 안보를 누리게 될 것이다. 덕분에 사회는 화석연료 공급을 통제하던 권위적 정권과의 불편한 관계에서 벗어날 수 있을 것이다.

맑은 공기

주요 도시 위를 뒤덮고 있는 유독한 잿빛 구름이 사라질 것이다. 청정에너지로 이행하고 에너지 효율이 높아지면서 대기오염은 극적으로 감소할 것이다. 그렇지 않으면 시장이 대기오염 문제를 '해결'하기 위해 내놓을 수 있는 '해결책'은 이 책에서 다룬, 네 명의 가상의 소녀 이야기에서 등장한 돔형 학교(오늘날 실제로 존재한다!) 같은 것밖에 없을 것이다. 부유한 부모를 둔 아이들은 공기청정기로 정화한 공기를 마시면서 뛰놀 수 있겠지만 그렇지 못한 아이들은 오염된 공기를 마실 수밖에 없을 것이다.

젠더 평등

가부장적 위계질서를 해체하면 모두를 위한 웰빙의 촉진과 인간 발전의 촉진에 실제로 기여할 것이다. 젠더 평등은 다양성, 공정성, 정의라는 가치를 바탕으로 실현될 것이기 때문에 사회 응집력 구축에 기여할 것이다.

경제적 회복력과 안보

모든 사람들이 사회 공동의 부를 보다 더 공정하게 공유할 수 있도록 경제 시스템을 개선하면 피할 수 없는 충격에서 회복할 힘이 구축될 것이다. 민주주의 국가에 대한 신뢰를 높이면 대부분의 사람들에게 이익이 되도록 장기적인 의사결정을 내릴 수 있는 여건을 마련하고 놀라운 역량을 갖춘 경제를 다시 가동할 수 있는 여건을 마련하는 데 기여할 것이다.

인구 안정화

한 세대 안에 지구의 인구는 (90억 명 아래에서) 정점에 이른 뒤 이번 세기 후반에 접어들면서 감소하기 시작할 가능성이 있다. 사람들의 지지를 받는 공평하고 공정한 방식으로, 즉 경제 안보를 제공하고 젠더 평등을 촉진하는 방식으로 인구 안정화에 성공한다면 인류 역사상 매우 중요한 성취 가운데 하나로 남을 것이다.

살기 좋은 지구

만일 지구를 안정시키기 위한 노력을 오늘 당장 시작해 2050년까지 최선을 다한다면 우리의 미래는 훨씬 더 평화롭고 안전하게 번영할 것이다. 노력 없이 시간을 보낼수록 우리의 미래는 더 위험해진다. 이 책에서 우리가 제안한 내용은 미래의 지구가 살기 좋은 곳이 되는 데 도움이 될 것이다. 즉, 미래의 지구는 비교적 안정적일 것이고 사회는 변화에 더 잘 적응하는 회복력을 갖출 것이다. 따지고 보면 이 책 역시 사회의 '시스템 변화' 요구에 대한 응답이라고 할 수 있다.

되찾은 미래

무엇보다 우리는 미래를 얻게 된다. 활기찬 경제의 기초는 돈도 아니고 에너지도 아니며 무역도 아니다. 활기찬 경제의 기초는 더 나은 미래에 대한 희망을 품은 낙관적인 사람들, 그리고 이 미래를 창조할 수 있는 수단이다.

'모두를 위한 지구'는 생각보다 가까이 있을까?

전환의 규모가 너무 엄청나서 행동할 엄두조차 나지 않는다고 느낀다면, 당연한 일이다. 어쩌면 바위를 언덕 위로 밀어 올리는 일과 같다고 느끼는 사람도 있을 것이다. 사실 좋은 소식이 없는 것은 아니다. 물론 바위를 밀어야 한다는 데에는 변함이 없다. 그러나 바위를 언덕 위로 밀어 올려야 하는 것이 아니라 언덕 아래로 굴리는 것이라면 어떻겠는가? 일단 무거운 바위가 움직이도록 만들기만 하면 그 다음에는 중력의 힘이 우리를 도와 아래로 굴러가도록 만들지 않겠는가?

우리는 여러 사회들이 이미 사회적 티핑포인트에 도달해 있다고 생각한다. 그리고 사회운동, 새로운 경제 논리, 기술 개발, 정치행동이라는 4가지 힘이 이 사회적 티핑포인트를 넘어서 스스로 강화되고 선순환하는 방식으로 '모두를 위한 지구'의 세계로 나아가라고 여러 사회에 재촉하고 있다.

사회운동 – 미래의 목소리

2018년 그레타 툰베리Greta Thunberg는 스웨덴 국회 의사당 밖에서 학교 파업을 시작했다. 기후위기에 대응하지 않는 현실에 대한 저항의 표현이었다. 그리고 전 세계의 많은 젊은이들이 이 저항에 동참했다. 우리의 미래가 갑자기 목소리를 내기 시작했는데 그 목소리는 당차고 분노에 차 있었다. 이와 거의 동시에 등장한 다른 운동들도 눈에 띄게 성장했다. 그런 운동으로는 미투#MeToo, 흑인의 목숨도 중요하다Black Lives Matter, 선라이즈Sunrise, 멸종저항Extinction Rebellion을 꼽을 수 있겠다. 대중의 의식이 이 정도로 높았던 적은 없었다. 사람들에게 영감을 주는 이런 운동들이 공론의 장을 형성한 덕분에 정치인들은 자리에서 일어나 사상 처음으로 실존적 위험에 시스템 접근 방식을 적용할 것을 진지하게 고려하게 되었다.

경제적 티핑포인트를 넘어서

예나 지금이나 시스템 변화에 반대하는 사람들은 비용이 너무 많이 든다고 말한다. 그러나 최근 몇 년 사이 이러한 주장을 뒷받침하는 논리는 사라졌다. 오늘날에는 석탄 발전소를 계속 운영하는 비용보다 태양광 패널을 설치하는 비용이 더 저렴한 곳이 많아졌다. 심지어 그 비용은 매년 더 저렴해지고 있다. 풍력 발전 비용도 급격하게 떨어지고 있다. 이제 재생에너지가 역사상 가장 저렴한 전력원이 된 것이다. 심지어 청정기술을 촉진하기 위한 강력한 경제정책이 없더라도 전환은 불가피한 상황이다. 그리고 불과 몇 년 전에 나왔던 많은 예측보다 더 빠른 속도로 전환이 진행될 것이다. 사실 우리는 지체할 수 있는 처지가 아니다.

기술 – 단절의 시작

현재 진행 중인 4차 산업혁명은 앞으로 10년 동안 그 속도가 더 빨라질 것이다. 자동화, 인공지능, 머신러닝을 비롯한 디지털과 기타 기술들은 모든 산업 분야에 걸쳐 영향을 미치면서 단절을 일으킬 것이다. 그 결과 제품에 대한 수요가 변화하고, 일의 성격이 바뀌며, 사회는 예측하기 어려운 방식으로 변화할 것이다. 이러한 기술혁명을 올바른 방향으로 활용하면 에너지 수요를 극적으로 줄이고, 식량을 지속 가능한 방식으로 공급하며, 일하는 방식과 삶의 방식을 변화시켜 젠더 평등을 개선하고, 더 많은 사람들을 세계 경제에 연결함으로써 빈곤을 줄일 수 있을 것이다.

속도를 더하는 정치적 추진력

청년운동, 새로운 경제 논리, 기술발전이 주도하는 새로운 담론은 잠자던 정치인들을 흔들어 깨웠다. 현재 대부분의 주요 경제국은 2050년(중국은 2060년, 인도는 2070년)까지 순배출 제로를 달성하겠다고 약속한 상태이다. 핀란드, 아이슬란드, 뉴질랜드, 스코틀랜드와 웨일스 같은 일부 국가에서는 웰빙경제를 수용하고 있다. 유럽의 그린딜은 탄소 제로 미래로 공평하고 공정하게 전환하겠다고 약속한다. 스페인 같은 국가에서는 전환 기간 동안 재교육을 받을 수 있도록 지원하는 방식으로 석탄산업 노동자 보호에 투자하고 있다. 미국에서는 공평하고 공정한 전환을 기반으로 다시 구축된 그린뉴딜이 추진력을 얻고 있다. 중국이 표방하고 있는 생태문명은 자연과 조화를 이루며 운영되는 사회를 기반으로 하는 매우 장기적인 경제 담론이다. 그러니 바로 지금이 특별한 전환을 추진할 때이다.

이러한 사회적 티핑포인트를 감안할 때, 우리가 바위를 한 번만 힘껏 밀어낸다면 이 바위는 스스로 멈출 수 없는 추진력을 가지고 움직일 것으로 보인다. 우리가 바위를 밀 때 우리와 함께 바위를 밀어주는 많은 손이 있을 수 있다. '모두를 위한 지구' 이니셔티브를 출범할 때 우리는 시장조사 기업인 입소스 모리Ipsos MORI에 G20 국가에 대한 광범위한 국제 설문조사를 의뢰했다.[127] 입소스 모리가 G20 국가에서 약 2만 명을 대상으로 수행한 설문조사 결과는 유익할 뿐 아니라 희망의 등대가 되어준다. 덕분에 우리는 세계가 재앙을 향해 몽유병에 걸린 듯 정신없이 걸어가고 있지 않다는 사실을 알게 되었고, 현상 유지 경로를 따라갈 경우 우리가 감수해야 하는 위험이 엄청나다는 사실을 사람들이 잘 알고 있다는 점도 알게 되었기 때문이다.

• 지구의 현재 상태에 대한 질문에 G20 국가 전체에서 5명 중 3명(58퍼센트)이 "심히 우려된다" 또는 "매우 우려된다"고 응답했다. 심지어 미래에 대한 우려는 그보다 더 높은 것으로 나타났다. 우려의 목소리가 매우 높은 집단은 여성(62퍼센트)과 25세에서 34세 사이의 젊은이(60퍼센트)로 나타났다. 교육을 받은 사람과 고소득자들이, 그리고 국민으로서의 정체성을 매우 강하게 인식하는 사람보다 세계시민으로서의 정체성을 더 강하게 인식하는 사람들이 매우 높은

우려를 표명했다.

- 4명 중 3명(73퍼센트)은 인간의 행동 때문에 지구가 티핑포인트에 가까워지고 있다고 생각하는 것으로 나타났다. 이러한 인식이 가장 높은 집단은 현재 개발의 공격을 받고 있는 크고 중요한 생태계(예: 인도네시아와 브라질의 열대우림)와 가까운 곳에 사는 사람들이었다.

- '더 나은 지구 관리인이 되기를 원하는가? 자연과 기후를 보호하기 위해 더 많은 일을 할 의향이 있는가?'라는 질문에도 역시 "그렇다"는 응답이 압도적(83퍼센트)이었다. 즉, 세계에서 최대 경제국에 속한 대부분의 사람들은 실제로 자연을 보호하고 복원하기 위해 더 많은 일을 하기를 원하는 것이다. 그러나 이것이 비용을 지불할 의사가 있음을 의미하지는 않는다는 것은 생각해볼 문제다.

설문조사 결과 가운데 가장 놀라웠던 것은 경제를 전환해 오직 이윤과 경제성장에만 초점을 맞추는 경제가 아니라 웰빙과 건강, 지구의 보호를 우선시하는 경제를 만들고 싶은지 묻는 질문에 대한 응답이었다. 이번에도 다시 "그렇다"는 응답이 압도적이었다. G20 국가 전체에서 74퍼센트의 사람들이 자국의 경제적 우선순위가 이윤과 부의 증가를 넘어 인간의 웰빙과 생태계 보호에 더 초점을 맞추는 방향으로 이동해야 한다는 생각을 지지했다. 이런 관점은 모든 G20 국가에서 일관성 있게 높게 나타났다. 특히 인도네시아(86퍼센트)에서 이렇게 응답한 사람의 비율이 매우 높았다. 심지어 이렇게 응답한 사람의 비율이 가장 낮은 미국에서도 그 비율이 68퍼센트에 달해, 사람들이 변화를 지지한다는 사실을 확인할 수 있다.

한결같은 목소리

이 책에서 제안한 해결책을 실행에 옮기려면 모든 사회에서 큰 변화가 이루어져야 한다. 정부와 국제기구 또는 민간부문과 금융부문에서 책임 있는 자리에 올라 있는 사람들은 이미 이 전환의 옹호자가 될 수 있는 특별한 위치에 있다. 그렇지만 궁극적으로 이러한 해결책은 대체로 거시경제적인 것이므로 정부가 이 해결책을 실현하기 위해 새로운 정책을 만들지 않으면 실행에 옮기기 어렵다. 누진세 도입, 시민기금 조성, IMF 재설계 또는 에너지 시스템 전환 같은 해결책을 필요한 규모로 실행에 옮기는 일은 개인이나 심지어 은행 또는 주요 기업의 역량을 넘어서는 일이다. (박스글 15가지 정책 제언 참고)

15가지 정책 제언

빈곤

- IMF가 녹색 일자리를 위해 저소득 국가들에 연간 1조 달러 이상을 할당하도록 허용해야 한다. 바로 이것이 이른바 특별인출권을 통한 투자 창출이다.
- (1인당 소득 1만 달러 미만의) 저소득 국가가 지고 있는 모든 부채를 탕감해야 한다.
- 저소득 국가의 신생 산업을 보호하고 저소득 국가 간에 이루어지는 남반구-남반구 무역을 촉진해야 한다. 지식재산권 제약을 비롯하여 기술 이전

에 걸림돌이 되는 장애물을 제거하여 재생에너지와 보건의료 기술에 대한 접근성을 개선해야 한다.

불평등

- 사회에서 가장 부유한 사람 10퍼센트에 대한 세금을 늘려서 국민소득의 40퍼센트 이상을 가져가지 못하도록 제한해야 한다. 오늘날의 세계에서는 강력한 누진세 제도가 필요하다. 불안을 일으키는 불평등 문제를 해결하고 사치스러운 탄소 소비와 생물권 소비 문제를 처리하려면 국제 사회에 존재하는 허점을 제거해야 한다.
- 노동자의 권리를 강화하기 위한 법을 제정해야 한다. 심층 전환의 시대를 맞이한 노동자에게는 경제적 보호가 필요하다.
- 시민기금을 도입하여 사용료와 배당금 제도를 통해 국민소득, 부, 지구 공유지를 모든 시민에게 공정하게 분배해야 한다.

젠더 평등

- 모든 소녀와 여성에게 교육 받을 기회를 제공해야 한다.
- 직업과 지도력에서 젠더 평등을 달성해야 한다.
- 적절한 연금을 제공해야 한다.

식량

- 관련 법을 제정하여 식량 손실과 낭비를 줄여야 한다.
- 재생농업과 지속 가능한 생산력 증대에 대해 경제적 인센티브를 확대해야 한다.
- 지구 한계를 존중하고 건강에 좋은 식단을 장려해야 한다.

> ### 에너지
> - 화석연료 사용을 즉시 퇴출시키는 대신 에너지 효율성을 개선하고 재생에너지를 확대해야 한다. 신재생에너지에 대한 투자를 지금 당장 3배 늘려 연간 1조 달러 이상을 투자해야 한다.
> - 모든 것을 전기화해야 한다.
> - 대규모 에너지 저장 기술에 투자해야 한다.

행동을 촉구하면서 이 책을 마무리하고자 한다. 때로 변화가 너무 느려서 불가능해 보일 수 있다. 심지어 변화가 세대를 넘겨서 이루어질 것처럼 보일 수도 있다. 하지만 꼭 그래야만 하는 것은 아니다. 2007년에서 2009년 사이 발생한 세계 금융위기는 정치와 경제의 변화를 매우 급격하게 촉진하였고, 그 결과 보다 회복력 있는 은행 시스템이 구축되었다. 코로나-19 감염병 대유행은 인간의 행동과 기업 경영 모델을 하루아침에 바꿔 놓았다. 이런 사실을 근거로 우리는 다가오는 10년 동안 역사상 가장 빠른 경제적 전환을 이룰 수 있을 것이라는 희망을 품어본다.

관심을 가진 시민으로서 그리고 인간으로서, 우리의 미래를 가치 있게 여기는 사람이라면 누구나 이러한 변화를 뒷받침하기 위한 역할을 수행해야 한다. 정치인이라면 대중의 목소리에 응답해야 한다. 우리가 주장하는 경로로 막힘없이 나아갈 수 있는 추진력에 도달하기 위해서는 대중이 한결같은 목소리로 행동에 나서야 한다. 분노와 낙관주의에 기반한 운동들이 일어나야 한다. 담론의 변화도 필요하다. 모든 가정과 학교, 대학, 모든 마을과 도시에서 경제 시스템을 개선할 방법에 대한 토론을 시작해야 한다. 충분히 가능한 일이라고 생각한다. 결국 이러한 일들은 우리가 공동으로 지닌 신성한 가치를 수호하고, 우리의 가족, 자녀, 사랑하는 사람들을 위한 보금자리를 제공하며, 인간 개개인의 존엄성을 보장하고, 살기 좋은 지구의 미래를 기대하는 일이기 때문이다.

정부에는 다음과 같은 행동을 촉구하고자 한다. 바로 5가지 특별한 전환의 이행과 거기에 필요한 정책 지렛대 마련에 전념하는 것이다. 이 전환을 이끌 추진력을 창출하기 위해서는 다음과 같은 행동이 필요하다.

- 양극화를 축소해야 한다. 사회적 응집력을 향상시켜야 한다. 공통 기반을 찾아야 한다. 그렇지 못하면 민주주의를 잃고 말 것이다.
- 부를 더 공정하게 공유해야 한다. 대부분의 사람들이 지지할 것으로 보이는 시민기금과 보편적 기본 배당금이 여러 가지 이점을 제공할 것이다. 이 제도들은 유해한 오염을 줄이고 격변하는 시대에 시민들을 보호하는 데 기여할 것이다.
- 미래세대의 이익을 위해 행동해야 하고, 현재세대가 세대 간 사고를 하도록 이끄는 제도를 만들어야 한다.
- 금전적 차원의 성장이 아니라 웰빙의 증진을 더 가치 있게 여기는 방식으로 진보를 측정해야 한다.
- 사회에서 진정으로 중요한 것이 무엇인지에 대해 시민들과 소통해야 한다.

- 전환에 대한 장기적인 노력과 투자가 변함없으리라는 분명한 신호를 시장에 보내야 한다. 그러면 전환에 대한 경제적 낙관론이 형성될 것이다.

시민들에게는 다음과 같은 행동을 촉구하고자 한다.

- 운동에 동참해야 한다!
- 미래를 가치 있게 여기는 정치인에게 투표해야 한다.
- 어디에 있든지, 다가올 경제적 전환이 여러분과 가족, 여러분의 직업, 여러분의 삶에 미칠 영향에 대한 대화를 시작해야 한다. 다가올 경제적 전환으로부터 어떤 혜택을 얻을 수 있을까? 여러분의 경력과 교육 수준을 향상시킬 수 있는 방법은 무엇인가? 이 사회적 전환이 여러분이 꿈을 추구하고 여러분의 경로를 바꿀 수 있는 기회인가?
- 여러분이 생활하고 있는 마을이나 도시 또는 국가에서 경제 시스템 변화에 대해 논의할 시민의회를 소집하자고 요구해야 한다. 시민의회는 기후변화와 같이 다루기 까다롭고 논란의 소지가 다분한 정치적 문제를 탐색하는 데 역할을 해왔다. 시민의회는 양극화를 해결하는 데 기여할 수 있고 참신한 사고와 관점을 제공하는 데 기여할 수 있다. 우리는 시민의회가 정치인들을 자극하고 주목하게 만드는 가장 역동적인 방법 중 하나라고 생각한다.
- 지역과 국가의 정치인들에게 우리 사회를 '모두를 위한 지구'에 더 가까워지도록 만들기 위한 행동에 나서라고 촉구해야 한다.

부족과 문화, 사회의 차이를 넘어 세계 모든 사람들이 미래에 대해 걱정하고 불안해하고 있다. 그러나 우리에게는 두 가지 공통점이 있다. 우리 모두는 우리의 미래를 가치 있게 여긴다. 그리고 대부분의 사람들은 변화를 원하고 변화에 힘을 실어주고 싶어 한다. 이 책이 할 수 있는 일을 단 하나 꼽으라면, 노력을 기울일 만한 가치 있는 미래가 존재한다는 사실을 여러분이 확신하게 되는 것이다. 이러한 미래는 그림자 하나 없는 밝은 유토피아가 아니다. 그러나 우리는 이 책에서 논의한 경로가 비교적 안정적인 지구에 자리 잡은 경이롭고, 자유분방하며, 무한한 독창성을 자랑하면서도 종종 혼란스러운 문명이자 진정 전 지구적인 문명의 안보를 지킬 가능성이 가장 높은 경로라고 생각한다.

어스4올 모델

예측 방법론을 터득하고 전문적으로 활동하는 사람이라면 누구나 미래는 아직 존재하지 않기에 (우리가 미래 시점에 도달하기 전까지는) 미래에 대한 증거 기반 데이터는 있을 수 없다는 사실을 알고 있다.

따라서 시나리오는 미래에 대한 담론이다. 시나리오는 있을 법하지만 불확실한 이야기들이다. 그리고 이 이야기에 등장하는 미래의 숫자는 은유이다. 즉, 사전에 미리 결정된 특정 현실에 대한 절대적인 진실이 아니다. 이 이야기에 등장하는 미래의 숫자는 현재의 우리가 결정을 내릴 때 참고할 정보를 제공하려는 목적으로 제시되는 인상적인 표현에 불과하다.

당연하게도 이런 사실은 먼 미래의 기후변화와 인구 통계 또는 먼 미래의 다른 모든 것을 계산, 평가 또는 추정하는 모든 모델에 적용된다.

여기에서 우리는 우리가 기획한 분석의 일환인 '부족한 노력, 놓친 시기' 시나리오, '거대한 도약' 시나리오와 그 밖의 시나리오를 시각화하는 데 기여한 어스4올 모델에 관해 간단히 공유하고자 한다. 그리고 여러분이 이 데이터에 접근하여 여러분 스스로 수행하는 조사에 해당 데이터를 사용해볼 것을 추천한다.

어스4올 모델의 목적

어스4올은 유한한 지구에서 인간이 이번 세기에 누릴 수 있는 웰빙의 역학을 연구하기 위한 시스템 역학 컴퓨터 모델이다. 이 모델은 주로 1980년부터 2100년까지의 인구, 빈곤, GDP, 불평등, 식량, 에너지, 그 밖의 관련 변수에 대해 내적 일관성을 갖춘 시나리오를 생성하고 이 변수들이 함께 진화해 나가는 방식을 확인하기 위해 설계된 것이다. 우리의 포부는 지구의 한계를 벗어나지 않으면서 지구에서 살아가는 대부분의 사람들이 자연과 더불어 높은 웰빙을 누리는 미래를 맞이할 가능성을 높이는 정책이 무엇인지 식별하는 것이다.

이 모델에는 두 가지 주요 버전이 존재한다. 하나는 전 지구의 평균을 계산하는 버전(E4A-global)이고 다른 하나는 전 세계 10개 지역의 발전 경로를 계산하는 버전(E4A-regional)이다.

어스4올 모델은 외인성外因性 동인動因을 최대한 적게 사용하여 1980년부터 2020년까지의 폭넓은 역사를 재현하기 위해 구축되었다. 외인성 동인이란 이 모델의 역학에 의해 내부적으로 생성된 것이 아니라 모델 외부에서 부과(수동으로 추가 입력)된 변수 값을 의미한다. 예를 들어 국가 또는 지역이 사회의 최고 소득자에게 부과하는 세금을 늘릴 경우 어스4올 모델은 이 동인이 금융 시스템과 미래에 정부가 활용할 수 있는 가용 소득에 미치는 영향을 계산함으로써 반응한다.

우리는 어스4올 모델의 기간을 2100년까지로 설정하여 2022년에 발생한 매개변수 변화의 영향을 연구했다. 우리는 모델을 최대한 단순하게 유지하기 위해 노력했다. 그럼으로써 정밀도가 낮아지더라도 투명성과 이해도를 높이고자 했다.

모델의 이력

어스4올 모델은 10년에 걸쳐 구축되었다. (물론) 이 모델은 《성장의 한계》와 (1992년과 2004년의 후속 연구를 담은) 그 개정판의 바탕이 된 월드3 World3 모델에서 영감을 얻었다. 2011년 우리 중 두 명(요르겐 랜더스Jorgen Randers와 울리히 골뤼케Ulrich Golüke)이 협력하여 시스템 역학 모델 개발에 나섰다. 목적은 월드3가 매우 효과적으로 드러내 보인 실존적인 위험의 해결에 사실상 기여할 수 있는 투자 필요, 특히 기후 비상사태를 해결하는 데 반드시 필요한 비영리적 지출을 포함시키는 것이었다. 우리의 작업을 시스템 역학 모델로 전환하는 데는 실패했지만 그 대신 어스2 Earth2라고 불리는 지역화된 스프레드시트 모델을 구축하는 데는 성공했다. 그리고 어스2 모델은 2012년 출판된 《2052년: 다음 40년에 대한 전 지구적 예측 2052: A Global Forecast for the Next Forty Years》라는 책의 집필에 기여했다.[128] 다음 몇 년 동안 어스2 모델을 점진적으로 개선하여 어스3 ^Earth3^ 모델이 탄생했다. 그리고 어스3 모델은 2018년 출판된《전환은 가능하다! *Transformation Is Feasible!*》라는 책의 집필에 기여했다.[129] 이와 동시에 우리는 어스2 모델의 기후 구성 요소를 이번 세기에 이루어질 기후변화를 예측하는 완성된 시스템 역학 모델로 발전시켜 2016년 출판했다.[130]

지난 몇 년 동안 '모두를 위한 지구' 프로젝트가 진행되었다. 그 사이 이 초기 모델들을 완전히 내생화內生化된 시스템 역학 모델로 변환하는 (커다란) 작업이 완료되었다. 그리고 새로 탄생한 시스템 역할 모델은 어스4올이라는 이름을 가지게 되었다.

어스4올 모델의 주요 부문

이 모델은 다음과 같은 부문으로 구성된다(지역화된 모델의 경우 각 지역별로 적용).

- 인구부문 : 출산과 사망, 잠재적 노동력 규모, 연금 수급자 수를 통해 총 인구를 생성한다.
- 산출부문 : GDP, 소비, 투자, 정부 지출, 일자리를 생성한다. 경제는 민간부문과 공공부문의 합으로 간주된다.
- 공공부문 : 세입을 통한 공공지출, 부채 거래의 순효과, (기술발전과 5가지 전환을 포함함) 재화 및 용역에 대한 정부 예산 배분을 생성한다.
- 노동시장부문 : 실업률, 노동에 대한 산출 분배, 자본 산출 비율을 바탕으로 노동력 참여율 ^workforce\ participation\ rate^을 생성한다.

- **수요부문**: 소유자, 노동자, 공공부문 간의 소득 분배를 생성한다.
- **재고부문**: 가동률, 인플레이션율을 생성한다.
- **금융부문**: 이자율을 생성한다.
- **에너지부문**: 화석연료 기반 에너지 생산, 재생에너지 생산, 화석연료 사용으로 인한 온실가스 배출, 에너지 비용을 생성한다.
- **식량 및 토지부문**: 작물 생산, 농업이 환경에 미치는 영향, 식량 비용을 생성한다.
- **개혁지연부문**: 사회적 신뢰와 사회적 긴장의 함수로서 (기후변화 같은) 과제에 대응하는 사회적 역량을 생성한다.
- **웰빙부문**: 환경적 지속가능성과 사회적 지속가능성을 측정하는 전 지구적 지표를 생성한다. 여기에는 평균웰빙지수가 포함된다.

어스4올 모델의 지역화 버전에서는 세계의 발전을 10개 지역 발전의 합계로 계산한다(각 지역은 동일한 구조로 표현되고 각 지역의 사회경제적 개발의 양식에 걸맞게 매개변수화 된다). 지역에 맞게 조정하는 과정에서 우리는 여러 지속가능 개발목표와 행동 특성이 1인당 GDP 함수로서 체계적으로 변화한다는 사실을 터득했다.[131] 이런 사실은 저축률, 출산, 기대수명, 연금수급 연령, 1인당 에너지 사용, 1인당 식량 사용, 1인당 광물 사용, 연간 노동시간, 그 밖의 요인에도 적용된다.

모델의 인과 순환도

그림 A.1에 어스4올 모델의 구조가 상세히 묘사되어 있다.

이 모델에 대한 완벽한 기술적인 묘사는 earth4all.life 웹사이트에서 확인할 수 있다. 여기에는 어스4올 모델의 기본 방정식이 포함된다. 또한 사용자는 자신의 컴퓨터에서 오픈소스 모델을 내려 받아 실행할 수도 있다.

모델의 참신한 요소

다른 모델이 이미 많이 존재하는 상황에서 새로운 모델을 만든 이유는 무엇인가? 어스4올 모델이 제공하는 고유한 속성은 무엇인가? 여기에서 우리는 전 지구적 시스템 모델링 분야가 안고 있는 몇 가지 단점을 해결하는 여덟 가지 참신한 요소를 제시하고자 한다.

1. **불평등** : 우리는 민간투자와 공공부문 활동에서 나온 산출에 대한 소유자의 몫과 노동자의 몫이라는 관점에서 분배 효과를 조사한다. 덕분에 분배 양식이 지속 가능한 정책 결정과 관련이 있다는 예비 증거를 확인할 수 있었다.[132]
2. **생태학** : 우리는 인간의 경제가 주요 지구 한계(기후, 영양분, 산림, 생물다양성)에 미치는 더욱 광범위한 영향, 자연 한계가 경제 발전에 미치는 충격, 그것들의 복잡한 되먹임 효과를 포함한다.[133]
3. **공공부문** : 우리는 공공 인프라 역량, 복지정책, 기후변화 완화

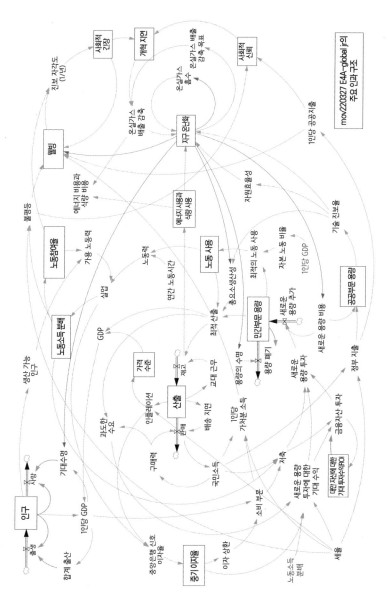

그림 A.1 어스4올 모델의 핵심 구조를 구성하는 주요 인과 순환도(main causal loops)

라는 정책적 입장을 가진 적극적인 공공부문을 모델링한다.[134]

4. **금융** : 우리는 부채와 통화 공급, 중앙은행 이자율, 기업 자본 비용의 영향을 포함한다. 그럼으로써 기후 목표의 타당성을 시험하는 데 사용되는 통합 평가 모델에 금융 메커니즘을 추가적으로 통합해야 한다는 요구에 부응할 수 있었다.[135]

5. **노동** : 우리는 10년마다 반복되는 실업 주기와 이로 인한 거시경제적 결과를 세계 최초로 시뮬레이션할 수 있었다.[136]

6. **인구** : 유엔의 통계 접근법과 달리 어스4올 모델에는 공공지출, 교육, 소득 수준에 대한 투자 수준의 영향을 받는 내생적 인구 역학이 포함되어 있다. 덕분에 인구 통계학 부문을 활용하여 기존 통합 평가 모델을 개선했다.[137]

7. **웰빙** : 우리는 (가처분 소득, 소득 불평등, 정부 서비스, 기후위기, 인지된 진보의 함수로서) 평균웰빙지수를 통합한다. 그럼으로써 환경적 지속가능성과 사회적 신뢰 사이의 연결을 설명하고 공공부문 의사결정 지연에 따른 사람들의 신뢰 감소를 사상 처음으로 통합 평가 모델에 맞물리게 할 수 있었다.[138]

8. **사회적 긴장** : 우리는 (평균웰빙지수의 변화율로 규정되는 인지된 진보의 함수로서) 사회긴장지수를 통합한다. 사회긴장지수는 새롭게 등장하는 과제에 사회가 반응하는 속도와 강도에 영향을 미친다. 즉, 우리는 사회긴장지수의 상승을 사회 양극화를 심화시키고 기후 비상사태 같은 사회적 과제를 풀어나갈 해결책에 대한 합의 도출을 더 어렵게 만드는 원인으로 해석한다.

'모두를 위한 지구' 게임

어스4올 모델은 사용자 친화적이고 직관적인 인터페이스를 갖추고 무료로 제공될 예정이다. 따라서 자신만의 매개변수 집합을 활용하여 이 모델을 실행해보려는 사람이라면 쉽게 시도해볼 수 있을 것이다.

이 모델을 실행해봄으로써 시스템 역학이 작동하는 방식과 특정 변화가 다른 변화를 자극하는 방식을 파악하는 데 도움을 받을 수 있다. 대화식 세션을 통해 학급, 집단, 시민의회가 함께 모여 게임을 진행하고 협상하는 과정을 통해 스스로의 미래를 창조해나갈 수 있을 것이다.

기여한 분들

주 저자

Sandrine Dixson-Declève, Owen Gaffney, Jayati Ghosh, Jorgen Randers, Johan Rockströom, Per Espen Stoknes

기여저자

Anders Wijkman (TEC), Hunter Lovins (TEC), Dr. Mamphela Ramphele (TEC), Ken Webster (TEC)
(TEC = 21세기 전환경제위원회 위원)

기여자

Nafeez Ahmed (TEC), Lewis Akenji (TEC), Sharan Burrow (TEC), Robert Costanza (TEC), David Collste, Emmanuel Faber (TEC), Lorenzo Fioramonti (TEC), Eduardo Gudynas (TEC), Andrew Haines (TEC), Gaya Herrington (TEC), Garry Jacobs (TEC), Till Kellerhoff, Karthik Manickam, Anwesh Mukhopadhyay, Jane Kabubo-Mariara (TEC), David Korten (TEC), Nigel Lake, Masse Lo, Chandran Nair (TEC), Carlota Perez (TEC), Kate Pickett (TEC), Janez Potočnik (TEC), Otto Scharmer (TEC), Stewart Wallis (TEC), Ernst von Weizsäcker (TEC), Richard Wilkinson (TEC)

데이터 통합, 시스템 분석 그리고 모델링 팀

Jorgen Randers, Ulrich Golüke, David Collste, Sarah Mashhadi, Sarah Cornell, Per Espen Stoknes, Jonathan Donges, Dieter Gerten, Jannes Breier, Luana Schwarz, Ben Callegari, Johan Rockström

심층 연구 논문 지원(WWW.EARTH4ALL.LIFE에서 이용 가능)

Nafeez Ahmed, Shouvik Chakraborty, Anuar Sucar Diaz Ceballos, Debamanyu Das, Jayati Ghosh, Gaya Herrington, Adrina Ibnat Jamilee Adiba, Nigel Lake, Masse Lô, Chandran Nair, Rebecca Nohl, Sanna O'Connor, Julia Okatz, Kate Pickett, Janez Potočnik, Dr. Mamphela Ramphele, Otto Scharmer, Anders Wijkman, Richard Wilkinson, Jorgen Randers, Ken Webster

편집자

Joni Praded, Ken Webster, Owen Gaffney, and Per Espen Stoknes

어스4올 프로젝트 관리 및 지원

Per Espen Stoknes (Scientific Work Packages), Sandrine Dixson-Declève, Anders Wijkman (TEC), Owen Gaffney (Communications), Till Kellerhoff (Coordination)

어스4올 캠페인 팀 및 책 이야기 개발

Philippa Baumgartner, Rachel Bloodworth, Liz Callegari, Lena Belly-Le Guilloux, Andrew Higham, Nigel Lake, Luca Miggiano, Zoe Tcholak-Antitch

감사를 전할 분들

Azeem Azhar, Tomas Björkman, Alvaro Cedeñno Molinari, John Fullerton, Enrico Giovannini, Maja Göpel, Steve Keen, Connie Hedegaard, Sunita Narain, Julian Popov, Kate Raworth, Tom Cummings, Petra Künkel, Grace Eddy, Megan McGill, Roberta Benedetti, Vaclav Smil, Julia Kim, Roman Krznaric, Sir Lord Nicholas Stern, Andrea Athanas, Kaddu Sebunya

자금 제공자

Angela Bennett Foundation, Global Challenges Foundation, Laudes Foundation, Partners for a New Economy

그래픽

Les Copland, Philippa Baumgartner

21세기 전환경제위원회 위원

Nafeez Ahmed, Director of Global Research Communications, RethinkX; and Research Fellow, Schumacher Institute for Sustainable Systems

Lewis Akenji, Managing Director, Hot or Cool Institute

Azeem Azhar, Founder, Exponential View

Tomas Björkman, Founder, Ekskäret Foundation

Sharan Burrow, General Secretary, International Trade Union Confederation (ITUC)

Alvaro Cedeño Molinari, Former Costa Rican Ambassador to Japan and the WTO

Robert Costanza, Professor of Ecological Economics, Institute for Global Prosperity (IGP) at University College London (UCL)

Sandrine Dixson-Declève, Co-President, The Club of Rome and Project Lead, Earth4All

Emmanuel Faber, Chair, International Sustainability Standards Board

Lorenzo Fioramonti, Professor of Political Economy, and Member of the Italian Parliament

John Fullerton, Founder and President, Capital Institute

Jayati Ghosh, Professor of Economics, University of Massachusetts Amherst, USA; formerly at Jawaharlal Nehru University, New Delhi

Maja Göpel, Political economist and transformation researcher

Eduardo Gudynas, Senior Researcher, Latin American Center on Social Ecology (CLAES)

Andy Haines, Professor of Environmental Change and Public Health, London School of Hygiene and Tropical Medicine

Connie Hedegaard, Chair, OECD's Roundtable for Sustainable Development, former European Commissioner

Gaya Herrington, Vice-President ESG Research at Schneider Electric

Tim Jackson, Professor of Sustainable Development and Director of CUSP, the Centre for the Understanding of Sustainable Prosperity at the University of Surrey

Garry Jacobs, President & CEO, World Academy of Art & Science.

Jane Kabubo-Mariara, President of the African Society for Ecological

Economists, : ED, Partnership for Economic Policy
Steve Keen, Honorary Professor at University College London and ISRS
   Distinguished Research Fellow
Julia Kim, Program Director, Gross National Happiness Centre, Bhutan
Roman Krznaric, Public philosopher and author
David Korten, Author, speaker, engaged citizen, and president of the
   Living Economies Forum
Hunter Lovins, President, Natural Capital Solutions; Managing Partner,
   NOW Partners
Chandran Nair, Founder and CEO, The Global Institute for Tomorrow
Sunita Narain, Director-General Centre for Science and Environment,
   Delhi and editor, Down To Earth
Carlota Perez, Honorary Professor at IIPP, University College London
   (UCL); SPRU, University of Sussex and Taltech, Estonia.
Janez Potočnik, Co-chair of the UN International Resource Panel, former
   European Commissioner
Kate Pickett, Professor of Epidemiology, University of York
Mamphela Ramphele, Co-President, The Club of Rome
Kate Raworth, Renegade economist, creator of the Doughnut of social
   and planetary boundaries, and co-founder of Doughnut Economics
   Action Lab.
Jorgen Randers, Professor Emeritus of Climate Strategy, BI Norwegian
   Business School
Johan Rockström, Director of the Potsdam Institute for Climate Impact
   Research
Otto Scharmer, Senior Lecturer, MIT, and Founding Chair, Presencing
   Institute
Ernst von Weizsäcker, Honorary President, The Club of Rome
Stewart Wallis, Executive Chair, Wellbeing Economy Alliance
Ken Webster, Director International Society for Circular Economy
Anders Wijkman, Chair of the Governing Board, Climate-KIC, Honorary
   President, The Club of Rome

미주

1장 모두를 위한 지구

1. 사하라 이남 아프리카, 남아시아, 동남아시아, 중국, 서유럽, 동유럽 및 중앙아시아, 라틴 아메리카, 중동 및 북아프리카, 태평양 지역, 미국.
2. '부족한 노력, 놓친 시기' 시나리오는 2100년이 되면 지구의 평균 표면 온도가 산업화 이전 시대의 평균 표면 온도 대비 약 2.5℃ 상승할 것으로 예상한다.
3. 이 수치는 어스4올 모델을 구성하는 모든 가정으로부터 도출되는 대략적인 평가에서 나온 수치이다. 행동에 따라 발생할 가능성이 있는 비용을 연구한 다른 연구 결과도 이 수치를 뒷받침한다. 예를 들어 다음을 참고하라. International Energy Agency's *Net Zero by 2050: A Roadmap for the Global Energy Sector* (2021); Intergovernmental Panel on Climate Change's "Mitigation Pathways Compatible with 1.5°C in the Context of Sustainable Development," Chapter 2 in: *Global Warming of 1.5°C. An IPCC Special Report* (2018); Yuval Noah Harari, "The Surprisingly Low Price Tag on Preventing Climate Disaster," Time (January 18, 2022); DNV's *Energy Transition Outlook - 2021* (Oslo: DNV, 2021); Nicholas Stern's "Economic Development, Climate and

Values: Making Policy," *Proceedings of the Royal Society* 282, no. 1812 (August 7, 2015).

4. Chandran Nair, *The Sustainable State: The Future of Government, Economy, and Society* (Oakland, CA: BK Publishers, 2018); Mariana Mazzucato, *Value of Everything* (S.l.: Public Affairs, 2020).[국역 : 안진환 옮김, 《가치의 모든 것》, 민음사, 2020]

5. Donella H. Meadows et al., *The Limits to Growth: A Report for the Club of Rome's Project on the Predicament of Mankind* (New York: Universe Books, 1972). 《성장의 한계 The Limits to Growth》는 로마클럽의 의뢰로 수행된 연구 보고서이다. 이름과는 다르게 국제적 두뇌 집단인 로마클럽은 체계적 시스템 사고방식을 토대로 전 지구적 문제를 다룬다. [갈라파고스 국역판(2021)은 로마클럽이 2004년에 출판한 30주년 개정판을 번역한 것이고, 1972년에 발간된 최초 보고서는 우리나라에서 같은 해에 《인류의 위기》(김승한 역, 삼성문화재단)라는 제목으로 출판된 바 있다.-옮긴이]

6. Graham M. Turner, "On the Cusp of Global Collapse? Updated Comparison of *The Limits to Growth* with Historical Data," *GAIA-Ecological Perspectives for Science and Society* 21, no. 2 (2012): 116 - 24; Graham Turner, *Is Global Collapse Imminent?*, MSSI Research Paper No. 4, (Melbourne Sustainable Society Institute, University of Melbourne, 2014).

7. Gaya Herrington, "Update to Limits to Growth: Comparing the World3 Model with Empirical Data," *Journal of Industrial Ecology* 25, no. 3 (June 2021): 614 - 26.

8. Colin N. Waters et al., "The Anthropocene Is Functionally and Stratigraphically Distinct from the Holocene," *Science* 351, no. 6269 (2016)

9. Paul J. Crutzen, "Geology of Mankind," *Nature* 415, no. 6867 (2002): 23.

10. A. Ganopolski, R. Winkelmann, and H. J. Schellnhuber, "Critical Insolation - CO2 Relation for Diagnosing Past and Future Glacial Inception," *Nature* 529, no. 7585 (2016): 200 - 203.

11. Will Steffen et al., "The Trajectory of the Anthropocene: The Great

Acceleration," *The Anthropocene Review* 2, no. 1 (April 2015): 81 - 98.

12. Will Steffen et al., "Planetary Boundaries: Guiding Human Development on a Changing Planet," *Science* 347, no. 6223 (2015).

13. Lan Wang-Erlandsson et al., "A Planetary Boundary for Green Water," *Nature Reviews Earth & Environment* (2022): 1 - 13.

14. Timothy M. Lenton et al., "Climate Tipping Points: Too Risky to Bet Against," *Nature* 575 (2019): 592-95; Jorgen Randers and Ulrich Golüke, "An Earth System Model Shows Self-Sustained Thawing of Permafrost Even If All Man-Made GHG Emissions Stop in 2020," *Scientific Reports* 10, no. 1 (2020): 18456.

15. Kate Raworth, *Doughnut Economics: Seven Ways to Think like a 21st Century Economist* (VT: Chelsea Green, 2017). [국역: 홍기빈 옮김, 《도넛 경제학》, 학고재, 2018]

16. 어스4올에서 달러($), 미국달러(USD 또는 US$)라고 표시된 경우 구매력 평가 지수(purchasing power parity, PPP)에 의거하여 측정된 2017년 고정 실질 가격을 의미한다. 이 사례에서는 펜월드테이블스 10판(Penn World Tables v.10)에 따른 2017-PPP 기준 15,000미국달러(US$ 2017-PPP)이다.

17. Dr. Mamphela Ramphele의 심층 연구(Deep Dive) 논문(2022)인 *Global Equity for a Healthy Planet*을 참고하라, earth4all.life/resources에서 이용 가능.

18. Emily Elhacham et al., "Global Human-Made Mass Exceeds All Living Biomass," *Nature* 588, no. 7838 (December 2020): 442 - 44

19. Paul Fennell et al., "Cement and Steel: Nine Steps to Net Zero," *Nature* 603, no. 7902 (March 2022): 574 - 77

20. 같은 글.

21. 아르헨티나, 호주, 브라질, 캐나다, 중국, 프랑스, 독일, 영국, 인도, 인도네시아, 이탈리아, 일본, 멕시코, 러시아, 사우디아라비아, 남아프리카공화국, 한국, 터키, 미국.

2장 두 가지 시나리오 탐구

22. Randers et al (2022), *The Earth4All Scenarios* Technical report를 참고하라. earth4all.life/resources.

23. Richard Wilkinson & Kate Pickett의 심층 연구(Deep Dive) 논문(2022)인 "*From Inequality to Sustainability*"를 참고하라. earth4all.life/resources에서 이용 가능.

24. Jon Reiersen, "Inequality and Trust Dynamics," in Disaster, *Diversity and Emergency Preparation*, ed. Leif Inge Magnussen (NATO/IOS Press, 2019).

25. 더 자세한 정보는 weall.org를 참고하라.

26. David Collste et al., "Human Well-Being in the Anthropocene: Limits to Growth," *Global Sustainability* 4 (2021): e30.

27. Manfred A Max-Neef, *Human Scale Development: Conception, Application and Further Reflections*(NY: Apex, 1991); Len Doyal and Ian Gough, "A Theory of Human Needs," *Critical Social Policy* 4, no. 10 (1984): 6–38.

28. L. Chancel et al., *World Inequality Report 2022*, (World Inequality Lab, 2021)을 참고하라.

29. Eric Lonergan and Mark Blyth, *Angrynomics* (Newcastle upon Tyne, UK: Agenda, 2020).

30. 어스4올 기획의 '부족한 노력, 놓친 시기' 시나리오가 제시하는 기후 궤적은 공통사회경제경로(Shared Socioeconomic Pathway) 시나리오군(群)의 '중도(Middle of the road)' 시나리오(예: 'IPCC SSP2-4.5' 시나리오)가 제시하는 기후 궤적에 가깝다. Malte Meinshausen et al., "The Shared Socio-Economic Pathway (SSP) Greenhouse Gas Concentrations and Their Extensions to 2500," *Geoscientific Model Development* 13, no. 8 (August 13, 2020): 3571–3605을 참고하라.

31. 사용료와 배당금에 대한 더 자세한 내용은 4장에서 불평등 전환에 대한 내용과 8장에서 웰빙경제에 대한 내용 및 켄 웹스터의 심층 연구(Deep Dive) 논문(2022)인 The Long Road to a Social Dividend를 참고하라.

earth4all.life/resources에서 이용 가능.

32. Ngũgĩ wa Thiong'o, *Decolonizing the Mind: The Politics of Language in African Literature* (London Nairobi: J. Currey Heinemann Kenya [etc.], 1986).

3장 빈곤과의 결별

33. IRP et al., *Global Resources Outlook 2019: Natural Resources for the Future We Want* (UNEP/IRP, 2019).

34. B. Bruckner et al., "Impacts of.Poverty Alleviation on National and Global Carbon Emissions," *Nature Sustainability* 5 (April, 2022): 311-20.

35. Henry A. Giroux, "Reading Hurricane Katrina: Race, Class, and the Biopolitics of Disposability," *College Literature* 33, no. 3 (2006): 171-96.

36. Nishant Yonzan, Christoph Lakner, and Daniel Gerszon Mahler, "Projecting Global Extreme Poverty up to 2030," *World Bank Blog*, (October 9, 2020).

37. Masse Lô의 Earth for All 심층 연구(Deep Dive) 논문(2022)인 *Growth Within Limits Through Solidarity and Equity*를 참고하라. earth4all. life/resources에서 이용 가능.

38. K. Sahoo and N. Sethi, "Impact of Foreign Capital on Economic Development in India: An Econometric Investigation". *Global Business Review*, 18, no.3 (2017), pp.766-80. S. Sharma, et al., "A Study of Relationship and Impact of Foreign Direct Investment on Economic Growth Rate of India". *International Journal of Economics and Financial Issues 10*, no.5 (2020): 327; A. T. Bui, C. V. Nguyen, and T. P. Pham, "Impact of Foreign Investment on Household Welfare: Evidence from Vietnam". *Journal of Asian Economics*, 64(October 2019): 101130.

39. J. Zheng and P. Sheng, "The Impact of Foreign Direct Investment

(FDI) on the Environment: Market Perspectives and Evidence from China". *Economies* 5, no. 1 (Marth 2017), 8.

40. World Bank (2022) "International Debt Statistics | Data."

41. Paul Brenton and Vicky Chemutai, *The Trade and Climate Change Nexus: The Urgency and Opportunities for Developing Countries* (Washington, DC: World Bank, 2021).

42. "Lawrence Summers' Principle", ejolt.org/2013/02/lawrence-summers'-principle/을 참고하라.

43. 미국 매사추세츠 앰허스트 대학교(University of Massachusetts Amherst) 정치경제연구소(Political Economy Research Institute)와 공동 저술한 Jayati Ghosh et al의 심층 연구 논문(2022)인 *Assigning Responsibility for Climate Change: An Assessment Based on Recent Trends*를 참고하라. earth4all.life/resources에서 이용 가능.

44. Jayati Ghosh "Free the Money We Need," Project Syndicate (February 14, 2022).

45. 아프리카에 COVID-19 백신을 제공하지 않으려 애썼던 제약회사의 사례를 최근 발생한 중요한 사례로 꼽을 수 있다. Madlen Davies, "COVID-19: WHO Efforts to Bring Vaccine Manufacturing to Africa Are Undermined by the Drug Industry, Documents Show," *BMJ 376* (2022): o304를 참고하라.

46. Anuragh Balajee, Shekhar Tomar, Gautham Udupa, "COVID-19, Fiscal Stimulus, and Credit Ratings," *SSRN Electronic Journal* (2020).

47. "Home-Commission of Inquiry into Allegations of State Capture," 액세스 확인: 2022년 4월 7일, statecapture.org.za.

4장 불평등 전환

48. 과세에 더하여, 민간투자를 사회적 목표에 일치시키고, 과도한 부의 집중을 방지하며, 대기업의 독점행위 및 지대추구를 줄이려면 시장과 투자자 행위에 대한 규제가 시급하다.

49. L. Chancel et al., *World Inequality Report 2022*(World Inequality Lab,

2021).

50. Michael W. Doyle and Joseph E. Stiglitz, "Eliminating Extreme Inequality: A Sustainable Development Goal, 2015–2030," *Ethics & International Affairs* 28, no. 1 (2014): 5–13.

51. Wilkinson and Pickett(2022) 심층 연구(Deep Dive) 논문, *From Inequality to Sustainability*를 참조하라. 본 자료는 earth4all.life/resources 페이지에서 찾을 수 있다.

52. Chancel et al., *World Inequality Report 2022*.

53. Wilkinson and Pickett(2022).

54. Chancel et al., *World Inequality Report 2022*.

55. Oxfam(September 21, 2020), Media Briefing, "Confronting Carbon Inequality: Putting Climate Justice at the Heart of the COVID-19 Recovery."

56. Chandran Nair(2022), 심층 연구 논문, *Transformations for a Disparate and More Equitable World*를 참조하라. 본 자료는 earth4all.life/resources 페이지에서 찾을 수 있다.

57. Alex Cobham and Andy Sumner, "Is It All About the Tails? The Palma Measure of Income Inequality," Center for Global Development Working Paper No. 343, *SSRN Electronic Journal*(2013).

58. Chris Isidore, "Buffett Says He's Still Paying Lower Tax Rate Than His Secretary," *CNN Money*(March 4, 2013).

59. Lawrence Mishel and Jori Kandra, *CEO Pay Has Skyrocketed 1,322% Since 1978*(Economic Policy Institute, August 10, 2021).

60. Climate Leadership Council, "The Four Pillars of Our Carbon Dividends Plan," accessed March 31, 2022; "Opinion | Larry Summers: Why We Should All Embrace a Fantastic Republican Proposal to Save the Planet," *Washington Post*(February 9, 2017), accessed March 31, 2022.

5장 권한 부여 전환

61. Mariana Mazzucato, "What If Our Economy Valued What Matters?" Project Syndicate(March 8, 2022).

62. L. Chancel et al., *World Inequality Report 2022* (World Inequality Lab, 2021).

63. Max Roser, "Future Population Growth," Our World in Data(2022).

64. Wolfgang Lutz et al., *Demographic and Human Capital Scenarios for the 21st Century: 2018 Assessment for 201 Countries* (Publications Office of the European Union, 2018); Callegari et al.(2022), The Earth4All Population Report to GCF도 참조하라. 본 자료는 earth4all.life/resources 페이지에서 찾을 수 있다.

65. Jumaine Gahungu, Mariam Vahdaninia, and Pramod R. Regmi, "The Unmet Needs for Modern Family Planning Methods among Postpartum Women in Sub-Saharan Africa: A Systematic Review of the Literature," *Reproductive Health* 18, no. 1(February 10, 2021): 35.

66. UNESCO, *New Methodology Shows 258 Million Children, Adolescents and Youth Are Out of School*, Fact Sheet no. 56(September 2019).

67. Ruchir Agarwal, "Pandemic Scars May Be Twice as Deep for Students in Developing Countries," *IMFBlog*(February 3, 2022).

68. Dr. Mamphela Ramphele (2022), 심층 연구 논문, *Global Equity for a Healthy Planet*을 참조하라. 본 자료는 earth4all.life/resources 페이지에서 찾아볼 수 있다.

69. Sarath Davala et al., *Basic Income: A Transformative Policy for India*(London; New Delhi: Bloomsbury, 2015).

70. Andy Haines and Howard Frumkin, *Planetary Health: Safeguarding Human Health and the Environment in the Anthropocene*(NY: Cambridge University Press, 2021).

6장 식량 전환

71. Cheikh Mbow et al., "Food Security," in *Climate Change and Land*, IPCC Special Report, ed. P. R. Shukla et al.(IPCC, 2019).

72. "Hunger and Undernourishment" and "Obesity," Ourworldindata. org, accessed February 20, 2022.

73. Yinon M. Bar-On, Rob Phillips, and Ron Milo, "The Biomass Distribution on Earth," *Proceedings of the National Academy of Sciences* 115, no. 25 (June 19, 2018): 6506–11.

74. Hannah Ritchie and Max Roser, "Land Use," *Our World in Data*(November 13, 2013).

75. M. Nyström et al., "Anatomy and Resilience of the Global Production Ecosystem," *Nature* 575, no. 7781(November 2019): 98–108.

76. Bar-On et al., "The Biomass Distribution on Earth."

77. *The Future of Food and Agriculture: Alternative Pathways to 2050*(Food and Agriculture Organization of the United Nations, 2018), accessed March 31, 2022; *Climate Change and Land* (IPCC Special Report), accessed March 31, 2022.

78. Joe Weinberg and Ryan Bakker, "Let Them Eat Cake: Food Prices, Domes- tic Policy and Social Unrest," *Conflict Management and Peace Science* 32, no. 3 (2015): 309–26.

79. Rabah Arezki and Markus Brückner, *Food Prices and Political Instability*, CESifo Working Paper Series(CESifo, August 2011).

80. Lovins, L. Hunter, Stewart Wallis, Anders Wijkman, and John Fullerton. *A Finer Future: Creating an Economy in Service to Life.* Gabriola Island, BC, Canada: New Society Publishers, 2018.

81. Gabe Brown, *Dirt to Soil: One Family's Journey into Regenerative Agriculture*(VT: Chelsea Green, 2018).

82. Mark A. Bradford et al., "Soil Carbon Science for Policy and Practice," *Nature Sustainability* 2, no. 12(December 2019): 1070–72.

83. T. Vijay Kumar and Didi Pershouse, "The Remarkable Success of India's Natural Farming Movement," Forum Network lecture(January 21, 2021).

84. https://www.rural21.com/fileadmin/downloads/2019/en-04/rural2019_04-S30-31.pdf

85. Johan Rockström et al., "Sustainable Intensification of Agriculture for Human Prosperity and Global Sustainability," *Ambio* 46, no. 1(February 2017): 4–17.

86. Jules Pretty and Zareen Pervez Bharucha, "Sustainable Intensification in Agricultural Systems," *Annals of Botany* 114, no. 8(December 1, 2014): 1571–96.

87. Andy Haines and Howard Frumkin, *Planetary Health: Safeguarding Human Health and the Environment in the Anthropocene* (NY: Cambridge University Press, 2021).

88. "Blue Food," *Nature*, nature.com(2021).

89. *The Future of Food and Agriculture.*

90. Sara Tanigawa, "Fact Sheet | Biogas: Converting Waste to Energy," EESI White Papers (October 3, 2017), accessed April 7, 2022.

91. Regulations should at least require implementation of the OECD/ILO Human Rights Due Diligence (HRDD) process.

92. Jules Pretty et al., "Global Assessment of Agricultural System Redesign for Sustainable Intensification," *Nature Sustainability* 1, no. 8(August 1, 2018): 441–46.

93. Dieter Gerten et al., "Feeding Ten Billion People Is Possible Within Four Terrestrial Planetary Boundaries," *Nature Sustainability* 3(January 20, 2020): 200–08.

94. Walter Willett et al., "Food in the Anthropocene: The EAT–Lancet Commission on Healthy Diets from Sustainable Food Systems," *Lancet 393*, no. 10170(2019): 447–92.

95. 탄소의 법칙은 지수 경로(10년마다 절반으로 감소)를 그린다. '탄소의 법칙'이
라는 이름은 또 다른 유명한 지수 경로인 '무어의 법칙(Moore's Law)'에서
유래했다. 디지털 기술 부문에서 무어의 법칙이란 컴퓨터 성능이 2년마다
대략 두 배로 늘어난다는 것을 의미한다.

96. Arnulf Grubler et al., "A Low Energy Demand Scenario for Meeting
the 1.5°C Target and Sustainable Development Goals without
Negative Emission Technologies," *Nature Energy* 3, no. 6(June 2018):
515-27.

97. Jason Hickel, "Quantifying National Responsibility for Climate
Break- down: An Equality-Based Attribution Approach for Carbon
Dioxide Emissions in Excess of the Planetary Boundary," *The Lancet
Planetary Health* 4, no. 9(September 1, 2020): e399-404.

98. Pierre Friedlingstein et al., *Global Carbon Budget 2021*, Earth
System Science Data(November 4, 2021): 1-191.

99. Jayati Ghosh et al.(2022), 심층 연구 논문, *Assigning Responsibility
for Climate Change: An Assessment Based on Recent Trends*,
written with co-authors from Political Economy Research Institute,
University of Massachusetts Amherst, US를 참조하라. 본 자료는
earth4all.life/resources 페이지에서 찾을 수 있다.

100. Benjamin Goldstein, Tony G. Reames, and Joshua P. Newell, "Racial
Inequity in Household Energy Efficiency and Carbon Emissions in
the United States: An Emissions Paradox," *Energy Research & Social
Science* 84(February 1, 2022): 102365.

101. Nate Vernon, Ian Parry, and Simon Black, *Still Not Getting Energy
Prices Right: A Global and Country Update of Fossil Fuel Subsidies*,
IMF Working Papers(September 2021).

102. Grubler et al., "A Low Energy Demand Scenario."

103. 자세한 내용은 Janez Potočnik and Anders Wijkman(2022), 심층 연구
논문, *Why Resource Efficiency of Provisioning Systems Is a Crucial*

*Pathway to Ensuring Wellbeing Within Planetary Boundaries*를 참조하라. 본 자료는 earth4all.life/resources 페이지에서 찾을 수 있다.

104. Bill McKibben, "Build Nothing New That Ultimately Leads to a Flame," *New Yorker*(February 10, 2021).

105. Johan Falk et al., "Exponential Roadmap: Scaling 36 Solutions to Halve Emissions by 2030, version 1.5"(Sweden: Future Earth, January 2020).

106. 재생에너지의 기하급수적 부상에 관해 논한 전문가에는 스탠퍼드의 연구 그룹들, IEA의 '2050 넷제로' 보고서, IIASA, EWG & LUT, RMI, RethinkX, Singularity, Rystad, Statnett, Exponential View 등이 있다. Nafeez Ahmed(2022), 심층 연구 논문, *The Clean Energy Transformation*을 참고하라. 본 자료는 earth4all.life/resources 페이지에서 찾을 수 있다.

107. 논의를 위해 앞서 제시한 아메드(Ahmed)의 심층 연구 논문을 참고하라.

108. 같은 글.

109. World Bank Group, *State and Trends of Carbon Pricing 2019*(Washington, DC: World Bank, June 2019): 9–10.

110. Rimel I. Mehleb, Giorgos Kallis, and Christos Zografos, "A Discourse Analysis of Yellow-Vest Resistance against Carbon Taxes," *Environmental Innovation and Societal Transitions* 40(September 2021): 382–94를 참고하라.

111. "Economists' Statement on Carbon Dividends Organized by the Climate Leadership Council," Original publication in the *Wall Street Journal*, econstatement.org.

112. Ghosh et al., 2022.

8장 '승자독식' 자본주의에서 어스4올 경제로

113. Donella H. Meadows, *Leverage Points: Places to Intervene in a System*(Hartland, VT: Sustainability Institute, 1999).

114. Yuval Noah Harari, "The Surprisingly Low Price Tag on Preventing

Climate Disaster," *Time*(January 18, 2022).

115. Dr. Mamphela Ramphele의 심층 연구 논문(2022)인 *Global Equity for a Healthy Planet*을 참고하라. earth4all.life/resources에서 이용 가능.

116. Elinor Ostrom, *Governing the Commons: The Evolution of Institutions for Collective Action*, Canto Classics (Cambridge, UK: Cambridge University Press, 2015); Peter Barnes, *Capitalism 3.0: A Guide to Reclaiming the Commons*(San Francisco: Berrett-Kohler, 2014).

117. Club of Rome, China Chapter (2022), "Understanding China"(근간).

118. World Bank, *International Debt Statistics 2022*(Washington, DC: World Bank, 2021).

119. Per Espen Stoknes, *Tomorrow's Economy: A Guide to Creating Healthy Green Growth*(Cambridge, MA: MIT Press, 2021).

120. Wellington Management(August 2021), "Adapting to Climate Change: Investing in the Resiliency Imperative."

121. 대부분의 부채가 국내에 남아 있는 한 또는 미국의 특별한 특권 아래 남아 있는 한 해외의 달러 보유 수요는 무제한으로 늘어난다.

122. Guy Standing, *Plunder of the Commons: A Manifesto for Sharing Public Wealth*(London: Pelican, 2019). [국역: 안효상 옮김, 《공유지의 약탈》, 창비, 2021]

123. "The Commons, the State and the Public: A Latin American Perspective," 다니엘 차베스(Daniel Chavez)와의 대담, Transnational Institute(January 10, 2019).

124. Bauwens, Michel, Vasilis Kostakis, and Alex Pazaitis. *Peer to Peer: The Commons Manifesto*. University of Westminster Press, 2019.

125. Barnes, Peter. *Capitalism 3.0: A Guide to Reclaiming the Commons*. Berrett-Kohler, 2014. [본문에서 소개하는 책은 《우리의 당연한 권리, 시민 배당》인데 이 주의 문헌은 다른 책으로서 착오인 듯하다-옮긴이]

126. Meadows, Donella H. "Places to Intervene in a System." *Whole Earth*, 1997.

9장 행동 촉구

127. G20 국가: 아르헨티나, 호주, 브라질, 캐나다, 중국, 프랑스, 독일, 영국, 인도, 인도네시아, 이탈리아, 일본, 멕시코, 러시아, 사우디아라비아, 남아프리카공화국, 한국, 터키, 미국, 유럽연합 소속 국가들.

부록 어스4올 모델

128. J. Randers, 2052: *A Global Forecast for the Next Forty Years*(VT: Chelsea Green, 2012).

129. J. Randers et al., *Transformation Is Feasible! How to Achieve the Sustainable Development Goals Within Planetary Boundaries*(Stockholm Resilience Center: Stockholm, 2018).

130. J. Randers et al., "A User-friendly Earth System Model of Low Complexity: The ESCIMO System Dynamics Model of Global Warming Towards 2100," *Earth System Dynamics* 7(2016): 831–50.

131. D. Collste et al., "Human Well-being in the Anthropocene: Limits to Growth," *Global Sustainability* 4(2021): 1–17.

132. Narasimha D. Rao, Bas J. van Ruijven, Keywan Riahi, and Valentina Bosetti, "Improving Poverty and Inequality Modelling in Climate Research," *Nature Climate Change* 7, no. 12(2017): 857–62.

133. Michael Harfoot et al., "Integrated Assessment Models for Ecologists: The Present and the Future," *Global Ecology and Biogeography* 23, no. 2(2014): 124–43.

134. Mariana Mazzucato, "Financing the Green New Deal," *Nature Sustainability*(2021): 1–2.

135. Stefano Battiston, Irene Monasterolo, Keywan Riahi, and Bas J. van Ruijven, "Accounting for Finance Is Key for Climate Mitigation Pathways," *Science* 372, no. 6545(2021): 918–20.

136. Tommaso Ciarli and Maria Savona, "Modelling the Evolution of Economic Structure and Climate Change: A Review," *Ecological*

Economics 158(2019): 51–64.

137. Victor Court and Florent McIsaac, "A Representation of the World Population Dynamics for Integrated Assessment Models," *Environmental Modeling & Assessment* 25, no. 5(2020): 611–32.

138. Efrat Eizenberg and Yosef Jabareen, "Social Sustainability: A New Conceptual Framework," *Sustainability* 9, no. 1(2017): 68.

찾아보기

《성장의 한계》 50주년 보고서 – 인류 생존을 위한 가이드

모두를 위한 지구

1판 1쇄 발행 2023년 6월 30일 **1판 2쇄 발행** 2023년 10월 25일

펴낸이 전광철 **펴낸곳** 협동조합 착한책가게

주소 서울시 마포구 독막로 28길 10, 109동 상가 b101-957호

등록 제2015-000038호(2015년 1월 30일)

전화 02) 322-3238 **팩스** 02) 6499-8485

이메일 bonaliber@gmail.com

홈페이지 sogoodbook.com

ISBN 979-11-90400-46-6 (03300)